フロイトという症例

Sigmund Freud

「我々の本質の核」もしくは
いかなる受動性にもまして受動的な
内なるものをめぐる言説の系譜

中村靖子

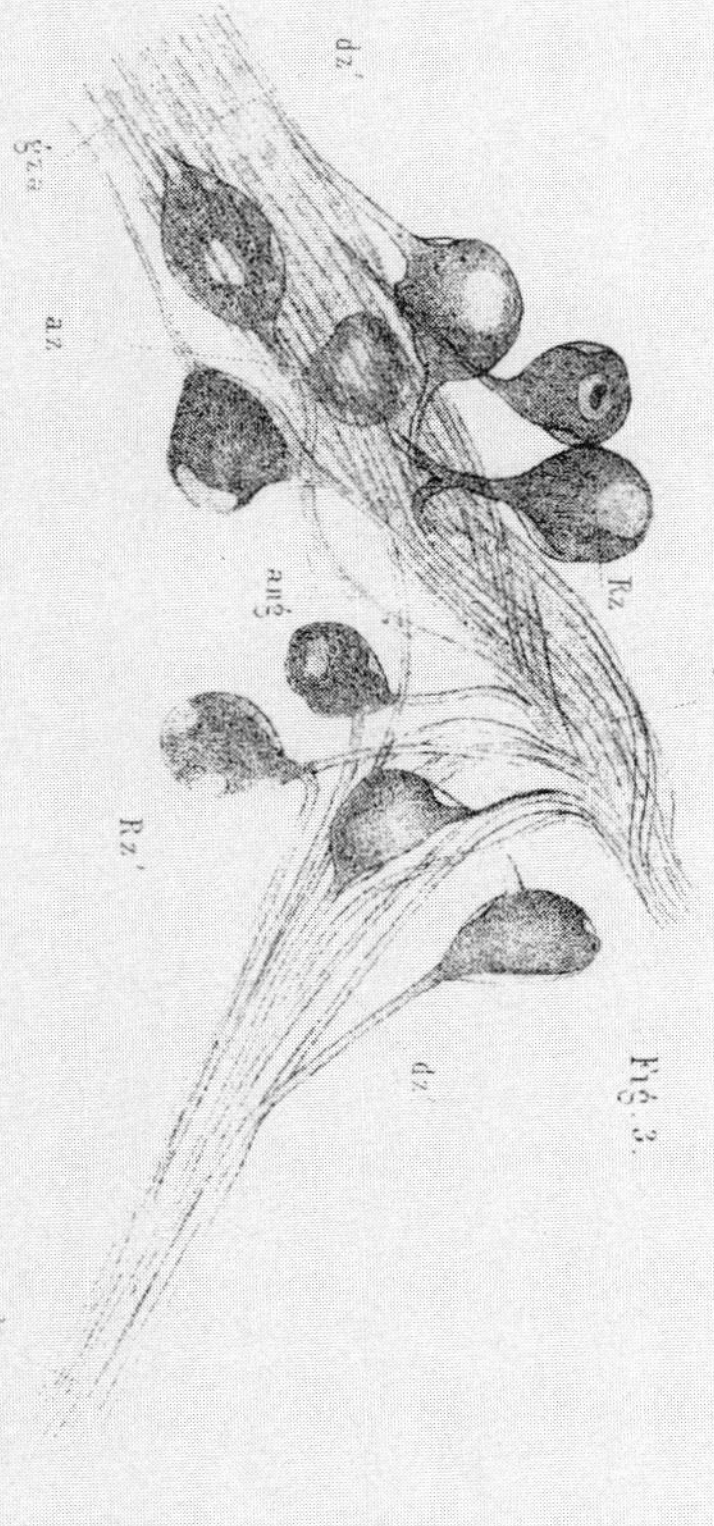

松籟社

目次

フロイトという症例

「我々の本質の核」

もしくは

いかなる受動性にもまして受動的な内なるものをめぐる言説の系譜

凡例

・引用個所中、筆者による補足は［　］で示し、それ以外は原書で用いられたとおりの形とした。

・引用個所の出典は、［　］内に、著者名と頁数を示した。同一著者による文献が複数ある場合は、発表年もしくはタイトルの略記を示した。また、邦訳のあるものについては原書の頁数のあと、スラッシュを入れて邦訳の頁数を示した。邦訳のみを用いた場合には著者名をカタカナで示した。

・文献を挙げる際、欧文著書名は斜体、論文等のタイトルは直体、日本語文献の場合はそれぞれ『　』と「　」で示した。

はじめに

一八九一年、三十五歳のフロイトが著した小著『失語症の理解にむけて』を翻訳するお話をいただいたところから、すべては始まった。解剖学にも神経学にも生理学にも、何の知識も持ち合わせなかった私が、この翻訳を曲がりなりにも続けることができたのは、兼本浩祐先生と大平英樹さんのおかげである。とはいえ、実際に訳し始めてからもかなり長い間、フロイトのテクストが、本当は何をいおうとしているのか私には分かっていなかったと思う。それが俄に変わったのは、第六章に入ってまもなく、「言語の中枢は我々にとって、なるほど病理学的-解剖学的には特別な意味を持った皮質の部位となるのだが、この部位はしかし、生理学的にはいかなる特別な意味も主張することはできない」という個所に至ったときである。「病理学的-解剖学的」ということと「生理学的」ということとはどのくらい意味が違ってくるのかという素人きわまりない質問に対して、大平さんから簡潔な説明が返ってきたとき、そこから私の読み方が変わった。カッシーラーがモーペルテュイを引いて、物理学の分野において根本的な説明原理となったニュートンの「万有引力の法則」を化学の分野に応用しようとするならば、物質という概念自体が変容をこうむって、物理学におけるのとは違ったものにならねばならないと述べた言葉に出会ったのはそれよりずっと後のことである。翻訳の話をいただいたのが二〇〇二年、下訳が一通りできたのが二〇〇七年の年明け、編注をつくる作業に入ったのはその後だった。専門用語に関する必要最小限の編注だけでも何とかしなくてはという考えは、シャルコーの神経学講義の邦訳を読んで一変した。まるで謎解きのようにシャルコーが症状を分解しそれぞれの病期を見定め病因を探り当ててゆくさまは、分析劇さながらだった。そしてヴァレリー・D・グリンバーグの『フロイトの失語症論――言語、精神分析の起源』（一九九七年）は、フロイトが言及している文献を検討する作業のすぐれた例を示してくれた。膨大な編注のうち、多くは私の研究ノートにとどまったが、これを土台として本書の最初の構想ができたのが二〇〇七年の秋、それを展開し整えて現在の形にするまでに三年かかった。この間にも次々とフロイト関連の本が出版され、それらをも反映させようとすれば原稿の加筆修正は果てしなく続く。本書はこうした果てのない作業に一区切りをつけた現時点のものである。

アンリ・F・エレンベルガーの『無意識の発見――力動精神医学発達史』（一九七〇年）は力動精神医学の系譜の中でフロイトの精神分析を位置づけた。時を同じくして出版されたレオン・シェルトークとレイモン・ド・ソシュールの『精神分析学の誕生』（一九七三年）は、十八世紀末からフロイトの時代までの精神分析の源流を追跡する試みであり、いずれにとっても精神分析は力動精神医学という枠組みの中で捉え直されるのだが、力動精神医学自体は生体磁気説 animalischer Magnetismus というさらに大きな流れを汲む。スーザン・グリーンフィールドによれば、幼生のあいだ泳ぎ回って過ごすホヤは、ささやかながらも脳を持っていると言えるのだが、成長すると岩に張り付いて動かなくなり、この段階でホヤの脳の運動機能は消失するという［グリーンフィールド：054-055］。つまり脳は、動く生き物にとって必要となったものなのである。古来より人は植物と動物を区別して、後者にのみプシューケーを、即ち、animal spirits を認めた。第二次世界大戦時のフロイトのロンドン亡命も相俟って、精神分析の主流は英語圏に移り、とりわけアメリカは戦後精神分析が最も盛んな国となった。源を西欧に仰ぎながらその歴史の重みを過小評価しがちな傾向に対する批判意識が、エレンベルガーやシェルトークとソシュールの研究の底流にはあると中井久夫は指摘する［中井：

272〕。一方、ウィーンでフロイトの著作が引き起こしたセンセーションをリアルタイムで経験したブルーノ・ベッテルハイムは、アメリカにおけるフロイト理解に違和感を覚え、『標準版フロイト全集』（英訳）にはフロイト理解の根幹に関わる誤訳が膨大な数に上ると指摘し、これを基として発展したフロイト受容を批判した。ドイツ語でフロイトは「人間の深奥の存在に関わるもの」について再三「魂」という言葉を用いているが、英訳版の最大の欠点は、この言葉がどこにも見あたらないことであると〔ベッテルハイム：6〕。それが一九八三年である。

しかしまた、こうした思想史の叙述の試みは、エレンベルガーに始まるわけではない。その最たる範となるのはヘーゲルの歴史哲学であろうが、近い時代にはエルンスト・マッハの『力学――力学の批判的発展史』（一八八三年）があった。十八世紀以降、科学的思考は計算的思考に特化されたかの如くだが、このように自然全体を物理学的力学的に説明しようとした世界観は、マッハによれば、「旧来の宗教のアニミズム的神話と逆の立場にある力学的神話」〔マッハ：423〕にすぎない。「純粋な力学現象とは、〔……〕故意または必要にせまられて設けた抽象である」〔マッハ：453〕。そして「啓蒙主義哲学を内側から形成した造形力を明らかにするような哲学史の叙述方式」を企図したエルンスト・カッシーラーの『啓蒙主義の哲学』（一九三二年）がある。山本義隆の『重力と力学的世界――古典としての古典力学』（一九八一年）も同種の試みと言えようか。フロイトに限るならば、フロイトの失語研究を十九世紀の言語思想の流れの中で捉えたオットー・M・マークスの小論（一九六六年）があり、これに着想を得てさらに大きく展開させたものとしてグリンバーグの仕事がある。

翻訳の常とはいいながら、『失語論』を訳すのは容易ではなかった。何よりもフロイトたち自身が術語の定義を確定してゆくさなかにあった。それらの術語のうち、現在では使われなくなったものも多い。しかしそれだけではなかった。一貫した説明には回収されない「隙間」があって、それが理解の妨げとなった。それは例えば、「連合」であり「解離」であり「局在徴候」や「終末器官」や「遠隔作用」といった言葉であった。現在の用語法ではなく、当時フロイトたちはどのような意味で使っていたのかが知りたかった。「連合」を調べれば「動物精気」という言葉に行き当たる、というふうに、問いがまた問いを生みだす中、兼本先生も大平さんも、常によい聞き手であり忍耐強く応答してくださった。そうしてフロイトのテクストを核としてささやかながらも「言説の領域」が開かれたように思う。そこから本書は生まれた。つまり私は『失語症の理解にむけて』を理解するために、これだけのことを知る必要があったということである。その過程において、フロイトの『失語論』の中に、フーコーの『心理学の歴史』(一九五七年)が示した十九世紀末の心理学の三つのモデルを確認することにもなった。「物理-化学的モデル」(代表はミル)、「有機体モデル」(ヴィルヘルム・ヴントなど)、「進化論モデル」(ハーバート・スペンサー)である。このことは、十九世紀末に生きた自然科学者(神経病理学者)フロイトを媒体として、魂と身体とのいうにいわれぬ結びつきをめぐる言説が、分野を問わず幾重にも絡み合いながら流れ込んでいることの、すぐれた証左と言えるだろう──そのような「分野」自体がようやく形成されようとしていた時代でもあった。このようにして生まれた本書が、『失語症の理解にむけて』を理解するための一助となり、それによって「精神分析を内側から形成した造形力」の一端なりとも浮かび上がらせえていることを願う。

本という形にまとめることができたことについては、お礼を申し上げたい方々が少なからずあるのだが、お名前をすべて列挙すれば私の個人史を陳述してしまうことになる。私的なことは私的なままに、エスがそうであると言われたように、時間とも空間とも無関係な領域にできることならとどめおきたい。それでも本書が、学位(博士)請求論文を大幅に改訂したものであるという性質からして、幾人かのお名前を挙げずにはいられない。学位認定に至るまでに多少の当惑がないわけではなかった。どう見ても本論は「文学（作品）研究」とは言えなかったからである。清水純夫先生にはこうした論文を主査として引き受けていただき、多大なご心労をおかけした。心からお礼を申し上げたい。拙論は、確かに作品研究ではなかったけれども、文学的なるものを常に遠望しているということに違いなく、少なくともゲルマニスティークの枠にひっかかるものと思っている。それは、「非現実なもの」のための場を測量する作業であったと、これを書き終わった現時点から振り返るならば、言える。ポジの領野を測量し尽くしてその何処にもないと確認したあとに、時間的にも空間的にも有るとは言われえぬその場を、ネガとして炙り出そうという望みに行き着いたのだと、今では思う。私の文のスタイルが引き起こす上記のような当惑は、初めて論文を学会誌に投稿したときより常についてまとった。その最初のマルテ論を、三木正之先生はご自身の発行されている三木文庫『オケアノス』で書評に取り上げて、文字通り言祝いでくださった。石川實先生は、院生の頃に書いたチェーホフに関するレポート以来『交響するコスモス』に至るまで、いつも熱烈な激励を送ってくださった。山形頼洋先生はおそらく私の最初の「愛読者」であったが、今はもう、亡い。フロイトについて私が書く博論を読みたいとおっしゃっていただいたのが最後の会話となってしまった。そして奥貫晴弘先生は、文学について語り合う最良の対話者であり鋭い批判者でいつづけてくださっている。こうした方々の存在に感謝しつつ、本書がこれらの方々の批判に――とても覚束ないが――堪えうるものであることを願っている。そして『交響するコスモス』と同様、松籟社の木村浩之さんには多大なご苦労をおかけした。ここでは校正の段階でもまだ直し続けるという形で私のわがままは現れた。木村さんの忍耐強さに心からお礼を申し上げる。同じく『交響するコスモス』に引き続き表紙は、西田優子さんがデザインしてくださった。本書が、「神経学者」フロイトが描いた神経細胞らの浮遊する空間に包まれたことを心から嬉しく思う。そして最後の最後に、私的なことには触れないといいながら、やはり一言だけ述べさせていただきたい。学位請求論文の提出が迫った頃、際限なく原稿を直し続けていた私がふと我に返るととっくに夕食の時刻を過ぎていたことがあったが、慌てて階下に降りると、子供たちは、子供たちなりにできるかぎり食卓の準備をして、めいめいに本を読みながら静かに私を待っていてくれた。その光景を見て「粛々として己れの為すべきことを為す」という言葉が思い浮かんだが、この言葉はその後、幾度となく私の脳裡に浮かぶこととなった。その子供たちに愛を込めてこの本を贈る。

二〇一〇年十一月二十三日

序章

これまでの『失語論』理解

第一節　なぜフロイトにおいて失語研究が問題となるのか

フロイト（一八五六―一九三九年）は、神経病理学者として出発し、のち、精神分析理論をうち建てた。それが「移行」を意味したかどうかは、今日改めて問い直されている。[1] フロイトがアンナ・Oの症例を知ったのが一八八二年、「ヒステリーの発見者」と言われるシャルコーのもとに学んだのが一八八五年、ヨゼフ・ブロイアー（一八四二―一九二五年）との最初の共著論文「『ヒステリー研究』に関する三編」（一八九三年）を経て、同じくブロイアーとの共著『ヒステリー研究』が出版されたのが一八九五年であり、この書物をもって精神分析は始まったと見なされている。それに先んじて一八九一年にフロイトは『失語症の理解にむけて』（以下『失語論』と略記）を出版した。脳解剖学に関する知見と言語論が希有に融合したこの本は、当時ほとんど顧みられることなく、また、フロイトの生前に出版された全集にも収録されなかったために、神経病理学者フロイトによる『失語論』は、文字通り精神分析家フロイトの有史以前の忘れられた痕跡となった。しかし一九五三年に英訳が出版され、その存在は英語圏では知られることとなり、時代と共に徐々に再評価の動きが高まってきた。一九九二年にドイツでフィッシャー社より出版された[2]のも、その一連の動きの中にある。

神経学者として出発し

表 1 《初期フロイトの研究活動》
——翻訳のあるものは邦題を記した。

1877 Beobachtungen über Gestaltung und feineren Bau der als Hoden beschriebenen Lappenorgane des Aals.
Über den Ursprung der hinteren Nervenwurzeln im Rückenmarke von Ammocoetes (Petromyzon Planeri).
1878 Über Spinalganglien und Rückenmark des Petromyzon.
1879 Notiz über eine Methode zur anatomischen Präparation des Nervensystems.
1880 翻訳 : John Stuart Mill: *Über Frauenemanzipation, Plato, Die Arbeiterfrage, Der Sozialismus*.
1882 Über den Bau der Nervenfasern und Nervenzellen beim Flusskrebs.
Die Struktur der Elemente des Nervensystems.
アンナ・O の症例を知る
1884 Eine neue Methode zum Studium des Faserverlaufes im Zentralnerven- system.
A new histological Method for the Study of Nerve-Tracts in the Brain and Spinal Chord.
Ein Fall von Hirnblutung mit indirekten basalen Herdsymptomen bei Scorbut.
Über Coca.
1885 Beitrag zur Kenntnis der Cocawirkung.
Zur Kenntnis der Olivenzwischenschicht.
Ein Fall von Muskelatrophie mit ausgebreiteten Sensibilitätsstörungen (Syringomyelie).
Jean=Martin Charcot のもとに留学
1886 Über den Ursprung des Nervus acusticus.
Akute multiple Neuritis der spinalen und Hirnnerven.
Über die Beziehung des Strickkörpers zum Hinterstrang und Hinterstrangskern nebst Bemerkungen über zwei Felder der Oblongata.

「あるヒステリー男性における重度片側感覚脱失の観察」
翻訳：J. M. Charcot: *Neue Vorlesungen über Krankheiten des Nerven- systems, insbesondere über Hysterie*.

1887 Bemerkungen über Cocainsucht und Cocainfurcht.

1888 Über Hemianopsie im frühesten Kindesalter.
A・ヴィラーレ編纂『医学中事典』項目 : Aphasie, Gehirn,「ヒステリー」、「ヒステロエピレプシー」、Kinderlähmung, Lähmung. [3]
翻訳：H. Bernheim: *Die Suggestion und ihre Heilwirkung*.

1890 「心的治療（心の治療）」

1891 *Klinische Studie über die halbseitige Cerebrallähmung der Kinder.*（オスカー・リーとの共著）
『失語症の理解にむけて』
アントン・ブム編『臨床医のための治療事典』項目 [4]：Accessoriuskrampf, Accesoriuslähmung, Amnesie, Anarthrie, Anosmie, Aphasie,「催眠」

1892 講演：「「催眠と暗示について」についての報告」
翻訳：H. Hernheim: *Neue Studien über Hypnotismus, Suggestion und Psychotherapie*.
「催眠による治療の一例――「対抗意志」によるヒステリー症状の発生についての見解」

1893 「『ヒステリー研究』に関する三編」（ブロイアーとの最初の共著）
講演：「ヒステリー諸現象の心的機制について」
Über ein Symptom, das häufig die Enuresis nocturna der Kinder begleitet.
Zur Kenntnis der cerebralen Diplegien des Kindesalters (im Anschlusse an die Little'sche Krankheit).
Über familiäre Formen von cerebralen Diplegien.
Les diplégies cérébrales infantiles.
「器質性運動麻痺とヒステリー性運動麻痺の比較研究のための二、三の考察」
「シャルコー」

1894 翻訳 : J. M. Charcot: *Poliklinische Vorträge von Prof. J. M. Charcot*.
「防衛－神経精神症」

1895 「ある特定の症状複合を「不安神経症」として神経衰弱から分離することの妥当性について」
「強迫と恐怖症、その心的機制と病因」
『ヒステリー研究』（ブロイアーとの共著）
＊精神分析の始まり
講演 :「「強迫表象と恐怖症の機制」についての報告」
「「不安神経症」に対する批判について」
三部講演：「「ヒステリーについて」の報告」
Über die Bernhardt'sche Sensibilitätsstörung am Oberschenkel.

て以来、フロイトの研究生活には主に脳解剖学、失語研究、ヒステリー研究が混在していた。『失語論』評価は、初期のフロイトと後期フロイトの思索活動とを一つの連続体とみなして、神経学的著作の中に精神分析理論の萌芽を見いだすことに主眼があった。一方で、この「再-評価」が始まった一九九〇年代は、脳研究が飛躍的に進んだ時期でもある。その脳研究に後押しされて言語と脳の関係についての議論もまたさまざまな局面を迎えた。その中で『失語論』は、精神分析の立場からのみならず、むしろ神経学者たちから、或いは言語学者たちから注目されたのだった。出版以後百年間の飛躍的な技術革新を経た上で、この動きは何を物語るものであろうか。

一九九七年に出版されたグリンバーグの『フロイトの失語症論』は、『失語論』評価の動きを概括しているばかりでなく、『失語論』が参照する文献を渉猟して、『失語論』研究の集大成となっている。その上でグリンバーグは、フロイトの『失語論』に対するアプローチとして、それが執筆された十九世紀の脳研究の限界を考慮してもなお、「二十世紀後半の脳と言語の驚くべき直観的予告」［Greenberg: 20/ 35］と見なすことを提案している。フロイトの洞察のいくつかは、現代の神経学の視点から見てもなお覆されもせず、また色褪せてもいないとグリンバーグは受け止めたのである。その『失語論』の真価は、独自のデータを提出することにではなく、失語に関して当時優勢であった仮説を検証する際の洞察の卓越さにあった。つまりフロイトの『失語論』は、先行するあまたの文献から紡ぎ出されたものであり、精神分析へと開花したものを触発し塑形してゆく「言説の領域 universe of discourse」［Greenberg: 23/ 38］の中にあったのである。本論では、その「言説の領域」を、グリンバーグとは違う仕方で、グリンバーグよりもさらに遡って再構成しつつ、なぜ精神分析の創始者はフロイトであって、他の誰でもないと見なしうるのか、フロイトとそれ以前の言説とを分かつ分岐点はどこにあるのかを検証する。

第二節　埋もれていた「失語論」？

一九五三年にフロイトの伝記を発表したアーネスト・ジョーンズは、その伝記の第一部を「形成期――偉大なる発見一八五六-一九〇〇」と題して、フロイトが生まれてから『夢解釈』を出版するまでの記述にあて、「神経病理学者」[5]としてのフロイトの姿を描き出している。その中でジョーンズは、『失語論』が発表された当時のことを以下のように紹介している。

時はまだ熟していなかった。［……］印刷された八五〇部のうち、九年経ってみると二五七部が売れていて、そのとき、残りは断裁にされた。イギリス本土の図書館にはこの本は一冊もない。フロイトは印税一五六グルデン（六二ドル）の支払いを受けた。［Jones: 197/155］[6]

その本［『失語論』］は、後年のフロイトについて我々が得る最初の姿を真に垣間見せている。その本には、綿密な論理的思

表 2　《『失語論』再-評価の流れ》

1948	「それに値するだけの注目を受けなかった、非常に興味深い論文」［Goldstein: 93］
1950	*Aus den Anfängen der Psychoanalyse. Briefe an Wilhelm Fließ; Abhandlungen und Notizen aus den Jahren 1887-1902.* 『心理学草案』（1895）の発見
1953	Schoenwald, Richard L.: *A Turning Point in Freud's Life*. Erwin Stengel による英訳出版 Ernest Jones: *The Formative Years and the Great Discoveries (1856-1900).*
1966	Marx, Otto M.: *Aphasia Studies and Language Theory in the 19th Century*.
1985	『フロイト、フリースへの手紙 1887-1904』
1992	『失語症の理解にむけて』フィッシャー版発行

考、明晰さ、説得力があり、示唆に富む論法、反対意見に対する公正な議論、材料を順序立てて処理する顕著な能力などが示されており、これらは、彼の著作に特有のものとなった。［Jones: 195/154］

フロイトの『失語論』をこのように高く評価するジョーンズ自身が神経科の開業医でもあった。そのジョーンズが最初にフロイトの論文に出会ったのは、フロイトが一八八四年に『ブレイン』[7]に発表した神経学に関するもの［表1参照］だったという。つまりジョーンズは、後にフロイトの『失語論』を再-評価した多くの失語学者たちや精神分析者たちのように、精神分析家フロイトの起源に遡ってゆく中でこの『失語論』に出会ったのではない。フロイトのこの時期を描くジョーンズの記述は、フロイトの一連の神経学的著作を、当時の科学技術の発展の中で位置づけつつ概説的に紹介しており、神経学者としてのフロイトの業績のすぐれた紹介にもなっている。またその中には、フロイトがシャルコーのもとで研究を進めてゆく際、実験か観察かで悩む姿も描かれている。

ヴォルフガング・ロイシュナーは、フィッシャーTB版『失語論』に寄せた「緒言」（一九九二年）の中で、フロイトの『失語論』が発刊以後辿った運命について簡単に言及している。その際にロイシュナーが、この『失語論』を評価した文献として最初に挙げるのが、失語学者であるクルト・ゴールドシュタインが一九一〇年に発表した論文であり、続いて挙げるのは、一九六〇年のジョーンズの伝記（ドイツ語版）である[8]。そしてその際にロイシュナーは、『失語論』はもっとセンセーションを巻き起こして然るべきだったのにというジョーンズの嘆きに言及して以下のように続けている。「［この『失語論』は］フロイトの神経病理学者としての能力を、ひいてはまた自然科学者としての資質を大いに証明するもの」であり、「自然科学者たちが精神分析に対して示すあからさまな蔑視に対する反論になりうる」と［Leuschner: 8］。

一世紀ぶりに出版されて改めてドイツ語圏の読者の眼に触れることになったTB版『失語論』の「緒言」において、フロイトの『失語論』評価の流れがこのように要約されて紹介されたことは、読者が『失語論』に対して抱く最初の印象に幾分与ったかもしれない。つまり、わずかな例外を除いてほぼ百年の間、然るべき注目も評価も受けず埋もれていた『失語論』という印象である。その印象に引きずられるならば、精神分析の理論の起源をこの『失語論』に見ようとする作業は、精神分析の理論それ自体があたかも一個の「症例」であるかのように、忘れられていたその原因を探り当てようとする分析作業に重なり合うことにもなるだろう。フロイト自身が、この『失語論』を全集に収録することを拒んだというエピソードは、いっそう精神分析的な解読へと誘ったかもしれない。精神分析の創始者自身が、その起源を消去しようとした、と。

しかし、同じフィッシャー版の『失語論』に「編者によるまえがき」（一九七三年）を寄せたパウル・フォーゲル[9]によれば、ゴールドシュタインとジョーンズとの間に横たわる半世紀の間にも、フロイトの『失語論』に関する言及を探すことができる。フォーゲルは、一九二八年に出版された『精神疾患ハンドブック』における記述、フロイトの失語論は「一八九一年に発表された非常に重要な論文であり、今日の読者に、まったく新しい功績であると思わせるものである」という記述を引きながら[10]、フォーゲル自身はその「新しさModernität」を、「古典的な失語理論が、この間にその根本においていわば危機に陥ってしまい、言語装置の機能的な条件が問われるようになったという状況」に負っていると指摘する。

［ハンドブックに紹介されたときよりも］三十年前にフロイトが挑んだ修正は、今や着手され、今日においてもなお、フルに稼働しているのである。［Vogel: 38］

そもそも神経学者としてのフロイトに注目が集まったのは、ジョーンズによる伝記が発表される以前のことである。一九五〇年にロンドンで、『ジークムント・フロイト、精神分析の起源——一八八七年から一九〇二年までのフリース宛書簡、論文および覚え書き』が出版されたことによって、フリース宛の書簡に書かれた草稿『心理学草案』の存在が知られることとなった。それがさらに未公開分を加えて英訳され、『フロイト、フリースへの手紙一八八七-一九〇四』と題されて出版されたのが一九八五年である。このフリース書簡によって、フロイトの精神分析以前の仕事に関する関心は一気に高まった。また、『失語論』の原本はとうに散逸し、そのドイツ語原稿は一九九二年に出版されるまでほとんど入手不可能となってはいたものの、英訳自体は一九五三年に出版されていたのである。

一九五三年の英訳版の訳者による前書きの中で、エルヴィン・シュテンゲルは、フロイトの『失語論』は長い間手に入れにくい状態に置かれ、英訳版の出版当時まで、後期の仕事とは関連がないと見なされてきたと述べている。

最近になって徐々に、彼の解剖学的、神経学的、そして精神分析的な仕事は、一つの連続体を成していると見なされるようになった。失語に関する本は、このことをはっきりと示している。この本は、著者が精神的活動を扱った最初のものであり、したがって、彼の活動生活において分断されたように思われていた二つの時期の間をつなぐものとなっている。[……] 精神分析学者と精神科医はこれを、著者の後期の仕事の先駆となったもののうちもっとも重要なものと見なすだろう。[Stengel: ix-x.]

シュテンゲルはこの時点で既に、後の『失語論』理解の基礎となったいくつかの観点を指摘している。この『失語論』はヒューリングス・ジャクソン[11]の考えに多大な影響を受けていること、フロイトはこの本の中で初めて「言語装置 Sprachapparat」［*Aphasien I*: 44］という用語を使っていること、それはマイネルト[12]批判の中で、マイネルトが使っている用語として紹介されていること、[13]同じくのちの精神分析理論において重要な概念となった「備給 Besetzung」という語[14]もフロイトの著作中、ここで初めて使われていることなどを指摘している。また、「多重‐決定 over-determination」という概念も、この本の中で初めて言語機能との関連において定義されている。[15]さらには、「力動的な過程」を含んだ概念に対するフロイトの愛好がこの本を貫いており、それは記憶に関した節でもっとも顕著に表れるのだが、それがのちの「無意識の発見」において重要な役割を果たしたに違いないと、シュテンゲルは述べている［Stengel (1953): xiii］。

この英訳が出版されたとき、『失語論』に関するリチャード・L・スコーエンウォルドの論考は既に印刷にかけられていた。精神分析以前の著作と精神分析の仕事とを一つの連続体と見なそうとする立場に対して、スコーエンウォルドの論考のタイトル『フロイトの人生におけるターニング・ポイント』（一九五三年）は、もう一つのありうべき立場を端的に表明しているように思われる。つまりこの『失語論』でもって、以後フロイトは神経学から精神分析へと「転換」したと考える立場である。スコーエンウォルドがこの論考の中で取り上げて論じているのは、『失語論』と、『失語論』よりも以前に執筆された、ヴィラーレ編『医学中事典』の項目「失語」[16]である。彼によればこの本の中に、「フロイトがいかにして臨床的なものの中から、革命的な論理の萌芽を引き出してきたか」を窺い知ることが出来る。

しかし、神経学者としてのフロイトへの注目は、必ずしもその失語研究にのみ限定されていたわけではない。エレンベルガーの『無意識の発見』（一九七三年）は力動精神医学 Dynamic Psychiatry という観点から、その歴史と発展を辿ったものであり、その中で第七章がフロイトの精神分析に充てられ、初期フロイトについては、初期の顕微鏡解剖学から理論的神経学への発展という仕方で概括的に分かりやすく説明され、大枠の中で位置づけられている。

一九七六年、脳機能研究者であるカール・H・プリブラムと精神科医のメルトン・M・ギルは、神経生理学、神経心理学の視点から『心理学草案』を論じた『フロイト草稿の再評価』を公にしている。そのプロローグの中でプリブラムとギルは、当時の心理学の趨勢について以下のように語っている。

一九六〇年代に心理学は革命を経験した。半世紀間の趨勢はすっかり覆され、なおざりにされていた論題が急にまた勢いよく浮上した。それまで行動主義の方法は、心理学領域の大概の関心事である精神内界に触れずにいたが、その革命的展開というのは、行動主義として十分に機能し、役だってきた伝統的な実験心理学が、認知的、構造的、意図的かつ主観的な方向に転じたことである。［プリブラム＆ギル：9］

脳解剖に基づく知見を背景としたフロイトの神経学関連の論文が、二十世紀の神経生理学者たちから注目されたのはこのような文脈においてであったのである。この『心理学草案』は、英訳者によって『科学的心理学草稿』*Project for a Scientific Psychology* と命名されたという点も、この時期のフロイトの著作がどのような期待をもって注目されたかを暗示している。

一九七九年、フランク・J・サロウェイによる『心の生物学者フロイト――精神分析の伝説を超えて――』と題された大部の本が出版されたが、ここでサロウェイは、フリースやブロイアーとの交流を中心的に論じ、またダーウィン的な革命の遺産を論じるが、六百頁に及ぶ論述の中で、『失語論』に関する言及はわずか一頁程にすぎない。そのような中で、一九八六年、フロイトの神経科学関連の論文の英訳者であるマーク・ソルムスとミシェル・セイリングは、『心理学草案』よりも『失語論』の方がはるかに重要であると主張した。彼らは基本的にスコーエンウォルドの立場を継承している。彼らによればフロイトは、一八七七年と一九〇〇年との間に百篇以上の神経科学関連の論文を発表している。しかしその内のわずか七編しか英訳されていないことが、彼らの英訳の動機となったという［Solms & Saling: xvii］。

この本を出版するにあたって我々は、フロイトの精神分析-以前の著作を学問的かつ科学的に評価する際にありうる潜在的な誤謬と偏見の原因となるものを、いくらかでもただすことを目指した。［Solms & Saling: xvii］

そのために彼らが選んだのは、上述のヴィラーレ編『医学中事典』に掲載された二つの項目「失語」と「脳」であり[17]、彼らはその英訳書のタイトルを、『移行の瞬間――神経科学に関するジークムント・フロイトの二つの事典項目』としている[18]。

ロイシュナーは、神経病理学者としてのフロイトと精神分析家としてのフロイトを分けることに対して疑問を呈した上で、シュテンゲルと同じく、しかしシュテンゲルには言及しないままに、「のちの精神分析の理論の中で中心的な意味をもつことになった概念が初めてあらわれたのがこの生理学の仕事においてである」ことを認めている。その概念とは、連合 Assoziation、代理表象 Repräsentanz、転移 Übertragung、象徴 Symbol、補填 Ersetzung、そしてとりわけ語-事象表象複合 Wort - Sachvorstellungskomplex である。つまりこれらの精神分析学的概念はどれも、生理学に由来をもつものであり、このことでもって、精神分析の言明や方法論は、学問性やその精密さを担保されるというのである［Leuschner: 8］。さらには、「とりわけこの仕事［『失語論』］においては、精神分析は時代遅れの生理学的仮定を含んでいるために、新しい生理学的知見に応じて修正すべきである」という意見が一方にある。そして他方では、のちの精神分析的な仕事においてはただ暗示的に根底に置かれているにすぎないフロイトの意味論が、ここでは明示的に展開されていたという主張がある。前者のように生理学に優先権を認める考え方は、無意識の性質などの精神分析的な発見を最終的に「証明」しようとする脳研究者たちに通じるものであろう［Leuschner: 8］と述べるロイシュナー自身の立地点はむしろ後者に近い。

それにしたがえば、この失語研究で展開された概念や構築物は、生理学的な知見の残骸ではなく、むしろ先駆的なものである。つまりそれらはここでは、生理学的な規定から多かれ少なかれ脱しているのであって、のちに、精神分析の理論のもっとも基本的な礎となりえたのだった。［Leuschner: 10］

このように評価するロイシュナー自身の立場の基本にあるのは、生理学／神経学（もしくは、より包括的に自然科学）対　精神分析という対立である。その根底には、従来精神分析が自然科学者たちからは、非科学的とみなされてきたという認識がある。ロイシュナーの論の軸足はあくまでも精神分析樹立以後にあって、こうした立場からすればこの『失語論』がいかに精神分析の理論を先取りしていたかが最大の問題となる。そして『失語論』が科学的な知見に裏付けられていることの確認は、とりもなおさず、精神分析が「科学的」であることを証明するために必要とされるのである。

フォーゲルは、この『失語論』が等閑視されていた理由を、この本が「およそ時代に不似合いな企てに着手しようとした」からであると説明する。

この草稿が出版された一八九一年の頃は、失語に関する解剖学的-局在論的理説は、フロイトが自ら記しているとおり、ドイツや諸外国の優秀な神経病理学者たちに支えられ、十全に展開しており、その基礎づけとなる解剖学的、心理学的な諸前提とはまだ切れていない関係にあった。このような状況の中でフロイトは、大胆にも一人きりで歩を進め、根本的な批判を繰り広げ、失語に関する理説全体と脳病理学全体の修正を提案しようとしたのだった。［Vogel: 38］

ジョーンズもまた、同じような見地から、「批判的研究」というこの本に付せられた副題の意味するところは、「当時ほとんどすべての人から認められていた失語症についてのヴェルニケ＝リヒトハイム理論に対して」、三十五歳のフロイトが果敢にも「革命的な」批判を行った点にあるとする［Jones: 195/154］。こうした「革命性」といい、当時支配的であった学説に抗って「大胆にも一人きりで歩を進める」ことといい、これらはフロイトの生涯のいくつかの局面において避けられないものだった。そのときにフロイトを導いたものは一体何だっただろうか。ジョーンズは、当時フロイトがマイネルトを批判して述べた言葉（一八八九年）を引いているが、それはそのままこの『失語論』におけるフロイトの態度にも当てはまるだろう。[19]「偉大さに対する尊敬、とりわけ知的な偉大さに対する尊敬は、人間の最上の特性である。しかし、その尊敬も、事実に対する尊敬に対しては道を譲らなくてはならない。権威というものに依拠することをやめて、事実を詳細に検討することから得られた自分自身の判断に従おうとするとき、それをはっきりと表明することを憚る必要はない」。[20]知的に偉大な人に対する尊敬故にこそ、判断を誤るということはある。自分自身の判断に従おうとすることが、時として、権威というものからの脱却を促し、己れ自身の判断以外に、いかなる拠り所も求めないという態度決定へと促すことがある。そのときその判断の妥当性を支えるのは、得られた事実に対する己れ自身の知的誠実さに他ならない。フロイトが『失語論』において示した、ヴェルニケ＝リヒトハイム理論の基礎全体に対する疑問は、わずか一年後に、失語症に関して当時イギリスの第一人者であったバスティアンにも起こっていたことをジョーンズは指摘して、フロイトの先見性の証左としている。

フロイトの『失語論』再評価の主な観点として、フロイトが局在論に対して機能論を提示したことが挙げられることは既に述べたとおりであるが、日本でいち早く『失語論』に注目していた石澤誠一[21]は、シャルコーの弟子であるフロイトが失語を、器質性の原因から説明するのではなく、ヒステリーと同様に機能上の問題として捉えようとしていた点に注目して、神経学的研究と精神分析的な考察とがこの時期、フロイトの中で同居していたのだと指摘する。「ヒステリーと失語とは、同じ時期に、それぞれに別個の問題系としてではなく、シャルコ《ママ》を介して同一の問題系としてフロイトの前に提示されていた」。その証左が、「失語は心的な疾病である」と定義する事典項目「失語」にある［石澤：208］。

この事典項目を同じく重要視したスコーエンウォルドは以下のように述べている。

> もしもあらゆる心的機能が皮質のいずれかの部位に確実に跡づけされうるものであるならば、心理学というものは極めてシンプルな案件になってしまうだろう。そして科学的秩序の中に場を占めることもなく、臨床家たちの関心を呼び起こすに足るだけのものでもなくなってしまうだろう。しかしながら、失語を扱う中で彼［フロイト］は、臨床で得られた証拠――それは解剖学上の発見とも関連したのだが――に導かれ、厳密な局在化という構想は、すべての心的事象を完全に説明することはできないという結論を出したのである。

［Schoenwald: 125］

心的機能のすべてを局在化することはできないからこそ、逆に、心理学は科学的秩序の中に場を占め、また、臨床家たちの関心を飽くことなく喚起し続けるものとなる。かくしてフロイトは、「解剖学的-生理学的に完全に説明しようとする欲求を捨てて、少なくともさしあたっては、解剖学や生理学が可能にした行動のアクチュアリティへと向かった」〔Schoenwald: 126〕。解剖学的-生理学的にいくら厳密化を図っても、心的事象のすべてを説明しつくすことは所詮不可能である。しかしだからといって、解剖学や生理学がこれらについて何も教えてくれないわけでは決してない。マイネルトは、脳解剖学を通して人間の表象生活を論じた。そのマイネルトに、いずれ離反してゆくとはいえフロイトは一時期大いに知的刺激を受け、心酔していたのである。シャルコーの傍らで学びつつ、なお解剖学か患者の観察かで悩むフロイトの姿には脳解剖学が可能にしたものに対する揺るぎない信頼がある。その彼のためにシャルコーらは、「いくつかの幼児の脳を手に入れてくれた」という〔Jones: 193/152〕。脳解剖の実践に基づいたフロイトの脳研究は、何篇かの小児麻痺に関する論として発表されており、『失語論』の土台ともなっている。のちに「精神分析」となっていったものは明らかにこれら解剖学的-生理学的な知見を礎としているが、しかしそのフロイトをして、「解剖学的-生理学的に完全に説明しようとする欲求」を捨てさせたものは、「事実に対する尊敬」であっただろう。たとえその事実（データ）が当時の脳研究の限界によって制限されたものであったとしても、少なくともその事実を検討するその手続きの妥当性とそこから推論を引き出す論理的思考の厳密さに対する信頼は、ありうる限りの中でもっとも確かな根拠となったにちがいない。

私がこれから扱おうとするテーマに関しては既に、ヴェルニケやクスマウル、リヒトハイムやグラースハイ、ヒューリングス・ジャクソン、バスティアンにロス、そしてシャルコーといった、ドイツといわず諸外国の

> 神経病理学における最良の頭脳が力を注いできた。私なりの新しい観察をことさら持ち合わせているわけでもないのに今そのテーマを論じようとするのであれば、いくつかの問題点を指摘することから始めるのが一番よかろう。その問題点を論究する中で、さらなる一歩を進めたいというのが私の願いである。［*Aphasien* I: 39］

フロイトが、当該の分野において世界的に優秀な人々に対する自分の立ち位置を決める際に、その根拠とするのは、自らが直接携わった解剖所見ではない。これら優れた頭脳の人々がそれぞれ提示した失語に関する仮説であり、その際彼らが根拠とした解剖所見である。つまりフロイトは、既に提示された「権威ある」仮説を批判するのに、その仮説が基づいている根拠それ自体、そしてそこからその仮説が導き出された理論的筋道それ自体を、自らが展開する批判の根拠に据えるのである。

第三節　『失語論』の立場

一八六一年、ポール・ブローカ（一八二四-一八八〇年）によって二症例の剖検所見が報告された。ここで報告されたうちの一症例は、言語理解は保たれているが「タン」という言葉しか話せなくなった患者の症例（いわゆる症例タン）である。これによって、発話能力と言語理解が別であるとされた。ブローカはその所見に基づいて、「左側の第三の［……］前頭回の損傷によって――それ以外には、知能もその他の言語機能も無傷でありながら――、構音化された言語の表出が完全に失われる、もしくは最大限制約されるという結果がもたらされる」［*Aphasien* I: 40］という結論を引き出した。いわゆる「［運動性］言語中枢」の発見である。[22]ブローカのこの論文は、初めて責任病巣を特定したことによって、科学としての神経心理学の始まりと目されている［『失語症臨床ハンドブック』: 86］。

一八六三年、ジャン・バティスト・ブヨウ[23]は、失語の病巣が左側に偏していることと、人の多くが右利きであることとは関連性があると指摘した。ブローカやブヨウは構音言語の障害に注目してアフェミー（構音障害）という呼称を用いたが、一八六四年トゥルソーは、失語症状をより広く解釈して、アフェミーの代わりにアファジーという呼称を提唱した。ブヨウの言う構音言語とは「語を観念の記念として創り出しその記憶を保存する能力」であり、「内語」の対概念となる「外語」に相当する［濱中: 138-139, 140］。

一八七四年カール・ヴェルニケ[24]は『失語症候複合』[25]を発表した。フロイトは、この書によってヴェルニケの名は「不朽の」ものとなったと述べている。この書においてヴェルニケは、ブローカが発見したのとは違う「言語中枢」があることを示した。それに伴って、ブローカの発見した言語中枢を「運動性」のものであるとし、自分が発見した「言語中枢」を感覚性のものであると規定した。「彼［ヴェルニケ］は、病理学的な言語障害を局在化された脳疾患から説明することによって、生理学上の言語事象を［脳病理によって］理解するための道筋をつけた」［*Aphasien* I: 40］のである。

ブローカとヴェルニケの発見は失語研究史上、今日においても揺るぎない意義を持つ。これらの発見に触発されて、以後、精神疾患を脳の損傷によって説明しようとする傾向が強まり、それと共に精神疾患に随伴するさまざまな言語障害が「失語症」の名の下に研究されることとなった。失語研究が十九世紀の神経学において中心的な分野となった所以である。TB版の「緒言」でロイシュナーは、この一八七四年から一九〇七年に至るまでの間に、失語をテーマとした学問的論文は二三〇〇編も出版されたという、二十世紀初頭の失語学者クルト・ゴールドシュタインの言葉を紹介している［Leuschner: 7］。アントニオ・R・ダマシオが言うように、当時失語研究は、「神経学の知的、実用的な中心、しかしまた、のちに心理学になることになる分野に関心のある科学者や哲学者の焦点」［Damasio (1992): 532］であったのである。

　失語研究は、神経学や心理学の焦点であったのみならず、言語学の焦点でもまたあった。前述の『失語論』冒頭部分でフロイトが名を挙げているアドルフ・クスマウル[26]は、医師として、「初期の失語研究の重要人物の一人であり、医学的・言語学的隙間を真に橋渡しした唯一の研究者」だった［Greenberg: 41/63］。彼の『言語の諸障害』（一八七七年）の中に、グリンバーグは、のちに精神分析においてフロイトが示した発想の先駆的なものをいくつか指摘している。そしてまたクスマウルとフロイトの双方に、「現在の知識の限界と、脳のネットワークの圧倒的な複雑さ」に対する同じディレンマを感じ取っている［Greenberg: 46/69］。

　十九世紀後半にかくも勢いのあった失語研究ではあったが、しかし二十世紀の初めになると、「［この］主題と理論はその影響力を大いに失った」［Damasio (1992): 532］。フロイトやクスマウルが直面したように、脳の構造の圧倒的な複雑さに対して、当時の知識の限界の範囲内で論じられうることはもはや論じられ尽くしたかのようである。しかしまた一方で失語研究の主流は、局在論から全体論へと移行してゆく。その全体論、すなわち、脳は全体として機能し、特定の機能を局在させては考えないという立場は、ヒューリングス・ジャクソンに始まる［野上：70］。彼の一連の著作は一九一五年に雑誌『ブレイン』に再録されている。ジャクソンの影響を受けつつ、第一次世界大戦による失語症例を観察しながら全体論的な理解に努めようとした一人が先のゴールドシュタインであり［野上：72-73］、彼がフロイトの『失語論』に着目したのもこうした文脈においてであったと言えるだろう。

「失語理論と脳病理学全般の修正」をフロイトは試みたのだったが、その挑戦は今日においても活発になされているというフォーゲルの言葉は一九七三年に発せられたものである［Vogel: 38］。そしてこの一九七三年という年は、脳研究において時代を画す年となった。核磁気共鳴（Nuclear Magnetic Resonance: NMR）現象を利用した画像化を初めて可能とする根本理論が発表されたのである。その後、さらに一九八五年 FLASH（Fast Low Angle Shot）方法の発明を俟って、画像の高速処理が可能となるに及んで、医学的な診断などへの応用の道が開いた。機能的磁気共鳴画像法（functional magnetic resonance imaging: fMRI）や陽電子断層撮影法（positron emission tomography: PET）などの装置を用いた方法によって、生きている人間の脳全体の活動を非侵襲的に観測することが可能となったからである。もはやフロイトの時代のように、医者たちは、明らかに患者が脳に損傷を負ったことが原因と思われる場合にも、それを確かめるために、患者の死後、脳の解剖が可能となるまで待つ必要はなくなった。では一体、フロイトとクスマウルが今日の状況におかれてあれば、そしてそこからそれぞれの研究を出発させることができたとしたら、あのもどかしさは果たしてどの程度解消されえただろう。

フロイトの『失語論』を再評価する人々は、当時の状況下におけるフロイトの洞察のいくつかが、今日の技術に支えられた脳研究における議論に比べて遜色のないものであるという点を強調する。しかし、フロイトの『失語論』を再読しようとするとき、フロイトほどの人でさえ、技術的な制約によっていかに考察を制限されるかを確認することが問題なのだろうか。或いは、『失語論』が今日もなお読むに堪えうるものであることを担保するのは、そこに示された洞察のいくつかは今日の技術によって確認されえた「正しい」事実であったということなのだろうか。

失語研究の文脈からこの『失語論』を捉えようとする動きがもっぱらであった中で、一九六六年にオットー・M・マークスが発表した論は、失語研究を十九世紀における言語理論の文脈の中で捉えたものとして画期的であった。これらの論文においてマークスは、十八世紀半ば、言語の起源についての議論から発し、十九世紀末に至るまでの言語学研究の流れを、医学の分野における研究の流れとパラレルに検討するというアプローチ法を提示したのである。マークスは、論の導入として、一七五三年のルソー（一七一二―一七七八年）の発言、一七五六年のヨハン・ペーター・ジュースミルヒによる論[27]、そして一七七二年のヨハン・ゴットフリート・ヘルダーの『言語起源論』[28]に言及している。その上で本論を「言語学者たち」と題した章と「神経学者たち」と題した章に分け、その最後に、まるで両者の合流地点であるかのように、フロイトの『失語論』を扱っている。ここにマークスが触れなかった文献、即ちルソーやヘルダーが批判したコンディヤックの『人間認識起源論』（一七四六年）、十九世紀の言語学者たちの業績を加え――フロイトが『失語論』において唯一直接引用する文献学者ベルトルト・デルブリュック[29]も含む――年代順に並べるならば次頁の表3のとおりとなる。この年表はそのまま、言語の起源が問われた十八世紀末以降、言語喪失という現象（症状）に焦点化した言語をめぐる言説の変遷を経て、フロイトの『失語論』成立までの「言説の領域」を示している。

　この年表の筆頭にあるフランツ・ヨゼフ・ガル[30]は、骨相学の創始者と目されている。人間の脳を初めてマッピングし、局在論に先鞭をつけた。マークスはおよそ百年の間に登場した多くの言語学者、医学者を扱いながら、その論文は二十二ページ程の、明瞭にして簡潔なものである。その論の意図は、言語障害の研究を軸として二つのグループ、言語学者たちと医者たちがそれぞれに発展させてきた理論が、相互にどう影響し合ったかを検証する点にあった［Marx: 329］。マークス自身は、この問いに対して否定的な結論を出したのだが、マークスのこの論文を、翌年のもう一つの論文を合わせて、「二つの歴史的な論文」［Greenberg: 16/ 29］と評価するグリンバーグは、マークスよりもさらに詳しく個々の言語学者を扱うことによって、マークスが

表 3 〈言語思想の展開と神経学の発展〉
──マークスが言及した基本文献に、本論が参照する文献を加えて作成

「言語学者たち」*The Linguists*

1746 Etienne Bonnot de Condillac: *Essai sur l'Origine des connaissances humaines*.
1755 Jean Jacques Rousseau: *Le Discours sur l'origine et les fondements de l'inégalité parmi les hommes.*
1756 Pierre Louis Moreau de Maupertuis (1698-1759): *Dissertation sur les différents moyens dont les hommes se sont servis pour exprimer leurs idées.*
1766 Johann Peter Süßmilch: *Versuch eines Beweises, die erste Sprache ihren Ursprung nicht vom Menschen, sondern allein vom Schöpfer erhalten habe*.
1772 Johann Gottfried Herder: *Abhandlung über den Ursprung der Sprache*.
1808 Friedrich Schlegel: *Über die Sprache und Weisheit der Indier*.
1820 Wilhelm von Humboldt (1767-1835): *Über das vergleichende Sprachstudium in Beziehung auf die verschiedenen Epochen der Sprachentwicklung*.
1821 Humboldt: *Über das Entstehen der grammatischen Formen und ihren Einfluß auf die Ideenentwicklung*.
1827-29 Humboldt: *Über die Verschiedenheiten des menschlichen Sprachbaues*.
1859 Charles Darwin (1809-1882): *The Origin of Species by Means of Natural Selection.*
1861 August Schleicher [31] : *Compendium der vergleichenden Grammatik*.
Max Müller [32] : *Lectures on the Science of Language*.
1863 Schleicher: *Die Darwinische Theorie und die Sprachwissenschaft.*
1871 Darwin: *The Descent of Man and Selection in Relation to Sex*. [33]
1871 Heymann Steinthal: *Einleitung in die Psychologie und Sprachwissenschaft*.
1875 William Dwight Whitney (1827-1894): *The Life and Growth of Language*.
1880 Hermann Paul: *Prinzipien der Sprachgeschichte*.
1885 Whitney: *The Roots, Verb-forms and Primary Derivatives of the Sanskrit Language.*
1886 Berthold Delbrück: *Amnestische Aphasie*.
1888 Steinthal: *Der Ursprung der Sprache*, 4th (expanded).

「神経学者たち」*The Physicians*

1810-19 Franz- Joseph Gall: *Anatomie et physiologie du systéme nerveux en général, et du cerveau en particulier.*
1825 Jean- Baptiste Bouillaud: *Recherches cliniques propres à…confirmer l'opinion*

de M. Gall, sur le siège de l'organe du langage articulé.
中枢にうけた損傷に起因するものと聴覚の損傷に起因するものとの区別を導入。

1861 Paul Broca: *Remarques sur le siége* [sic] *de la faculté du langage articulé suivies d'une observation d'aphémie (perte de la parole).*
「[運動性] 言語中枢」の発見。

1864 Hughlings Jackson: *Loss of speech: Its association with valvular disease of the heart and with hemiplegia on the right side. –Defects of smell. – Defects of speech in chorea. –arterial lesions in epilepsy.*

1866 ――: *Notes on the Physiology and Pathology of Language.*

1869 Charlton Bastian [34] : *On the various forms of loss of speech in cerebral disease.*

1870 Karl Maria Finkelnburg (1832-1896): Report in „Verhandlungen ärztlicher Gesellschaften".

1874 Carl Wernicke: *Der aphasische Symptomencomplex. Eine psychologische Studie auf anatomischer Basis.*
「感覚性言語中枢」の発見。

1877 Adolf Kussmaul: *Die Störungen der Sprache.*

1878-80 Hughlings Jackson: *On affections of speech from disease of the brain.*

1879 W.H. Broadbent (1835-1907): *A Case of peculiar affection of speech with Kommentary.*

1884-5 Ludwig Lichtheim: *On Aphasia.*

1884 Hughlings Jackson: *Lectures on the evolution and dissolution of the nervous system.*
Felix Franke: *Die praktische Spracherlernung auf Grund der Psychologie und der Physiologie der Sprache.*

1885 Hubert G. Grashey [35] : *Über Aphasie und ihre Beziehungen zur Wahrnehmung.*

1887 James Ross [36] : *On Aphasia: Being a contribution to the subject of the dissolution of speech from cerebral disease.*

1891 Sigmund Freud: *Zur Auffassung der Aphasien.*

開いたアプローチ法を豊かに展開させた。グリンバーグは、フロイトが『失語論』において直接引用した文献、もしくはその文献の中で参照されている文献に限定して、フロイトの思考に直接、間接の影響を与えた論者たちの思想を検証してゆく。そのようにしてそれらの論者たちの発想とフロイトのそれとの間に見いだされる類縁性と決定的な相違とを明らかにしつつ、フロイトの『失語論』が生まれた「言説の領域」

を再現しようとする。しかしその「言説の領域」は、言うまでもなくそれ自体然るべきコンテクストの中に浮かび上がるものであり、それ以前と断絶したものである訳ではない。ガルの局在論以降、言語に関する神経学的な説明の試みと、コンディヤック以降の言語起源論争の流れにおいて、フロイトが一つの結節点でありうるのは、神経病理学者であるフロイトが、言語の機能についての問いに挑んだからであり、その問いに取り組むフロイトの態度がすぐれて科学的であったからである。この二人の示したアプローチ法を融合させて、言語起源論争が起こった背景を確認するところから、本論は始まる。

第一章　近代の人間観の形成

『失語論』において取り上げられる論題の数々――マイネルト解剖学の根幹となる皮質中心主義的な考え（記憶心像は皮質細胞に貯蔵されるという考えがそこには含まれている）やジャクソンの心身併行説、クスマウルの語表象など――については、フロイトが冒頭で述べているとおり、「ドイツといわず諸外国の神経病理学における優秀な頭脳が力を注いできた。」それら諸説の検証から独自の見解を紡ぎ出してゆくフロイトを思想史的に位置づけることはそのまま近代学問の成り立ちとその後の展開を追跡することとなる。十九世紀という時代は精神医学や心理学が学問分野として自立してゆく時代でもある。これら近代的学問の出発点として、十八世紀の啓蒙主義や言語起源論争が一つの道標としてある。ジョージ・アルバート・ウェルズは言語起源論争に関わった啓蒙主義者としてコンディヤック、トマス・リード、モンボッド[37]に加えて、ロックやヒュームをも数え入れ、これらの人々は「身振り言語」を言語の出発点として「言語は発明されたものである」という考えを支持したとする。しかしこの考えがヘルダーによって斥けられてのち、言語に関する啓蒙主義者たちの発言は歴史的に顧みられなくなっていったと。またマーカス・エドラーは代表的な言語起源論者としてコンディヤック、ルソー、ヘルダーの三人にヴィーコを加えている。コンディヤックはロックの継承者を自任し、ルソーの言語論はコンディヤックに対する応答としてある。それに対してヘルダーは、ライプニッツの思想をよりどころとして両者を批判しつつ、独自の言語論を展開した。つまりこの論争は、ロックの経験論、ライプニッツの記号論、コンディヤックの感覚論が継承され展開し新たな思想の流れを形づくってゆくプロセスであったのである。今日、ロックもコンディヤックも心理学の源流と位置づけられている。かくの如く、啓蒙主義の動きと心理学という学問の成立と発展は「近代」というものを象徴的に表している。

　エルンスト・カッシーラーは『啓蒙主義の哲学』において、啓蒙主義の時代を、先行する諸世紀の遺産を継承し、且つ、それを整理して選別して発展させた時代として位置づけている。「だが啓蒙主義哲学は、こうした内容上の依存や素材上の制約にもかかわらず、哲学思想の真に新しく独自な形式を生み出した。〔……〕ひとたび啓蒙主義哲学の手にかかると、すべてが全く新しい意味を獲得し新しい地平を開いた」のである［Cassirer: IXf./（上）012］。カッシーラーによれば、十七世紀において哲学的認識の本来の課題は哲学的「体系」を構築することにあった。それは、最高の存在から出発しつつ、その確実性をあらゆる派生的存在にまで拡大してゆくという形をとった。こうしたスタイルにおいてありうべき唯一の真実な説明は、「演繹」である。それに対して十八世紀は、こうした「演繹」法を放棄してしまった。「分析的」であると同時に「構成的」である自然科学の方法は、ケプラーとガリレオによって着手され、ニュートンによって完成された。つまりケプラーは観察を数学的「精確さ」にまで高め、ガリレオは、「自然の直接的な直観 die unmittelbare *Anschauung* der Natur」だけでは不充分であり、他の認識手段によって補われなければならないことを示した［Cassirer: 10f. /（上）032–033］。[38]

自然界は直観に対し統一的過程として、また不可分な全体性として立ち現れる。そして直観はこれらの事象を、それらが純粋に「なに」であるかを把握するものであり、大まかな輪郭において、それらが経過する仕方と方法において記述することならできる。しかし、こうした記述の形式はほんとうの「説明」には到達しない。なぜならば自然現象の説明は、我々がその現象をその有りようのまま、それがそのように有るがままに現在化するのみならず、その現象が置かれている個々の条件を目に見えるものとし、それらの条件に依っている仕方を極めて厳密に認識することに成功したときに初めて見出したと言えるからである。この要請は、現象について、直観や直接的な観察が与えてくれる統一的な像を分解し、それを構成するさまざまな要素へと解体したときにのみ、満たされうるのである。［Cassirer: 11f./（上）033］

「直観」は自然現象について統一的な「像」を我々に与えてくれる。デカルトがその思考の基盤としたのはこうした「直観」、「直接的な直観」だった。しかし、こうした「直観」だけでは自然現象を記述することはできても、そのメカニズムを説明することはできない。十八世紀の哲学はデカルトに代わってニュートンを範とするが、それは、「「実証的」精神と「合理的」精神の新しい同盟 ein neues Bündnis zwischen dem „positiven“ und dem „rationalen“ Geist」［Cassirer: 9/（上）030］による成果だったのである。[39]

マイケル・S・マホーニィは、十七世紀の数学的業績として、「幾何学的思考様式から代数学的思考様式への移行」を挙げ、その代数学的思考様式の特徴の一つとして、存在論的関わりからの自由を挙げている。

数や空間といった概念でさえもが、物理的な意味においてではなく、純粋に数学的な意味において捉えられるようになったと。ライプニッツは、すでに『形而上学叙説』(一六八六年)において、「実体」とは「大きさ、形姿、運動」によって汲み尽くされるものではなく、これら計量的な尺度とは別のなにか、「我々の知覚に相関する想像上のもの」が考察されねばならないと示唆していたが、このように代数学的思考様式が存在論的関わり合いから自由になったことによって、「計量的な尺度とは別のなにか」、つまり魂についての考察が促されたのだった。

第一節　十七世紀における思考様式の変化

フロイトの『失語論』においては、のちの精神分析理論において重要となる概念が生理学に基づいて披瀝されている点が、この書が注目を浴びる一つの観点となっていることは既に述べたとおりであるが、その重要な概念の一つに「連合/連想 Assoziation」がある。この言葉が『失語論』に最初に登場するのは、神経伝達の仕組みを表す用語「連合システム」としてである。

視覚による知覚は、視神経[Optikus]が中枢に接続する神経終末に、聴覚による知覚は、大脳皮質の聴神経投射領域に定位しても差し支えはないだろう。これ以上のこと、たとえば、さまざまに異なる表象を連結して一つの概念へともたらすといったことなどはすべて、皮質中の個々の領域を互いに連絡させる連合システムによる働きである。したがって、これらを皮質のどこか或る一個所に局在化することはもはやできない。

[*Aphasien* I: 41]

人間の脳の皮質において行われる営みを「連合システム」と命名したのは、マイネルトである。「連合システム」と対を成すのは、「投射システム」である。マイネルトは、外界の知覚が脳にまで伝えられるシステムのうち、末端である感覚器官から皮質に至るまでの「投射システム」とは区別して、皮質におけるそれを「連合システム」と命名した。

> 半球の髄質を構成するのは、外界へと向かって迫る投射システムばかりでない。線維の弓状の束もまた半球の髄質を構成している。この線維の弓状束は、近くにある皮質領野（細胞体）や離れた皮質領野を互いに結びつけるのみならず、その中に宿っている記憶心像をも互いに——心理学の古い術語的表現で言うならば——連合させるのである。したがって、これらの束を大脳皮質の連合-システムと呼ぼう。この連合-システムは半球の至るところに拡がっている〔強調は原文のまま〕。[Meynert (*Zur Mechanik des Gehirnbaues*): 28][40]

マイネルトによれば、脊髄反射に見られるような、ある種機械的な原理によって外界を忠実に大脳へと伝えるのが「投射システム Projections- Systemen」であり、それに対して、皮質において遂行される知的な営みが「連合システム Associations-Systeme」なのである。[41]

マイネルトのいう「連合システム」は、脳の半球の至るところに拡がるものであり、皮質の部位を「連合」させ、それによって「記憶心像」を「連合」させるものである（「連合束と名づけられた皮質の固有線維は、皮質の異なる場所を解剖学的に互いに連絡させているのだが、生理学的にもそれぞれの場所の興奮状態を、つまり記憶心像を連合させている」[Meynert (*Psychiatrie*, 1884): 140])。こうした捉え方の根底には、そもそも記憶心像というものは皮質の細胞に貯蔵されているという考えがある。マイネルトは、互いに異なる部位の皮質細胞に貯蔵された心像同士の連絡を可能にするためのシステムとして「連合システム」を考えたのだが、逆にフロイトは、連合システムは「さまざまに異なる表象を連結して一つの概念へともたらす」ためのものであるがゆえに、それは複雑な精神の活動に属することとして、局在化することはできないのだという見解に立つ。

そもそも「連合」という言葉を精神分析用語として見た場合、ラプランシュとポンタリスの『精神分析用語辞典』はこの用語の説明を、フロイトの一八九五年の『ヒステリー研究』から始めている。『哲学歴史辞書』によれば、「連想の法則」に関する考えは古代にまで遡るが、「観念の連合」という概念を打ち立てたのはロック（一六三二―一七〇四年）である。ロックの『人間知性論』（一六九〇年初版）に第四版（一六九九年）で新たに追加された第二巻第三三章「観念の連合について」は、「観念の連合」についての最初の哲学的考察だった［Historisches Wörterbuch I: 548］。以下では「観念の連合」という概念の形成について確認する。

第一項　「観念の連合」という発想

「観念の連合」について最初に哲学的に考察したといわれるロックは、ではそもそも観念というものをどのように捉えていただろうか。観念の生得説を否定し、知識のすべての源を「経験」におくロックは、感覚器官によって伝えられた対象についての単純観念と、これらの単純観念を結び合わせて作られた複雑な観念を想定する。その出発点には「白紙の状態」の想定があった。

心は、言ってみれば文字をまったく欠いた白紙で、観念は少しもない［white Paper, void of all Characters, without any *Ideas*］と想定しよう。どのようにして心は観念を備えるようになるか。人間の忙しく果てしない心想がほとんど限りなく心へ多様に描いてきた、あの膨大な貯えを心はどこからえるか。どこから心は理知的推理と知識のすべての材料を我がものにするか。これに対して、私は一語で経験から［From *Experience*］と答える。この経験に私たちの一切の知識は根底を持ち、この経験から一切の知識は究極的に由来する。外的可感的事物について行われる観察にせよ、私たちが自ら知覚し内省する心の内的作用について行われる観察にせよ、私たちの観察こそ、私たちの知性へ思考の全材料を供給するものである。この二つが知識の源泉で、私たちの持つ観念あるいは自然に持つことのできる観念はすべてこの源泉から生ずるのである。［Locke: 104/（一）133－134］

人間の持つとりとめのない空想力が発揮する多様性には際限がない。それらのすべて、また、人間の判断力や知識の材料となるものすべてを心はどこから得るのか。それはただ「経験から」なのである。この「経験」以前に心が予め持っていたものは何もなく、そして「経験」とは「観察」に他ならない。そしてその観察とは、外部にあって感覚可能な物に対しては感受によって、また我々自身の心の内部に対しては知覚と内省とによって、遂行されることとなる。これら二つのみが知識の源泉であり、すべての観念の究極的な源泉なのである。その上で単純な観念と複雑な観念とが想定されるのであるが、前者は、感覚 Sensation と内省 Reflection によってのみ作られる。そして知性 Understanding は、ひとたび単純な観念を得ると、「それらを、ほとんど際限なく多様に繰り返し、比較し、統合する力能を持っているのであり、そのようにして新しい複雑観念を随意に作ることができる」［Locke: 119/（一）159］[42] しかし一方で、この知性には、単純観念を自ら作り出すことはできない。そしてその観念同士が結びつけられる仕方には、「自然な相互関係」によるものと、「偶然もしくは習慣」に基づくものとがある［Locke: 395f./（三）69］。そして、偶然に生じた結びつきや間違った結びつきが、自然な結びつきに比べて脆弱であるわけではない。その結びつきが不合理だからといって、分別によってその結びつきを解消することもまた困難である。そうした自然ではない観念同士の結びつきが生ずるのは、その人が受けた教育や傾向によって、また関心に応じてさまざまである。さらには習慣が、そうした個人差を大きくする。

習慣は、悟性の思考法や意志の決定、また身体の運動の仕方などを堅固にする。これらすべては、動物精気における運動の仕方［Trains of Motion in the Animal Spirits］にすぎないように思われる。これは、ひとたび始動させられると、常に慣れた同じ経路をとる。この経路は、しばしば利用されることによってついには平らな小道となり、その小道上では運動はたやすく、しかもいわば自然に経過するようになる。我々が考えるということを理解できるかぎり、観念はこうした方法で我々の精神にもたらされたように思われる。たとえそうでなかったとしても、上述のことによって、観念が、ひとたび方向性が示されるや否や、習慣に従って順々に続くのだということが説明されるだろう。［Locke: 395f./（三）69‒70］

身体には「運動の仕方」というものがあるように、「動物精気」にも固有の「運動の仕方」がある。ロックによれば、「悟性の思考法や意志の決定」は「動物精気の運動の仕方」にすぎない。そして身体の運動が、繰り返しによって習慣化され自動化され、また訓練によって熟達してゆくように、「動物精気の運動の仕方」もまた、繰り返されるごとに習慣化の度合いを増し、自動化される。「悟性の思考法や意志の決定」も、この運動の仕方に応じて、そのプロセスさえ意識されなくなる程、自動化されるものなのである。

訳者である古茂田宏は、大陸合理論を代表するライプニッツらが数学を基盤としたのに対して、イギリス経験論の始まりであるロックが医学を修めたことは偶然ではないとする。またヴォルテールは、ロックが人間の知性を分析するさまを「まるで解剖学者のように」と表現した［Cassirer: 125/（上）161］。ロックがここで述べる「経路」の開通という比喩は、十九世紀イギリスの失語学者ロスらが失語症を論じる際に、神経興奮が末端から脊髄を経て皮質へ至る経路は、その通過が繰り返されるに応じて自動化され、それに伴って、初めての時には大きな抵抗を引き起こしていても、次第に抵抗が少なくなってゆくと述べる表現にも通じる（本書一七七頁以下参照）。さらには、十九世紀に失語学者たちの間で争点の一つとなった「錯語」の問題や、ヒューリングス・ジャクソンの「言語残渣」という考えの萌芽、さらには観念の結びつきの偶然性や不合理性の問題などが、すべてここに先取りされてある。こうした主題は、フロイトの『失語論』と同時代の書であるベルクソンの『物質と記憶』（一八九六年）において、記憶の二種類の形式、という仕方で結実する。即ち、運動の記憶と想起の記憶という二種類の記憶である。

ロックがここで言及する「動物精気 Animal Spirits」は、ヒッポクラテスに次ぐ古代最大の医家ガレノス（AD二世紀）にまで遡る概念であり、元来は「プネウマ・プシューキコン」と呼ばれたものである。ガレノスは、プラトンに倣って、動物は、植物と共通にピュシス（自然）をもっているだけでなく、プシューケーをもそなえているとした。その上でガレノスは、魂の三つの主要な能力（機能）として、理性的（ロギスティコン）、気概的（テューモエイデス）、欲求的（エピテューメーティコン）能力（機能）を挙げている［ロイド：220］。

最後に、かれ［ガレノス］はもう一つ別の種類のプネウマ——プネウマ・プシューキコン——、「霊魂的な気息」——についても語る。この気息は［……］「生命的な気息」に由来し、また脳を主要な座とする気息である。生命的な気息は、生命そのものと、生命に本質的な諸々の過程を担うのに対して、霊魂的な気息は、意識と、知覚神経系および運動神経系の諸機能を担うものである。［ロイド：221］

動物にも植物にも共通に備わっているピュシスがあり、その上に動物にはさらにプシューケーがある。これによって生命の活動は、生命そのものを担うプネウマ・ゾーティコンと、意識や、知覚神経系および運動神経系の諸機能を担うプネウマ・プシューキコンとによって表現されることになる。そしてこの二種類のプネウマは決して互いに分離独立したものではなく、プネウマ・プシューキコンはプネウマ・ゾーティコンに由来するものなのである。このギリシア語の「プネウマ・プシューキコン」は、ラテン語では、ギリシア語の「プシューケー」に相当する anima を用いて spiritus animalis と訳され、そこから英語の animal spirit（動物精気）という語が生まれた［ロイド：221］。[43] このようにガレノスが区別した魂の三つの主要な能力は、脳内にさまざまに定位され、一種の局在学説の先駆けとされる。但しこれは、十九世紀に起こり解剖学に根ざした近代神経学としての局在論とは別種のものとして扱われなくてはならない。とはいえ、ガレノスにおけるこのような「生命的な気息」と「霊魂的な気息」という区別は、人間の存在形式における生物としての側面と、精神としての側面を表したものとして、人間存在をめぐる考察の中で、それぞれの時代に固有の類似概念を見出すことになるだろう。

ロックにおける「連合」の考え方はデヴィット・ハートレーに受け継がれ、連合心理学へと展開する。この「連合」という考えが、ヒュームにおいては「心的事象の自然の営み」として積極的評価を与えられ、また、ハートレーにおいて心理学は、生理学を基盤として展開することになる。ハートレーは、連合理論を「脳の微細な粒子の振動」（ニュートン）についての理論と結びつけ、それによって、知覚の単純表象のみならず、これら単純表象から生じる複雑で知的な表象をもまた、脳の微細な粒子が引き起こす単純、もしくは複雑な振動から説明した（一七四九年）。こうした連合理論がダーウィンの進化論に与えた影響も大きいとされる［Historisches Wörterbuch I: 548-549］。これらはジェイムズ・ミルにおいて完成する連合心理学の流れとなってゆくのだが、その流れの中に、イギリス留学を経てイギリスの思想から深く感銘を受けた若きフロイトもまたあるのである。

『失語論』において、「連合」の概念は飛躍的に新しい概念へと造形され直すこととなる。第五章になってフロイトは、数カ国語を話す人間における言語障害について言及しつつ、「上位連合」について述べる。母国語と、長じてのちに習得した言語のどちらがより失われやすいか、という問題について論じたくだりである。

> 通常我々が言語活動を行う際に用いる言語連合にはどうやら、連合の上に連合を重ねる［*Superassoziation*］能力が含まれているらしい。我々がこの連合に連合を重ねるという出来事をまだはっきりと実感している間というのは、つまり我々がこの新しい連合を使いこなすのに苦労しているということである。そして連合の上に連合を重ねて構成されたものは、病巣の部位にかかわらず、最初に連合された一次的なものよりも先に障害を被るように見受けられる。［*Aphasien* V: 104］

この問題において条件となるのは、フロイトによれば、その言語を習得したときの年齢と、習熟度の二つの要素だけである。そしてこうしたフロイトの記述は、連合が繰り返されるにつれて自動化し、連合はより行われやすくなるというロック自身の記述と類似的である。こうした類似性に遭遇するとき、グリンバーグの投げかけた問い、「脳は一体どこまで文化的産物なのか」という問いが彷彿とされるだろう。未知の機能を持った物体としての脳を探求するとき、脳が行う機能を表現するための言葉を伝統的な術語から援用するとき、こうした言葉の選択によって、新たに解明された機能の把握はどこまで影響を受けるものなのだろうか。或いは、伝統的な術語を用いるしかない場合、どこまで把握の仕方が制限を受けるものなのだろうか。推論された現象を、伝統的な術語と結びつける際のこうした「連合」の仕方は、それ自体が既に文化的な産物ではないのかという印象は、西洋医学という枠組みの中にある限り、拭うことができないものなのかもしれないが、しかしその枠組みの中にある限り、論理的に首尾一貫したものであることになるだろう。

第二項　代数学という方法

ロックの経験論に対して、対極に位置するのが、ライプニッツ（一六四六－一七一六年）に代表される大陸合理論である。ライプニッツはロックの『人間知性論』に対する反論として『人間知性新論』（一七〇四年）を書いた。[44] そのライプニッツの方法は、幾何学的な「直観」を基とするデカルトの方法とも区別されるものであり、言語（記号）に関する考察を以て今日ライプニッツは記号論の創始者と目されている。それは、時代的にはロックの経験論と、これに触発されて十八世紀に大陸で起こった言語起源論争との間にある。カッシーラーは、ライプニッツの思想はすぐれた読み手・解釈者兼紹介者に恵まれることがなかったため、その流れの中で、ライプニッツの思想の核心が真に評価された形で他に影響を与えたとはいいがたいとしている［Cassirer: 44/（上）069－070］。

フロイトが『失語論』の第六章で「失象徴」という症状について論じるとき、問題となるのは「記号（言語）」‐「概念」‐「事物」という関係の捉え方であり、それは「語表象」の捉え方、つまり「語」‐「語表象」‐「事物」という三者の関係の問題である。ロックに始まる「観念の連合」という発想が、十九世紀の解剖学の発展に伴って脳の構造が解明されてゆく中で、新たに成立した学問分野で援用されていったように、その考察の方法や方向性は大きな思想史的文脈の中で捉えられるものである。近代神経学は十九世紀初頭に始まった。そして近代科学の方法は、十七世紀に萌芽をもち十八世紀に大きく展開したと見るカッシーラーが一例として挙げるのは、哲学の方法が演繹から解析へと舵を切った点である。

われわれは事物の本性に関する一般的な仮定から始めて、次にそこから個々の影響作用に関する認識を引き出すという流儀を取らない。われわれはむしろ直接的観察によって与えられたこれらの知識を先導として、そこから次第に上昇して事象の第一原因へ、その単純な要素への遡行［in allmählichem Aufstieg zu den ersten Gründen und zu den einfachen Elementen des Geschehens zurückzugelangen］を試みなければならない。こうして今や演繹［Deduktion］の理念に対して、解析［Analyse］の理念が登場する。しかも解析は、原理的に終結しえないものである。それは、最初から通観しうるような、限定された一連の思考の歩みには固定されえない。それは経験科学の一つ一つの段階ごとに、常に新たに着手されねばならない。そこには絶対的な終結点などというものは決してなく、ただ相対的・暫定的な停留地点があるにすぎない。［Cassirer: 68/（上）097］[45]

事象に関する一般的な仮定から出発するのではなく、直接的な観察から出発するということ、そこから得られた知識を導き手として、複雑に絡み合った事象を解きほぐし、より基礎的な、構成的な要素へと遡行すること、そうした手法は、終結することがない。それ以上遡ることができない終結点へと達することはなく、ただその都度の段階ごとに、その時点においての相対的な停留地点が得られるにすぎない。それは、そこを足がかりとして、さらに次への思考の歩みが開始されるための暫定的な停止地点である。拠って立つ基盤が、普遍的な仮定ではなく常に相対的・暫定的な停留地点でしかないということ、複雑で多様に展開する自然の現象から、より初期の状態へ、より単純な要素への遡行には終結点など決してないこと、それが、解析なのである。

今日こうしたカッシーラーの捉え方はあまりにも大枠で捉えすぎているという批判を受けている。とりわけカッシーラーがデカルトを幾何学的な哲学の方法の代表として位置づけ、そうして時代は、デカルト的な幾何学からライプニッツ的な解析へと移行したと捉えている点である。しかしまた、概括的な見取り図を提供し、それによってその後のより正確な、より具体的な探求のための足がかりを作ったという点では十分にその役割を果たしたと言えるだろう。実際、カッシーラーがここで強調する「直接的観察」によって得られた知識をすべての根拠とするという学問的態度の中に我々は、十九世紀の実証主義の源流を見ることができるだろう。こうした学問的態度は、患者の「観察」をすべての根拠とするシャルコーを経由して、その影響を受けたフロイトへと受け継がれたと見ることができるだろう。

マホーニィは、「十七世紀における代数的思考法の始原」（一九八〇年）[46]において、十七世紀後半の数学的業績として、無限小算法［微分積分学］と並んで、「幾何学的思考様式から代数的思考様式への移行」を挙げている。そして後者の特徴として以下の三つを挙げている。

第一に、この思考様式は演算的記号法、すなわち語を省略するだけでなく組み合わせ［結合］演算の働きを示す記号法、別言すれば、演算に使われる記号法、の使用によって特徴づけられる。第二に、まさにこの組み合わせ演算の中心的役割によって、代数的思考様式は数学的対象というよりは数学的関係を取り扱う。［……］第三に、代数的思考様式は存在論的かかわりあいから自由である。［……］とりわけ、この思考様式は物理的世界の直観的存在論から自由である。「空間」・「次元」のような概念や「数」のような概念ですら、物理的意味との関連によってではなく、純粋に数学的意味で理解されるのである。この点で、代数的思考様式は直観的思考様式と対照的な抽象的思考様式として特徴づけられる。［Mahoney: 142/206］

代数的思考様式は、物理的な世界の直観的存在論から自由であるが故に、単に数学の領域を越えて、援用することが可能となる。これによって人間の思考は、空間とか次元とかいった概念を思考する場合にさえ、物理的世界の直観的存在論から、いわば重力からも解放されたが如く自由に羽ばたくことが可能となる。こうしたライプニッツの思想は、数学という分野以外にも大きな功績を残した。論理学である。そもそも論理学という名称はアリストテレスに遡るが、近世においてのちの論理学の先駆となったのは、ライプニッツの構想した「普遍言語」である。

私が思うに、人間の思考の一種のアルファベットのようなもの［eine Art Alphabet der menschlichen Gedanken］が考えられるに違いないし、その文字の組み合わせと、それらによって構成される語の分析によって、他のすべてのものを発見し、判断することができるに違いない。［Leibniz (Zur »allgemeinen Charakteristik«): 32］

事物に対する関係において個々の「記号 character」それ自体が恣意的なものであったとしても、「記号」

相互の関係が概念相互の関係を表出するものならば、概念相互の関係、真理そのものまでが恣意的なものとなるわけではない。記号相互の関係にも概念相互の関係にもそれぞれに法則性があり、これらの法則性は相互に対応しているはずだからである。最も単純な概念を記号化し、それらを組み合わせた複雑な概念をつくり出し、一定の法則性に基づいて概念の体系を構築すること、逆に言うならば、そのためにまず思考を分解して、思考を構成する最小の単位に相当するものに迫ること、思考を解体して思考を構成する最も単純な要素を抽出すること、それらをさまざまに結合すればあらゆる思考が表現されうるような、「思考のアルファベット」を見出すことが目指されるのである。

「思考のアルファベット」に到達すること、そしてちょうど整数理論においてすべての数が素数の積と考えられ表現されるのと全く同様な意味で、すべての複雑な思考形式をその構成要素、その究極的で単純な基本操作へと分解することが肝要だった。［Cassirer: 37/（上）062］

ここに、ライプニッツが代数学に基づいていると言われる所以があり、デカルトの幾何学とは明快に区別される所以がある。ライプニッツが目指すこうした「単純な概念」、「原初的な概念」は、したがって、決して「定義」できないものである。「複合的な概念」であればこそ、より単純な概念に分解／分析することができるものであるからである。そして「定義」とは、ある主語・主体に対しておよそ可能なすべての述語の総体を決定することである。ロックにおいても「単純な」観念と、それらを要素として組み合わせた「複雑な」観念という発想はあった。すべての観念は「経験」から生じる、とはつまり、まず直接に感官から得られる印象と結びついた「単純な観念」が生まれ、それら「単純な観念」を連合させて「複合的な観念」が構成される、或いは、連合の上にさらに連合を重ねて「複合的な観念」が構成されるのだったが、ロックにおいては、それら観念の「体系」の構築が目指されることはなかった。それに対してライプニッツは、こうした「単純なもの」と「複合的なもの」という対比的な考えを基調として、モナドという「実体」を考えるのである。記号と事物相互との関係は、「表出する」という行為、つまり受動的な impressio ではなく、あくまでも能動的な expressio によって表されるものである〔麻生：37〕。そして「記号」と事物との関係、一方が他方を「表現する représenter」という関係を、やがてモナドと全宇宙との関係に敷衍してゆく。

古茂田は、ライプニッツの基盤には数学がありロックの基盤には医学があるとしたが、むろんロックも同時代の数学的業績と無縁ではなかった。マホーニィはロックの数学的なセンスを示すものとして、『人間知性論』にある以下の言明を挙げている。

代数学に無知なものは、この学によって行われるはずのこの種類の驚異を想像できない。また、真知の他の部分に有利な、今まで以上のどんな進歩と助けを、人間の聡明な心はなお見いだせようか、これを決定するのは容易ではない。〔……〕数と延長の様相だけでなく、〔道徳のような〕他の様相の関係も絶対確実に知覚されることができよう。で、仮にもしそれら他の様相の一致或いは不一致を検討ないし追求する適正な方法が考えつかれたら、なぜ他の様相も論証できないか、私はその理由を見ることができない。〔Locke: 549/（四）49–50〕

マホーニィは、上記の個所をさしてロックを、「数学的考えの新しい様式への移行に関する同時代の証人」とする。マホーニィによればロックは、「代数がどのようなことに関してのものであり、それがどうなろうとしているか」を知っている。つまり、「代数はまず何より量の間の関係に関するものであるが、しかしまた、知識の他の対象の間の関係をも問題にすべき」なのである［Mahoney: 227］[47]。ロックは言う、「宇宙の他の部分の被造物が、私たちのもつより数多い、あるいは完全な、あるいは私たちのと違う、感官・機能の援助で、他のどんな単純観念をもてるか」について、私たちは決定することも想像することもできない。しかしだからといって、そうしたものがないと考えることは、臆断という以上に、すぐれた議論ではないと［Locke: 554/（四）57］。そして私たちとは違った感官や機能を通じて得られた単純観念を複合させることを重ねた果てに、その被造物がどのような観念に辿り着くことができるかは、私たちには想像しえない。しかしそのように想像しえないものを私たちは、有りうると考えることはできるのである。

だからこそ代数学は、単に数学という学問の領域内における問題なのではなく、「数学的考えの新しい様式」を形作りうるものなのである。

第三項　「魂と身体の結合という大いなる秘密に関する思いがけない説明」

自然科学的な世界認識に対して、ライプニッツがどのようなテーゼを主張したかを考えるにあたってさしあたり参考になるのは、ライプニッツが、身体と心という区分では捉えきれない「実体」というものを考えたことである。ライプニッツのまとまった著作としてはわずか四編しかないが、そのうちもっとも早い時期に書かれたのが『形而上学叙説』（一六八六年）である。そこでライプニッツは、「物体の性質全体が単なる延長にのみ、つまり、大きさ、形姿、運動にのみあるのではなく、物体の中にはこれらとは違う何かが必然的に見出されざるをえない」と述べている。その「違う何か」とは、「魂に関係するもの etwas anderes［. . .］, das eine Beziehung zu den Seelen hat」である。

12　それどころか、大きさ、形姿、運動についての概念は人が思い描いているほど明瞭なものではなく、想像上のもの、我々の知覚に対して相関的なもの［etwas Imaginäres und auf unsere Perzeptionen Relatives］を含んでいることを証明することさえできるだろう。このことは、色とか暖かさとかもっと別の同じような性質、事物の性質に存していて我々の外部にあるのかどうかを疑うこともあるような性質についても（より強度は大きいが）そうであるのと同様である。［Leibniz (1686): 29］

「物体」は、大きさや姿形や運動によって捉えられるだけのものではなく、「延長」という概念に汲み尽くされるものではない。むしろそれどころか、大きさや姿形や運動という概念それ自体が既に、我々の「知覚 perzeption に相関する」想像上のものを含んでいる。だからこそ物体は、我々の「知覚」に相関しうるのであるのだが、逆に言えばそれは、我々の外部に本当にあるのかどうか、それを「知覚」する我々とは独立に、それ自体の性質の内にあるのかどうかを疑われかねないようなものなのである。

物体と魂は、我々の「知覚」によって媒介される。しかし魂は、それ自体で現象に対して何ら変更を加えうるものではない。この点に、ライプニッツ独自の身体と魂との関係の捉え方を見ることができる。そしてまたこれまで「知覚」と訳してきた言葉 Perzeption をどう捉えるべきかという問題の困難さがある。同じく『形而上学叙説』には「魂と身体の結合という大いなる秘密に関する思いがけない説明 eine unerwartete Erklärung des großen Geheimnisses der Vereinigung von Seele und Körper」が述べられている。[48]

我々の感官の知覚は、たとえそれらが明瞭である場合でも、必然的に不明瞭な感覚［eine undeutliche

Empfindung］を含み込まざるをえないということも分かる。というのも、宇宙にあるすべての物体は共感によって結びつけられて［sympathetisch verbunden］いるので、我々の物体［身体］は他のあらゆる物体からの印象を受け取るからであり、また、我々の感官は我々をすべてのものと結びつけているので、我々の魂がすべてのものに対して個別に注意を向けうるということはありえないからである。それ故に、我々に不明瞭な感覚が生ずるのは、知覚が実際には無際限に多様であるためなのである。［……］あまりにも多くの（調和してたった一つのものとなることが決してないような）知覚が起こっていてどの知覚も他の知覚を凌駕することがない場合には、そしてそれらの知覚が呼び起こす印象が、ほぼ同様に強いものであるか、或いは、魂の注意を同じ程度に喚起しうる場合には、魂はそれらをただ不明瞭にしか意識することができないのである。［Leibniz (1686): 97］

宇宙にあるすべての物体は「共感」によって結びつけられている。宇宙的「共感《シュンパティア》」という考え方はストア派に由来する。宇宙全体にゆきわたるプネウマ（気息、霊気）によって、宇宙のすべての部分は相互に関係づけられており、プネウマの働きによって宇宙全体は共感する。「共感」とは sym-patheia（共に‐情態をこうむること）である。宇宙の片隅で何かが起これば、その動きがプネウマを通して即座に宇宙の他の部分にも伝わる。それゆえ宇宙のどこかで起こった出来事は、我々人間にもただちに影響を及ぼす。[49] 我々の身体もまた、物理的に存在するものとして、他のあらゆる物体と同様この連関の中にあり、我々の感覚器官は我々に、我々と結びついているすべての物体からの「印象 impression」を伝えることによってこの連関を知らせてくれる。しかしまた宇宙にあるものすべてという規模の大きさに比して、それらから印象を受け取る我々の身体自体は空間的にも時間的にも制限を受けて存在するものであるが故に、受け取る印象のすべてを一様に同じ強さで同時に感受することはできない。したがってさまざまな知覚が呼び起こすそれぞれの印象が同じ程度に強いものである場合、魂はどれに対しても同様にそれぞれの印象へと注意を分散させられることになる。つまり、我々に不明瞭な感覚が生ずるのは、「知覚」が無限に多様であるが故のものなのである。『形而上学叙説』よりおよそ三十年のちに発表されたのが『モナドロジー』（一七一四年）である。ライプニッツが六十八歳、ロックに対する反論として書かれた『人間知性新論』より十年ののちである。上記に述べた多様性故の不明瞭な知覚という考えに対して、後期のこの『モナドロジー』では、印象を集めることによって強化するという考え方が対応している。

25　かくして我々は、自然が生ける物たちに際だった知覚を与えたことが見て取れるのである。自然は、多くの光線、もしくは多くの気流を集める諸器官を生ける物たちに装備させるという配慮によって、これら集めたものを結合させて知覚により多くの効果を産み出せるようにしたのだ。匂い、味、手触りの他にも我々には知られていない多くの感官があって、匂い、味、手触りには、ひょっとしたらそうした他の感官におけるのと近似的なものがあるのかもしれない。私はやがて、魂において起こっていることは、これら器官において起こっていることを表象していることを説明しよう［Ich werde bald erklären, wie das, was in der Seele geschieht, das vorstellt, was sich in den Organen tut.］。［下線強調は引用者による］［Leibniz (1714): 121］

ここでは「知覚」と感覚器官の役割との結びつきが明示されており、一方で、vorstellen という言葉は、魂の中で起こる現象と感覚器官、すなわち身体において起こる現象との関係を示すものとして用いられている。[50] 麻生は、スコラにおける「直観」は感性的なものであったと述べているが、perzeption は、のちに見る

expressio や repraesentatio に比べて、「表象」というよりは、こうした感性的な「直観」に近いのではないかと思われる。

1　以下で論究するモナドとは、［個々のものとしては］単純な実体に他ならず、［複数のモナドが集まって］合成されたものとなる。単純な、とはつまり、部分を持たないということである。［Leibniz (1714): 111］

モナドとはまずもって「単純な実体」であり、「単純な」とはつまり「部分をもたない」ということである。[51] この「単純さ」に対置されるのが、「合成されたもの」である。（こうした「単純なもの、一次的なもの」対「合成されたもの、複合されたもの」という対比的な考えは、このあと、『失語論』を取り巻く文献の中で、何度も出会うことになるだろう。）つまりモナドとは、「定義」できないもの、それ以上分析できないほど「単純」であるが故に、いかなる述語も不可能なもの、したがって他の言葉でもって言い換えることができないものなのである。それほどに「単純な」モナドといえども多様性を展開するのだが、それを可能にするのは、他ならぬ「知覚」なのである。

こうした知覚と知覚に関連する事柄をライプニッツは、「機械的な理由によっては説明不可能」であるとする。ちょうど水車小屋の中に入ってもその原理を解明することはできないように、思考を成り立たせている機械を想定したとしても、そしてよしんばその中に入ってゆくことができたとしても、知覚を説明するようなものはどこにもない。水車小屋と同様、そのような機械は所詮合成されたものにすぎず、そして知覚は、「単純な実体」の中にのみ見出しうるものであるからである。このような「単純な実体」の中に見出されうる知覚とその変化態が、「単純な実体の内的な行動のすべて」なのである［Leibniz (1714): 117］。

既に『形而上学叙説』において、計量的な尺度によっては測ることのできない「何か想像上のもの」、「われわれの知覚に相関するもの」が考察されねばならないと述べられていたのだが、『モナドロジー』において「知覚」は、「欲求 appetition」と並んでモナドを動かす要因となる。「単純」であり分割できず部分を持たないことを繰り返し強調されるモナドではあっても、「内的な原理に起因して生ずる自然な変化」、そしてその変化が段階的であるが故の多様性を展開する。それを可能にするのが「知覚」なのである。「知覚」とは、単純な実体において実現される多様性の内の一つの状態、「一過性の状態」に他ならない［Leibniz (1714): 115］。そしてまた単純な実体は、いかなる「変状 affection」もなしに消滅することも存続することもありえないのであるが、その変状が「知覚」に他ならない［Leibniz (1714): 119］[52]。そして「単純な実体の現在の状態がどのようなものであれ、それは、先行する状態の自然な結果であり、現在は未来を孕んでいる」のである［Leibniz (1714): 119］。

ライプニッツの思想的立場がロックのそれとは明確に対立するのは、この点である。ロックにおいて、ア・プリオリなものは除外された。しかしライプニッツは、計量的に知りうるものや事実的に知りうるものとは別に、事実的に与えられていないものを知る手がかりとして、ア・プリオリなものを認めたのである。個々のモナドは「宇宙全体を映す生きた、永続的な鏡」［Leibniz (1714): 133］であり、それはちょうど、一つの都市の中のさまざまな地点からその都市を眺めるパースペクティヴに喩えることができる［Leibniz (1714): 135］。個々の地点からは都市全体を見渡すことはできないように、個々のモナドに認識可能なものには制限がある。しかし個々のモナドに課せられた制限は、時間の経過の中での制限なのであり、事実的に知りうるもの、現在までに所与であるもの、つまりア・ポステリオリに知ったものに関してそうなのである。事実的に知りうるものに関しては制限がありながら、個々のモナドそれぞれが、なお「宇宙全体」を映す鏡でありうるのは、制限されたモナド相互の関係性――この関係は、直接接しうるものとの間のみならず、直接接しえたものに媒介されて遠く離れたものとの間に成立しうる関係にまでおよぶ――が、宇宙全体の法則性に対応しているからである。そして「知覚」は、かつての状態の帰結であり未来を含む状態であるように、段階的なものでありながら、過去と未来との関係性の中にあるからである。かくしてモナドが置かれた諸関係は、空間的な配列のみならず、時間的な配列をも表すものとなった。それによってモナドの多様性はまさに無際限のものとなるのである。

ライプニッツの言うところによれば、神が人間にあらゆる完全性を分け与えることは不可能だったのであり、もしもそうすれば人間自身を神にしてしまうことになるからであった。［……］だから、被造の存在者は、種々の度合の完全性をもち、あらゆる種類の制限をそなえる、というふうにならざるをえなかった。［Schelling (1809): 39f./438－439］[53]

人間には多種多様の能力が与えられており、人間ごとに、それぞれの能力ごとにその完成度は異なる。それによって人間たちのあいだに無限の多様性が具現／体現されるのだが、それは言葉を換えれば、人間は、あらゆる種類の制限（条件）をそなえるということでもある。近代哲学の祖ともいわれるシェリングはライプニッツのすぐれた継承者であったが、時代的にはライプニッツは啓蒙主義以前に位置し、両者の間には、啓蒙主義の理念を実現しようとしたフランス革命とその混迷という歴史的情況がある。そのような時代に生きるシェリングは、人間的な自由というものを考えるとき、人間に課せられた制限を考えずにはいなかった。個々の人間がそれぞれに多様な存在であることと引き替えに、種々さまざまな制限を人間は負っており、それが、神の自由意志の実現を妨げる要因となっている。もしくはそもそも何らかの理念の実現を妨げる要因となっている。しかしまた、それ故にこそ、「人間的自由」の本質について考えることは喫緊の課題であったのである。

とはいえライプニッツにしても、その最終的な目的は、モナドによって無限の多様性を表すことにあったのではなかった。

37　そして個別のいかなるものにも、以前の、もしくはいっそう個別化された別の偶発的なものが包まれており、それに根拠を与えるためには、またもや同様の分析が必要とされるので、このような仕方によってはそれ以上先へと至ることはなかった。したがって、こうした個別の偶発性の連なりもしくは級数［Folge oder *Reihe* dieser einzelnen Kontingenten］がたとえ無限であったとしても、充足的な根拠もしくは最終根拠は、こうした個別の偶発性の連続もしくは級数の外部にあるのでなければならない。［Leibniz (1714): 127］

モナドは、時間的・空間的な配列による諸関係の中におかれて、どのモナドも刻一刻と変化し続ける。ほとんど無際限の多様性を展開するこの関係の総体、全宇宙において展開するその都度の偶発性の連続の外部に、充足的な根拠、最終根拠は求められねばならない。こうした関係すべてを成り立たせる根拠が、それ自体これらの関係内部にある一要素であってはならないからである。そしてこうした連続性の外部にあるとは、この連続性の中で展開するあらゆる偶発性、あらゆる制限から免れているということであり、そのように外部にあって全きものであることによってこの唯一の根拠の「十全性」が担保されるのである。

機械論による世界の説明方法によっては所詮、ある事物が経過するさまざまな状態の原因と作用との関係を説明するにすぎない。それに対してライプニッツは、こうした事物相互のすべての連関関係の外部に、こうした連関関係を成り立たせる根拠を求めたのである。それをもってカッシーラーは、「現象の数学的・物理学的秩序 die mathematisch-physikalische Ordnung der Phänomene を離れて実体の形而上学的秩序 die metaphysische Ordnung der Substanzen へ進み入る」こととした。そのようにして、「派生的な諸力、演繹的に導き出された諸力を一次的な、本源的な諸力において根拠づけなければならない」と〔Cassirer: 111/（上）145〕。

個々の現象を追い、観察されたデータを蓄積し、そこに法則性を見出し、かつて起こったことと今後起こりうることを含めたすべての現象を説明するだけではなく、それらすべてを成り立たせているもの、こうした現象の偶発性、時間的・空間的な制限を免れたものを求めようとする衝動は、すぐれて「形而上学的」である。あらゆる関係の連続性から離れた完全なものを求めようとする傾向は、のちにロマン派において特異な形で顕現する。そのロマン派へと至る中継的な地点に、ヘルダーが位置する。『モナドロジー』より六十数年後に書かれたヘルダーの『言語起源論』は、のちに見るように、いかにもライプニッツの思想を継承しているが、しかしまた、大いなる相違点もある。それらについての検討はいずれも、のちの個所に譲って、ふたたびライプニッツに戻って、ヘルダーにおいて独特の概念となる「表象」について、ライプニッツの言葉の使い方を確認しておこう。

62　そのように、創造されたものであるどのモナドも確かに宇宙全体を表象するのだが、しかしモナドは、特別に己れに定められて、そのエンテレピーを形成しているところの身体をより明瞭に表象する。この身体が全ての物質との結びつきにおいて宇宙全体を十全に表現するように、魂もまた、宇宙全体を表象する。それは、ある特別な仕方で魂に帰属するこの身体を魂が表象することによってそうするのである。[54]
〔Leibniz(1714): 137〕

身体はモナドのエンテレヒー（現実態）として宇宙全体を表現し、モナドは身体を表象することによって宇宙全体をも表象する。麻生は、ライプニッツは exprimere という言葉を〈repraesentatio〉とほとんど同じように使っていると述べている〔麻生：35〕が、この二つの言葉の使い方に敢えて違いを見出そうとするならば、少なくとも上記の個所からは、身体は表現し、モナドは表象するのだと言えるだろう。また麻生は、ライプニッツにおいて「記号」と事物の関係はいわば静的な対応関係、あるいは受動的な〈impressio〉ではなく、あくまで能動的な〈expressio〉もの〔麻生：37〕であると述べるのだが、この違いに関しては既に「知覚」について述べた際に引用した個所から明らかである。身体は、他のあらゆる物体から印象を受け取るのだった。つまり、身体が他のあらゆる身体／物体との関係において、感官を通して受け取るものが impressio/ Eindrücke であり、同じくこの関係において身体は、宇宙全体を exprimere/ ausdrücken する。そして魂は、己れが帰属する身体を表象することを通して、宇宙全体を表象するのである。

ここで、身体は物理的な結びつきを表現し、魂は抽象的な関係を表象する、という風に単純化することはできない。身体は、直接にふれあうことのないものとでさえ、己れに直接接するものを通して、やはり結びついているからである。単純な実体であるモナドにはドアがなく、したがって分割ができないが故に、なにものもその中へと入ったりそこから出てきたりすることはないのだと言われるが、身体において、印象を受け取るという関係――それは「知覚」によって成立する――、そしてそれを表現するという関係が可能となる。その身体とモナドとの関係は、身体と他の身体との関係のようではありえない。身体は、厳密な意味では実体ではないからである。また、ライプニッツは身体が魂に帰属するとは述べながら、一方で、魂が身体に対して何らかの影響を行使することはないとも述べている。このように、交渉がありえないはずの関係、成り立ちえないはずの関係が、にも拘わらず成り立つという「魂と身体の結合という大いなる秘密に関する思いがけない説明」を可能にするのが、「表象する」という行為であり、人間に与えられた能力なのである。(そしてこの考えをさらに推し進めるならば、神とは、最終根拠である神とは――上で見たように、最終根拠とはモナドにありうる関係のすべての外部、全宇宙のあらゆる連続性の外部であるものであるが故に――、こうした関係、「表象する」という関係からさえも免れてあるに違いない。)この「表象する」能力、すぐれて精神的な能力は、やがてヘルダーにおいて、「表象能力としての言語」という特殊な形態を結実させることになるのである。

第二節　十八世紀言語起源論争

十八世紀末に起こったフランス革命は、西欧的な人間観の変遷という観点から見ても時代を画す出来事だった。絶対王政の否定とアンシャン・レジームの崩壊は、制度上の意味のみならず、人間というものの捉え方並びに人間が世界を把握する仕方にも根本的な変革をもたらした。フランス革命が目指した方向は、本来は、啓蒙主義の理念を実現することにあった。人間は自分のおかれた環境/世界をどのように把握するのか、どのように言語化するのかという問題設定がそもそも可能となるためには、それに先んじて、人間は生まれながらに平等である、とはつまり、身体の能力も精神の構造も生の出発点においては等しいものであるという認識が必要だったのであり、その上で能力の多様性を説明するために、個人差という観点が導入され、個々人の潜在的な可能性は条件次第で、とはつまり、育てられる「環境」や「教育」に応じて、いかようにも展開しうるものであるという認識が広く共有されることが必要だった。そしてこうした認識から出発して、人間はいかにして言語を得たのか、いかにして観念を得るのかが論じられたのである。

十八世紀末の言語起源論争の淵源には一方にコンディヤックを介したロック『人間知性論』があり、もう一方にはヘルダーを介したライプニッツの思想があったが、この二人とほぼ同時期に発表されたニュートンの『プリンキピア』（一六八七年）は、世界認識の方法に大きな変革をもたらした。世に言う「万有引力の発見」である。「万有」という言葉について山本義隆は、ニュートンの時代に人々がこの言葉に込めた意味は、現代人の思う以上に大きかったはずだと言う。

太陽と惑星間に働く力として得られた重力にニュートンが加えた決定的な意味は、この力を総じて他のすべての物体間に働く力であると拡張解釈したことにある。とりわけ著しいことは、地球と月の間に働く力と地球と地上の物体間に働く力が同一の力で説明されるという考察であった。［山本：79］

「ケプラーとガリレイの時代まで、二千年近くにわたって権威を維持してきたアリストテレス的世界像では、月より上の天上の世界と月より下の地上の世界は、まったく異質な世界であった」［山本：91］。しかし「万有」引力の発見によって両世界の間には質的な断絶はなくなり、広大な宇宙空間は「延長」によって説明されうる均質な空間となった。

個としての人間は、いわば初期化された状態でこの世に生まれ落ち、その後成長と共に言葉を習得するのであれば、いかにしてこの習得は、個人差があるとはいえ、どの人にも可能であるのか。そして種としての人間は、そもそもどのようにして言葉というものを操作するようになったのか。このような問いは、つまるところ、人間をそれ以外の動物から決定的に区別するものは何か、を問うことになる。「最初」の人間を、それ以前の状態から分かつものは何か。そもそも最初の人間は、いかにして言語を得たのか。文明が初期化された状態においては、人間はどのような有りようをしていたのか。一六九〇年に出版されたロックの『人間知性論』を、ヴォルテールが哲学書簡集の中に引用したのが一七三三年、ロックの経験論に対する反論としてライプニッツが『人間知性新論』を書いてよりほぼ三十年のちのことである。それに触発されて一七四六年、コンディヤックの『人間認識起源論』が発表されたが、これはロックの『人間知性論』を継承しつつ発展させる試みであり、感覚主義の代表と見なされることとなった。

「フランスのロック」とも言われるコンディヤックに対して一七五五年、ルソーが反論し、さらにそれらに対する反論として翌年、ドイツからジュースミルヒの言語神授説が提唱された。また、ジュースミルヒとほぼ同時期、やはりロックに反論した物理学者モーペルテュイは、ライプニッツの思想を論のよりどころとしたのだった。一七七二年に発表されたヘルダーの『言語起源論』は、こうした一連の言語起源論争を締め括るものとなっている。

第一項　認識の起源

コンディヤックの『人間認識起源論』（一七四六年）の序論は、「観念の起源にまで遡る」ことを目的として掲げている。コンディヤックは、ロックの『人間知性論』に触発され、さらにその論を推し進めるためにこの書を著したのだった。[55] そのロックは、人間の魂の最初の状態、「白紙」の状態の心がどのようにして観念を得るのかという問いを立て、一語で「経験から」と答えた。そこから、知覚と直接的に結びついた一次的な観念、「単純観念」と、そうして生じた「単純観念」相互の組み合わせによって作られる、二次的な「複雑観念」という考えが可能となった。一次的なものである「単純観念」にはその源泉として、必ず対応する知覚があり、それに対して「複雑観念」にはその源泉となるような対応物、その根拠となるものがない。コンディヤックの『人間認識起源論』は、このようなロックの経験論に対する肯定的な反応の最たるものだったのである。

生得的な観念がないと措定するからには、「この知覚がどのような仕方と順序で、後に獲得されることになる魂の他の働きのすべてを生み出すのか、それらの働きが可能になっていくのか」を明らかにしなくてはならない。そしてコンディヤックは、「人間の認識の素材、魂と身体との差異、感覚 sensations とは何か」という問題から出発する。その問題を探求するための手がかりとなるのは知覚 perception である。なぜならば知覚こそは、「人が魂の中に認めうる最初の働き」だからである［Condillac: 111/（上）18-19］。つまり知覚とは、人間の認識の素材となるものであり、魂と身体との間にあるもの、そして魂と身体との差異をつくり出すもの、感覚以前のものなのである。そして魂は、「感官をとおして様々の観念を受け取るとすぐに、思うがままにそれらの観念を繰り返し取り出し、組み合わせ、多様な仕方でもってそれらをまとめあげ、そうすることによってあらゆる複合概念を作り出すことができる」［Condillac: 102f./（上）21］。このようにロックの考えを継承してコンディヤックは、彼流の仕方であらためて問題を提起する。小さな子供もまた確かに感官を通してさまざまな感覚を受け取るが、しかしその感覚から即座に観念を引き出すことができる訳ではない。人間が、受け取った感覚から観念を引き出すことができるようになるには、明らかに長い時間を必要とする。では、どのようにして魂はこれらを働かせる術を習得するのか、と。

感官の活動によって魂の中に引き起こされる印象、すなわち知覚が、知性の第一次の働き［操作］である。こうして得られる観念は、どのように言葉［推論／論証］で説明されても得られないような観念である。何らかの感覚によって触発されるとき、そこで感じられているものを反省してみることだけが、この知覚の観念をもたらすのである。［Condillac: 115/（上）45］

ロックは心的なものには二つの異なる源泉があることを示した。「感覚」と「反省」である。そしてコンディヤックは、「ロックの一般的方法を保持しつつも同時にそれを心理的事実の新しい領域へ拡張した」［Cassirer: 21/（上）044］。感官の活動によって魂の中に印象が生まれる。しかしそれはいかなる推論 discours によっても回収されえないものである。デカルト的な思考形式は決してそうした印象には届かない。感官によって触発され感受されたものを反省することによって初めて、印象、即ち知覚に関する観念が生まれる。このように観念の発生を捉えることによって、心理的事実のための「新しい領域」が拓かれたのである。

ロックの経験論を継承するばかりでなく、さらに徹底化したと自負するコンディヤックのその一つの証左が、知覚の捉え方である。生まれながらには白紙の状態であった人間が、この白紙の状態から出発して、経験を重ねることを通して観念を得る。その経験とはつまりは知覚である。ではその知覚は、いったん獲得されたあと、どのようにして記憶とは区別されるのだろうか。

他ならぬロックもこう言っている。すなわち記憶とは、かつて自分が持ったことのある過去の知覚を、確かにその知覚を過去に持ったことがあると意識しながら思い浮かべる力を魂が持つことなのだ、と。だが、こ

ういう言い方は全く正確ではない。［Condillac: 122/（上）62］

記憶とは、知覚によって得られた映像として魂の中にあるものをありありとした形で存続させることではない。ロックのような捉え方が不正確であるのは、「ある知覚をよく覚えているにもかかわらず、それを思い浮かべられない」ということがありうるからである。あるものを知覚することによって、一つの映像《イメージ》が生まれる。しかしその映像《イメージ》は、思い浮かべられるときには既にそれ自体が一つの知覚なのである。この点に、ロックとコンディヤックとの違いが明らかになる。そしてここから、現前知覚と、一定の時間的間隔を得て初めて可能となる再生知覚という二つの知覚が示される。単純なものであれば想像力によって簡単に思い描くことができる一方で、複雑なものは、「記憶によって呼び起こされる名前によってしかそれらを互いに区別できない」。そしてまた、「再生される観念の鮮やかさが夢や狂気の原因になる」ことさえ起こりうるのである。

観念の起源を問えば、言語の起源を問う問いに直結する。ロックが観念の起源を問う際に、生まれながらには何も持っていない心の状態、「文字の書かれていない白紙」の状態を想定したように、コンディヤックが想定するのは「［ノアの］大洪水の後しばらくして、男女それぞれ一人ずつの子供が、いかなる記号の使用をも知ることなく砂漠の中をさまよっていた」という状況である［Condillac: 193/（下）13］[56]。二人の子供の日々の交渉の中で、「情念の叫び声といくつかの知覚とが結びつくように」なる。こうした叫び声に加えて、「その叫び声と同じくらいはっきりと自分の意図を表現できる何らかの動作や仕草や身振り」がそこに加わる。つまり、情念の叫び声、身体全体による身振り、この身振りによって表現される知覚との連合と、その繰り返しである。連合が繰り返され習慣化されるにつれて、記憶力は活動し始め、彼らは、自分の思いのままに記号を呼び起こすことができるようになってゆく〔Condillac: 195/(下)18〕。そしてこうした記号の使用は、魂の働きを触発し、触発された魂の働きが逆に、記号を完成させる。そのようにして「代数的な記号」は考案されえたのだとコンディヤックは言う〔Condillac: 195/(下)19〕。

ヘルダーがコンディヤックを批判するとき、その的としたのはまさにこの出発点、すなわち、「何かある記号の使用を知る前の二人の子供が荒野にいる」という設定である。ヘルダーによればそもそもが、「誕生の二、三週間後にこの〔記号の使用に関する〕知識を持たない乳飲み子はいない」のであるから、記号の使用を知らず砂漠をさまよう子供という仮定自体が成り立たない。そのような不可能な仮定から出発した論が、言語の起源を正しく捉えることなどとうていありえないのである〔Herder: 708/20〕。

ロック以降、コンディヤックも、コンディヤックを批判的に継承したルソーも、それぞれの論の出発点において言語の使用を知る以前の人間の状態を仮設する。こうした思考実験は、十九世紀になると「粗野で、心理学的には信じられないもの」〔Wells: 11〕として一括して斥けられてゆく。十九世紀後半の言語学者ヘルマン・パウルは、言語哲学という枠で括られる議論は、「形而上学的思弁であると臆断されかねない」という懸念を表明して、代わって「原理」という言葉を用いたのだが、その際念頭にあったのは、これら言語使用以前の状態に関するさまざまな仮設、決して検証することのできない仮設であったかもしれない。ヘルダー以降、「言語起源論者たち」はヘルダーの陰に隠れ、少なくともこの主題に関する限り、十九世紀にはほとんど顧みられることがなかった。そして一八六五年には、パリ言語学会において、言語の起源について論ずること自体が禁じられるに至った。コンディヤックの論は、一九三二年のカッシーラーの『啓蒙主義の哲学』によって「再評価」を得、一九七三年の『人間認識起源論』改訂新版には、ジャック・デリダがその序論を寄せている[57]。そこでデリダは、記号の恣意性を欲望と結びつけて定義した最初の人としてコンディヤックを捉えているのだが、こうした観点からは、コンディヤックを、後に「語表象」について考察するフロイトの先駆と見るラインが形成される。一九八七年にはウェルズが、コンディヤックが言語の起源を身振り言語から説明した点に着目してコンディヤックを再評価し、また、ヴント（一八三二-一九二〇年）を心理文献学者Psychophilologistと位置づけて、コンディヤックからヴントまでの流れを追う論考を発表した[58]。

コンディヤックとは別の流れとして、ロックの経験論は、ジョージ・バークレ（一六八四-一七五三年）とデイヴィッド・ヒューム（一七一一-七六年）によって引き継がれた。ロックは、確かに外的な事物に依存しない複合観念を認めたが、しかし単純観念は外的事物に由来するとした点で、彼の経験論は徹底したものではなかった。何となれば、心が「白紙状態」であり、すべては外的な事物の知覚から生まれた印象にすぎないとするならば、「実体性の概念もたんに主観的な表象、観念の勝手な結合といわなければならないはず」だからである［シュヴェーグラー（下）：62］。この経験論を引き継ぎ、さらに徹底させたのがこの両者である。バークレの主著『人知原理論』（一七一〇年）は、「事物の存在するとは知覚されることである」という言葉で知られるが[59]、三者を評して量義治は言う、ロックは精神の実体性のみならず外物の実体性も認めたが、バークレは前者のみを認めて後者を否定した。しかしヒュームは前者までも否定したと。或いはまた、ロックは理神論的であり、バークレは有神論的であったが、ヒュームは無神論的となった［量：184］と。そのヒュームの主著『人性論』（第一篇は一七三九年）は「精神上の問題に実験的推論方法を導き入れる試み」という副題が付されている。しかしまた、ロックの経験論が徹底したものではなかったように、ライプニッツの観念論もまた徹底したものではなかった。それは実在論と手を切ってはいなかった。アルベルト・シュヴェーグラーは、その著『西洋哲学史』（一八四八年）において、バークレをむしろライプニッツの系譜において、彼を「主観的観念論の完成者」としている［シュヴェーグラー（下）：98］。

第二項　「人間の最初の言葉」

ルソーは一七五五年の『人間不平等起原論』の中で言語観を展開し、コンディヤックの『人間認識起源論』に反論した。そこでは以下のように述べられている。

私は、問題を解くという希望からというよりは、むしろ問題を明らかにしてそれを真の状態に戻そうという意図から、いくらかの推理を始め、時にはいくらかの憶測をも辞さなかった。他の人々はこの同じ路をもっと遠くまで容易に行くかも知れない。もっとも、終点に達することはだれにとっても容易なことではないのだが。なぜなら、人間の現在の性質のなかに、根源的なものと人為的なものとを識別し、さらに、もはや存在せず、恐らくは存在したことがなく、たぶんこれからも存在しそうにもない一つの状態、しかもそれについての正しい観念を持つことが、われわれの現在の状態をよく判断するためには必要であるような状態を十分に認識するということは、そう手軽な仕事ではないからである。［Rousseau: 209/ 27］

ルソーの時代、「比較解剖学はまだほとんど進歩していないし、博物学者の観察はまだきわめて不確実なので、そのような土台の上に堅固な推理の基礎を打ち立てることはできない」［Rousseau: 212/ 41］。したがってルソーは、人間はどの時代でも、現在の私たちと同じ構造であったという前提から出発する。こうした存在から、人間が授かったかも知れないすべての超自然的な才能と、長い間の進歩によって初めて獲得できたすべての人為的な能力とをはぎとったものがすなわち、「自然の手から出てきたままの状態 qui'il a dûsortir des mains de la nature」［Rousseau: 213/ 42］である。

どんな動物であろうと感覚を持っている以上、観念を持っており、それどころかある程度までその観念を組み合わせさえする。しかし動物は、所詮ルソーにとって、「精巧な機械 une machine ingénieuse」［Rousseau: 218/ 51］でしかない。そして自然状態にある人間と動物とを分かつのは、「禽獣の行動においては自然だけがすべてを行うのに対して、人間は自由な能因として自然の行動に協力する」という違い［Rousseau: 218/ 51-52］である。しかしまさにこの違いが人間に、言語の発明と使用を可能にしたのである。

自然はすべての動物に命令し、禽獣は従う。人間も同じ印象を経験する。しかし彼は自分が承諾するも抵抗するも自由であることを認める。そしてとくにこの自由の意識において彼の魂の霊性が現れるのである。なぜなら自然学はある意味で感覚の構造と観念の形成を説明するけれども、意志する力、というより選択する力に、またこの力の自覚に見いだされるものは、力学の法則によってはなにも説明されない純粋に霊的な行為［des actes purement spirituels］にほかならないからだ。［Rousseau: 218/ 52］

ロックは「解剖学者のように」観念を分析したと言われたが、しかし、魂にさまざまな印象をもたらし、心的なものを形成する感覚の構造と観念の形成までは自然学によって説明できたとしても、「意志する力」までは説明できない。或いは、よしんば動物が「意志して」行動しているかのように思われることがあるとしても、「意志する力の自覚」までを想定することはできない。そしてこの自覚がどうして可能になるのかは、力学の法則によっては何も説明されない。それは純粋に霊的／精神的な行為なのである。言語の問題を考えるとき、絶えず問題となるのは、人間が動物であるが故に与えられた限界と能力であり、同時にまた、厳然として動物からは区別される人間存在に開ける可能性である。そしてこのうち、前者についてはおそらく、自然学は、かなり正確に分析し、説明することができるだろう。しかしとどのつまり、そのようになぜ人間は、意志することができるのか、そして己れが意志することを自覚できるのかは、その領分を越えた問いである。ルソーはここで「人間の自由の意識にこそ、魂の霊性が現れる」とし、人間の意志について考察するための出発点として、この自由の意識を導きだすのである。

言語の起源について論じる際、ルソーが参照するのは、コンディヤックである。この問題に関するコンディヤックの見解を継承しつつも、ルソーは、コンディヤックが、[60]「記号設定の起原」において、「言語の発明者たちのあいだにすでに一種の社会が成立していた」と仮定したことに賛同することができない。そのためルソーは、そもそも「いかにして言語が必要となりえたか」という問いを呈示するのである［Rousseau: 220/59］。

人間の最初の言語、もっとも普遍的でもっとも精力的な言語、つまり集った人々を説得しなければならなかった以前に人間が必要とした唯一の言語は、自然の叫び声［le cri de la nature］である。［Rousseau: 221/62］。

そうして人々の観念が広がるにつれて、伝達すべき内容が増加し複雑化するにつれて、身振りの代わりに「音声の分節化 les articulations de la voix」を学んだのである［Rousseau: 221/62］。そして人間は、自然のなかにその原型を一つも見いださないような、「純粋に形而上学的な」観念を操作しうるまでになった。そうなるまでには膨大な時間と知識が必要であったのであり、そのためにルソーは、「言語が純粋に人間的な手段によって生誕しまた確立されることができたなどということは不可能」であるという確信に至る。したがってルソーは、「言語の制定にとってすでに結合した社会が必要であるのと、社会の設立にとってすでに発明された言語が必要であるのとどちらがより必要なものであろうか」という議論には立ち入らない［Rousseau: 222/ 66-67］。いわゆる「ルソーのパラドックス」である。[61] この点を以てしてヘルダーは、ルソーがコンディヤックの説明に対して疑問を感じたまではよかったが、「そのために言語発明のあらゆる人間的可能性をただちに否定してしまった」と批判したのだった。

自然の中に一つも原型を持たないような観念は、ルソーにおいても、スコラとは違って「単なる理性の構築物」として否定的に語られるのではない。「自然の叫び声」から始まった人間の言語は、かくも洗練され抽象化された。「純粋な自然状態」から言語を必要とするに至るまでには、ルソーの言うとおり、「広漠たる隔たり」があっただろう。感性的な対象を持たない観念は、身振りによっても声によっても指示されることはできず、したがって、思想を伝達して精神と精神とのあいだの交渉を確立する技術がいかにして発生しえたのか、いかなる推測も及びうるものではない［Rousseau: 221/ 61］。「純粋に形而上学的」な観念を操作するということは、ア・プリオリに与えられた能力として為しうることではなく、むしろ人間が膨大な時間と知識をかけて成し遂げた発展を示すものである。したがってそれを為しうる能力には、人間が育つ社会や文化に応じてどのようにでも差が生ずることになる。つまり「言語が純粋に人間的な手段によって」確立したとは考えられないといっても、言語の発達形態は、個々の人間の能力を超えて継承される幾世代もの時間と知識の蓄積の結果形を成したものなのである。その意味ではやはり言語の発展と成熟は人間の可能性と不可分のものであるのだが、ただ、言語の起源だけは、とはつまり、そもそもの最初になぜ言語というものが可能になりえたのかについては人間の能力という観点からだけでは説明しきれない不思議が残るのである。[62]

第三項　言語神授説から「理性の記念碑」としての言語へ

ルソーの『人間不平等起原論』のドイツ語訳が出版された一七五六年、ベルリン役員会長であるジュースミルヒは、プロイセン王立学士院の前で「最初の言語はその起源を人間ではなく神に持つということの証明の試み」と題した講演を行った。それは「あらゆる啓示の敵に反論するため」であった。この講演を十年後に出版する際、ジュースミルヒはその序において、「王立学士院の今は亡き会長であるモーペルテュイ氏が言語の起源に関する自分の論考を誤読したことが、自分はこの最初の草稿を練り上げ」るきっかけになったと述べている。[63] モーペルテュイとは、当時プロイセン王立学士院会長であり物理学者且つ数学者であったピエール・ルイ・モロー・モーペルテュイである。そのモーペルテュイがジュースミルヒを誤解したとは、キムによれば、モーペルテュイの一七五六年の論説「人間が観念を表現するために用いるさまざまな手段に関する論述」を指す。この論考は、感覚主義と合理主義とこれまでの伝統とを結びつけるものだった。確かにコンディヤックによれば言語とは記号の秩序（配列）Zeichenordnung にすぎず、この記号の秩序が心的内容を備えた経験の関連を再現することになる。そしてどの言語も最初は単純なものであるが、しかし慣用句はほとんど幾何学的に発展する。モーペルテュイは、「この発展は、ニュートンの言う意味における数学的に正確な普遍言語 Universalsprache でもって終わるだろう」［Borst: 1434f.］と考えたのである。[64]

坂本百大は、一七五六年というこの年は、モーペルテュイのこの講演とジュースミルヒの講演、そしてルソーの『人間不平等起原論』のドイツ語訳出版とを以て、言語起源の問題において「記念すべき年」としている［坂本：36-42］。坂本は、言語起源をめぐる二つの対立する立場として、一方にロック、コンディヤック、ルソー、モーペルテュイを経た、「いわばフランス化された経験主義」を置き、もう一方に、合理論、特にライプニッツに代表されるドイツ観念論の立場を見ている。[65] 坂本は、ジュースミルヒの言う「神によって与えられた」という表現を「先天的」、もしくは「生得的」と読み替えるならば、ジュースミルヒの論を合理論の側に置くことができるとする［坂本：41］。

こうした論争の中でベルリンのプロイセン王立学士院から、言語の起源をめぐって懸賞課題が出された。その提出期限は一七七一年一月一日であり、そこに応募して採択されたのが、ヘルダーの『言語起源論』である。その課題とは、以下のとおりである。

人間はその自然的能力に委ねられて自ら言語を発明することができるか。そして、いかなる手段によって人間はこの発明に到達するであろうか。この問題を明快に説明し、すべての難点を満足させる仮説を求む。

この課題に取り組むにあたってヘルダーを触発したのは、第一には、ジュースミルヒの言語神授説である。そのジュースミルヒの講演は、ルソーの言語自然発生説に対する反論だった。麻生健は、ルソーの自然発生説とジュースミルヒの言語神授説とは共に同じ出発点に立つとする。その出発点とはすなわち「言語が純粋に人間的な方法によって生まれ、確立されえたというようなことは不可能である」[66]とする見解である。

［……］これはまさに自然発生説を代表するものであるが、実はこの発言は、同時に上述のジュースミルヒの〈言語神授説〉の出発点とされたものでもあった。ジュースミルヒの立場は理性主義（合理主義）であり、人間は理性を使用するためには、まずそれにふさわしい言語（いわゆる〈理想言語〉）をもたねばならないとされる。言語は何はともあれ理性使用の不可欠の前提条件であり、したがって、あるいはだからこそジュースミルヒは、人間が完全な言語を所有していることを保証する言語神授説をとったわけである［麻生：48］。

ジュースミルヒは、理性主義ゆえに言語神授説をとった。このときのジュースミルヒの証明は、言語の使用が先か、理性の使用が先かというルソーのディレンマから出発している。ここで言う「いわゆる理想言語」について麻生は、「言語神授説の仮説は、思考によって形成され、完全性の理想として考え出された言語を前提としている」というヘルダーの言葉を引いて説明している［麻生：48］。つまりヘルダーから見るならば、言語神授説を信奉する者は、「言語を理性の展開として、また人間の魂の力の所産として説明することのできる哲学的才能」を欠いていることを自ら明かしていることになる。つまりヘルダーにとって言語とは、理性に根拠を持ち理性の展開として発展するものなのである[67]。かくして言語はヘルダーにおいて、神から与えられたものでもなく、母なる自然によって与えられたものでもなく、人間と共に時間の経過に晒されその中で人間と共に変化してゆくものとなった。それはまさにルソーが提唱したことだった。しかしヘルダーはルソーとは違って、人間の言語の開始を、動物にも同様にありえたような「自然の叫び声」に見ることはしない。ヘルダーは言語の起源を、言語がまさに人間の能力として与えられたことから説明する。そしてコンディヤックやルソーがその考察を、人間と動物との差異から出発させたのに対して、ヘルダーは、同じくこの差異から出発しつつも、コンディヤックもルソーも動物と人間との本質的な差異を見落として、コンディヤックは動物を人間に、ルソーは人間を動物にしてしまったのだと批判した［Herder: 711/ 24–25］[68]。ヘルダー自身の仮説は、以下のような形をとる。

「ここに感受する存在 *ein empfindsames Wesen* があり、それは自分の生き生きとした感受を、一つとして己れのうちに閉じこめておくことができず、いかなる感覚をも、その感覚に襲われた最初の瞬間に、いかなる恣

意も意図もなしに音声にして表さざるをえないとしよう。」[Herder: 698/4][69]

ロックが「経験から」と言うとき、それは端的には知覚であるのだが、「感受する存在」を想定するところから論を始めたヘルダーにとっても、感覚が言語の発生と深く結びついたものであることは既に前提となっているのだが、その出発点からして既に一つの根本的な差異がある。それは、ロック以降の経験論において、感覚は、それが起こった瞬間には既に反省と結びついており、したがって感覚と反省を分離することはできないと見なされていったのに対し、ヘルダーは、「いかなる恣意も意図もなしに」受け取ったままの感覚内容を表現するものとして、「感受する存在」を想定した点である。ヘルダーは、動物の発する言葉の延長線上に人間の言語があるとは認めない。ヘルダーの考察は、いかなる動物にも、それぞれの生活圏に応じて生きるための能力が生まれながらに与えられているという点から出発する。

> いかなる動物も自分の生活圏を有し、生まれながらそれに属し、直ちに加入し、そこで一生を送り、死んでゆく。ところが不思議なことに、動物の感官が鋭敏であればあるほど、そしてかれらの技能作品 *ihre Kunstwerke* がすばらしければすばらしいほど、それだけいっそうかれらの生活圏 *ihr Kreis* は小さい。それだけいっそうその技能作品は一様である。[Herder: 712/25–26]

いかなる動物にもそれぞれの生活圏があり、その生活圏の中で生きてゆくための能力が生まれながらに与えられている。動物たちはその能力を、それぞれにたった一つの目的に特化して先鋭化させることによって、生きのびる能力を向上させる。例えば触覚だけに特化した生き物の生活圏は、触覚的な表象のみによって成立する。聴覚だけに特化してそれを先鋭化させた生き物は、聴覚的表象のみに基づく生活圏の中で生きることになる。つまり各々の種によって動物は、その基盤とする感官が異なり、その感官に特殊固有な生活圏を築くのである。このように、生き物はそれぞれに特定の感覚だけを先鋭化させて各々の種に特殊な生活圏を作るという発想は、のちのユクスキュルの生活世界という発想の中に末裔を見るだろう。その生活世界の中で生きている限りそれぞれの生き物は、言葉というものを必要とすることはない。

> 動物たちの圏域が狭ければ狭いほど、これらの動物は言葉を必要としない。動物たちの感官が鋭敏であればあるほど、動物たちの表象が一つのものに向けられていればいるほど、動物たちの衝動が牽引力を持っていればいるほど、それらの響き、記号、表明の了解は、一つのものに集結されたものとなるだろう。そのとき話したり聴きとったりしているのは、生けるメカニズムであり、支配的な本能である。それは、自分が聴きとってもらうために、話す必要はほとんどないのだ。[……]
>
> しかし、動物たちの生活圏が大きくなればなるほど、動物たちの感官が多様化すればするほど――しかし、何を繰り返す必要があろうか？　人間と共に舞台は一変する。[Herder: 713f./28-29]

他のあらゆる動物と同じように、人間にも生まれながらに表象能力 Vorstellungskräfte が与えられている。人間はその能力を、他の動物たちのようにただ一つの目的、ただ一つの技能へと特化することができない。人間は、動物のように、一つの目的に限られた生活圏の中で生きている訳ではないからである。己れの属す生活圏が広く多様であり、その目的にもさまざまな選択肢があるが故に、その多様性に対応すべく、人間の感覚器官は、個々の能力としては弱められ拡散させられながらも、多様性を保持して、さまざまな方向に開かれている。「人間の魂の諸力は、世界に向けて拡げられている」[Herder: 713/ 28]。

人間の持っている表象能力が、蜂の巣や蜘蛛の巣を作ったりするように定められてはいないにしても、したがってこの生活圏においては動物たちの技能能力に劣っているにしても、人間の表象能力はそれと引き換えに「より広い展望」を獲得する。人間にはたった一つの作品だけが与えられているわけではなく、したがって改善ができないなどということはない。人間には、多くの事柄を練習することができるような自由な余地があり、どこまでも自分自身を改善することができるのだ。いかなる思想も、自然から直接生じた作品ではなく、まさにそれ故に、人間自身の作品となりうるのである。[Herder: 716 / 33]

たった一つの研ぎ澄まされた感官に代わって、いささか鈍い複数の感官は、しかし潜在的な能力をもっている。一つ一つの感官の能力それ自体は、他の動物より劣っているにしても、人間には、それらの劣った感官を使って訓練するための場が与えられている。感官同士を組み合わせて統合するための器官を持っている。そのように人間には、自分自身をどこまでも改善してゆくための条件を与えられているのである。そしてその拡がりは、人間の生を規定する時代性や地域性を越えるものでもある。そのような拡がりを可能にし、事実的な存在としての有りようからの自由を可能にするものこそが、人間の魂の諸力、表象能力から転生した言葉なのである。

こうした、「表象能力としての言語」という捉え方は、言語起源論争の文脈においても、また古来よりの言語の捉え方においても、画期的な意味をもつ。表象能力の発露であるからこそ言語はまた、一個の人間においてその成長と共に変化してゆくものであり、個々の人間を越えて時代と共に変化してゆくものなのである。

我々はさまざまな感官のこうした結びつきに満ちている。ただ我々がそれらに気づくのは、我々の自制心を失わせる発作の際とか、想像による病気とか、それらが異常に認められるようになる場合だけである。我々の想念は通常は非常に速く経過する。我々の感受の波は非常に朧気に入り乱れ合う。我々の魂には非常に多くのものが一時《いちどき》に存在するために、我々は大抵の観念に関して泉のほとりでまどろんでいるような状態にある。我々はそこで波の一つ一つのざわめきをなお聞いているが、非常に朧気であるために、眠りがついにすべての記憶しうる感情を我々から奪ってしまうのである。我々の想念の鎖を停止させ、この鎖のどの環についてもその結合を探求することができたとしたら——何と奇妙なことだろう。きわめて異なった感官相互の間にどんなにか異質な類推が見つかるだろう、しかも魂はそれらに従って淀みなく振舞っているのだ。単に分別のあるだけの存在であるにしては、我々はみな、賢明に考えはするが非常に不可解かつ無思慮に結合する、かの狂人の部類に似ているであろう。

多くの異なった感官を通して一度に感受する感性的被造物の場合には、観念がこのように集合することは避けがたい。［Herder: 744/ 76］

ヘルダーのこの説明の中に、我々はライプニッツの「余韻」をいくつも感じ取ることができる。相異なる種類の感覚が一時に押し寄せるために、我々はそれを個別に分離して聴きとることができず、そのために、本来間違ったはずの結びつきまで生じてしまう。意識のまどろみと注意力の散漫による間違った結びつきもそうである。知覚には不明瞭なものと明瞭なものとがあり、また、同程度の強度で同時的に起こる際には魂に混乱が生じうる。しかしここで求められるのはもはや「思考のアルファベット」ではない。そこで見つかるのが異なる感官同士を結びつける間違った類推であると言われるとき、類推とは、既知の感覚データの蓄積から導き出された法則性に基づいて未知の領野を測量してゆく方法論ではもはやない。たとえば匂いを色でもって表すような、種類の異なる感官相互にまたがる類推であり、「単に分別のあるだけの存在」らしからぬ類推である。そして魂は、コンディヤックにおいてそうであったように、異なる感覚相互にまたがってそれらを統覚する「中枢」ではもはやなく、深く考えもせずにこうした間違った類推にしたがって慣性的に行動する存在である。こうしたことすべては、人間が、単に分別のあるだけの存在である以上に、感性的な被造物（感性的に創造された者 sinnliche Geschöpfe）であり感性に左右される存在であるが故なのである。

それぞれの感官によって感受された特性の結びつきが普段は自動化され無意識に行われる一方で、この結びつきの「異質さ」、「不可解かつ無思慮さ」は、何かをきっかけとして気づかれうるというヘルダーの記述は、健常者においても注意力の散漫などによって引き起こされうる、錯語〔語の取り違え〕の発生の仕組みを説明するデルブリュックやフロイトの考察と重なり合う。[70] 言語の起源が、神にあるのではなく人間にあるからこそ、錯語が生じ、また隠喩的表現のような言語連結の跳躍も生じうる。言語の起源を人間に返した際の考察が、百年以上ののち神経学者たちによる脳機能についての知見に基づいた言語に関する考察と重なり合う。魂のまどろみにおいて観念の集合は入り乱れるとヘルダーが言うとき、人間の意識性の度合いの差さえ示唆されている。

一、すべての感官は魂の表象の種類〔*Vorstellungsarten der Seele*〕に他ならないために、魂は明確な表象をもちさえすればよい。したがって徴表をもちさえすればいい。徴表と共にそれは内的言語〔*innere Sprache*〕をもつ。

> 二、すべての感官は、とりわけ人間の幼年期の状態において、魂の感覚の種類［Gefühlsarten einer Seele］に他ならない。しかしすべての感覚は動物的本性がもつ感受の法則に従って、直接にその音声をもっている。したがって、この感覚が徴表という明確なものへと高められさえすれば、外的言語のための言葉［das *Wort zur äußern Sprache*］があることになる。［Herder: 746/ 79］

感官は、魂の表象の種類そのものであり、感覚の種類そのものである。その多様性が感情の種類の豊かさを可能にする。したがって、明確な表象を持ちさえすれば、それが徴表となって「内的言語」を形成する。ここには「内的言語」と「外的言語」という区別がある。「内的言語」の獲得は、魂が持つ明瞭な表象と関わり、「外的言語」は「動物的な本性が持つ感受の法則」に従うものであり、「発声」という行為に結びつく。そして他ならぬこの点に、ライプニッツからヘルダーへの移行の印を見ることができるだろう。ライプニッツにおいて感官は、一個のモナドを他のすべてのモナドとの諸関係の中におく役割を果たし、それ故にモナドは身体を表象しつつ全宇宙を表象することができたのだったが、目指されたのはあくまでも全宇宙を表象することであり、これら諸関係のすべての外部にある「最終根拠」だった。そして言語は、あらゆる思想 **Gedanken** を表すべく、理想の言語が目指されたのだった。それに対してヘルダーは、言語の抽象能力や形而上学的な機能を排除しないまでも、言語を「内的言語」と「外的言語」とに分けることによって、記号としてではなく音声としての言語という観点を導入する。Gedanken は、意識のまどろみにおいて遂行される不可解な働きをも包括した想念全般へと拡張されると共に、言語は、特別の仕方で聴覚と結びつけられ、それによって、発声という身体機能と結びつけられるのである。

こうした「内的言語」と「外的言語」との区別は、まだ多くの細分化を経る必要があるにしても、のちにパウルやデルブリュックが想定したような区別を、やはり先取りしているものと言えるだろう。それが、意識のまどろみ（眠気）といい発声の有無といい、身体性との関連の中で考察されるようになったことは強調されてよい。デルブリュックにおいて、この区別は「内的論理」という発想へと繋がっていった。また、のちに言語中枢が運動性と感覚性とに区別されたとき、以後、言語の喪失はただ運動性の原因によるのか、それとも言語理解まで損なわれているのかが論じられるようになってゆくのだが、その際この区別は、「内的言語」と「外的言語」という区別に対応させられることとなった。しかしまた一方でこの区別は、ヒューリングス・ジャクソンの「言語残渣」という考えと照らし合わせるとき、つまり、脳に損傷を受けて言語能力が著しく障害を受けた場合にも、間投詞などのいわゆる「感情語」に属する言葉は、なお保持されるという考え方と照らし合わせるとき、人間の言語の初期の形態において「動物的な要素」があるのかどうかという問題は再び変奏されて浮上することになるのである。

感覚はあらゆる経験の素となるものであるが、中でも聴覚はすぐれて言語的な感覚である。ヘルダーは、『言語起源論』の第一部第三章において、聴覚による言語が他の感覚器官の言語と比べて、いかなる長所と好都合な点を持っているかを説明する。ヘルダーによれば聴覚は、あらゆる点において触覚と視覚との「中間器官」であり、それゆえに「言語の感官」でありうる。だからこそ、「音響が、悟性によって刻印されて徴表 Merkmalen となったことによって、語となった」のである。では音を発しないものを表す言葉はどうか。視覚と聴覚、色と言葉、匂いと音声はそれぞれそれよりどころとする感覚器官が違う。一個の事物に関して得られるこれら互いに種類の異なる特性は、その対象において関連し合うのではない。我々は「思考する共通感覚の器官 Ein denkendes sensorium commune」[71]であって、それらの特性は我々の内部で起こる感性的感受

sinnliche Empfindungen にすぎない。すべての感官 Sinne の根底には感じられたもの／感触 Gefühl があって、この感覚されたものを根拠として、きわめて異なる感覚 Sensationen 同士の間にさえ、非常に緊密な、強い、言い表しがたい絆が与えられるのである［Herder: 743ff./ 75］。

「人間はただ聴覚によってのみ、教示する自然の言語を受け取るが故に、そして聴覚なくしては言語を創り出すことができないが故に、聴覚は特定の仕方において、人間が持つ感官のうち中間の感官となり、魂へ至る本来の扉となり、そうして他の感官とを結びつける紐帯となった。」［Herder: 746/ 80］

聴覚が魂へと至る扉となるということ、このように、魂との関わりにおいて聴覚が突出した役割を与えられることは、直観という哲学的方法が、主には視覚的なイメージで語られたことと好対照を成す。見るということに比べて聞くという行為は、より受動的な関係を示す。それは、まず自然の言語を聞くことが言語の創出に先行することとも対応する。さまざまに感受することから感情が生まれるのであり、感受があるからこそ、受け取ったものを表出したいという衝動も生じるのである。

エドラーは、言語起源論者たちのうち、ヘルダーだけが言語を使用する以前の人間の状態、原始の状態、自然の状態を想定しなかったとする。ヘルダーにとって、人間であるということは言語を持つということであり、言語を持つ限りにおいて人間は人間であるのである［Edler: 9］。麻生は、ヘルダーの言語に関する発言の内容は、その生涯を通して見たとき、必ずしも一定している訳ではないという。言語に関する考察は、ヘルダー自身の思索の発展と共に変化し、また矛盾している場合さえしばしばあると［麻生：46］。そのように述べて麻生が挙げるのが、ヘルダーの以下の記述である。

言葉によってのみ人間は人間になった。つまり、言葉が人間の情念のとてつもない洪水を堰き止め、語によってこの情念の洪水に対して、理性による記念碑を建てたからである。［……］言葉によってのみ、心と魂を継承する人類の歴史が可能になった。歌人たちや彼らの英雄たちの影がとうの昔に地上から消え去ったにもかかわらず、今でも私はホメロスの英雄たちを見、オシアンの嘆きを感じる。口から発する息の動きが、彼らを不死のものとし、私の前に彼らの姿を彷彿とさせる。死者たちの声が私の耳の中で響き、私はとうの昔に沈黙した彼らの思想に耳を傾ける。かつて人間の精神が考え出したこと、いにしえの賢者たちが考えたことが、摂理が許すときはいつでも私のところにやってくるのだが、それはただ言葉を通してのみなのだ。言葉を通して、私の考える魂は、考える最初の人間の、そしておそらく、考える最後の人間の魂に結びつけられる。要するに、言葉は我々の理性の刻印であり、この刻印によってのみ、理性は形態を得、伝達されるのである。［Herder (1785): 348］

とうの昔に地上から消え去った者たちが、にもかかわらず時を越え場所を越え、はるか後の時代、遠く離れた別の国に暮らす我々の元へ届けられる。或いは、かつて人間の精神が考え出したことが、それを考えた当の人物たちが死して後も忘れ去られず失われず、幾百幾千の時を越えて我々のところに運ばれてくる。それを可能にするのが、一個の記念的な事物でもなくかつてその人たちが生きていた場所の風景でもなく、言葉であるといわれうるのは、「言葉によってのみ人間は人間となる」からなのである。ヘルダーのこの発言よりおよそ百年後、フロイトは、ヒステリーという症状研究を契機に、「とうの昔に消え去ったもの」が時を越え場所を越えて蘇るという事象を、人間の心のメカニズムとして追究してゆくことになるのである。

第三節　「言語の生理学」

十八世紀に起こった言語起源論争には、学者、詩人、哲学者、神学者たちが加わった。それらの論の前提として、ロックがありライプニッツがあった。そして十七世紀から十八世紀への移行は、思想史的にはデカルトに対する批判の流れであり、幾何学的な発想から代数学的な発想への転換とも捉えられた。ライプニッツは数量化できない「実体」という概念を提示して、形而上学的な問いへと促したが、言語をめぐる言説は、十九世紀になってまったく新しい展開を見ることとなった。医師や神経学者たちが言語理論に関わってきたのである。

コンディヤック以来の感覚主義は神経線維学説と結合して新しい学説を用意した。そして十九世紀に入ってガルの学説を俟って、近代的神経心理学の誕生がある。[72] 坂本百大は、十八世紀の哲学的言語起源論に致命的打撃を与えたのが、ダーウィンによる生物進化論であるとする。一八五九年に『種の起源』、一八六八年には『家畜および栽培植物の変異』、そして一八七一年には『人間の由来』が出版された。ダーウィンによれば言語の起源は、「性的淘汰と異性とのメイティングのための音声の使用から言語が発生する」のだと説明される。そうして、分節言語 articulate language の習慣的使用によって言語が進化するのである［坂本：54-55］。こうした見解において動物と人間との差は、段階的連続的なものにすぎない。そのような考え方に対して反論がないわけではなかったが[73]、一八六五年、パリ言語学会では「言語起源論と普遍言語の創造に関する論文は受け付けない」ことを宣言した。また一八七三年、ロンドン言語学会の会長は、言語学は、「現実の言語の形態、展開、変化を扱うべきである」と宣言し、「言語起源に関する思弁」を追放した［坂本：57］。

近代神経心理学の誕生を宣言したガルの局在論は、近代解剖学に根ざしたものだった。その局在論の優勢を決定づけたのは、一八六一年ブローカによる「言語中枢の発見」である。ブローカが報告した症例タンは、言語理解力が保たれているにもかかわらず、発話できないという症状であった。それはしかし、純粋に運動性の障害として説明することができた。しかしヴェルニケによる「感覚性の言語中枢の発見」によって、病像に応じて別々の中枢器官に損傷を想定しようとする試みに先鞭がつけられた。言語の遂行行為は、聴力、発声力、書字能力、理解力に分解され、それによって、言語学者も神経学者も、言語理解力が失われるという症状が、果たして脳の損傷からのみ説明できることなのか、或いは、脳に損傷を局在することによっては説明できないような、精神疾患がありうるのかという問題に逢着することとなったのである。

第一項　「言語の生物学的な基盤」

『失語論』において、フロイトはしばしば学問分野ごとに問題設定の仕方が異なる点を活用する。たとえば第一章においてフロイトは、ヴェルニケの功績を、「病理学的な言語障害を局在化された脳疾患から説明することによって、生理学上の言語事象を〔脳病理によって〕理解するための道筋をつけた」点に見ている。つまりヴェルニケは、生理学上の言語事象を「一種の大脳反射」に還元した［*Aphasien* I: 40］。こうしたヴェルニケ＝リヒトハイムの「言語中枢」モデルを批判する際にフロイトが糸口とするのは、ヴェルニケの図とリヒトハイムの図との本質的な違いである。科学的であるか否か、とはつまり解剖学的に立証されたデータに基づいているかいないかである。[74]ヴェルニケの図（本書一四六頁）に示された中枢や経路は解剖学的に立証されたものであるが、リヒトハイムはその図をさらに展開させて、「概念中枢」を付け加え、さらにはこの「概念中枢」と「運動中枢」とを結ぶ直接の経路を想定したのだが（本書一四九頁）、これらは解剖学的には何の根拠も示されていないものだった。

リヒトハイムの図式はそこに新しい経路を付け加えているが、これらの経路に関しては未だ解剖学上の知識は得られていない。したがって、たとえば、リヒトハイムの言う中枢や経路が、提示されたように互いに空間的に離れているのか、或いはむしろ、一つの中枢の「内部の」伝導路と「外部の」伝導路は長い区間にわたって併走しているのではないのかという問題について、はっきりと断定するのは無理である。この問題は、言語機能の生理学にとってはまったくどちらでもよいことであるが、皮質における言語野を同定することを目的とする病理学にとってはきわめて重要とならざるをえない。［*Aphasien* I: 47f.］

リヒトハイムの付け加えた「新しい経路」に関するフロイトの所見については、のちに確認する（本書一五二頁以下）。ここでフロイトが重要な問題として挙げるのは、リヒトハイムの図式がはらむ問題性にとどまらない。これは生理学と病理学との両方にまたがる問題であり、どちらの立場から検証するかによって、問題設定のあり方が違ってくることをフロイトは仄めかすのだが、このことは、フロイト自身が常にいくつもの分野にまたがる立ち位置にあったことを示している。医学生時代フロイトに最も影響を与えたのは生理学者ブリュッケであるといわれているが、フロイト自身の関心は生理学と言語機能とが交叉する領域にあった。「言語機能の生理学」という、一見奇異にも思われるこの表現には、既に類似の表現がクスマウルにもあり、クスマウルは「言語の生理学は、いかにして神経物質が語心像を介して表象や感情から発話を生み出すのかを解明しなくてはならない」と述べている［Kussmaul: 15］。しかしまた、この言葉の由来はさらに遡ることができる。

マークスによれば、言語学者たちは、言語障害を抱えた人たちの研究に関わることによって、「言語の生物学的な基盤 the biological bases of language」についての考えを発展させることになった［Marx: 329］。マークスは、言語をめぐる言説が哲学的基盤から生物学的基盤へと移行したその最初期のメルクマールとして、ダーウィンの進化論よりもさらに遡って、ヴィルヘルム・フォン・フンボルトの論考（『言語の展開のさまざまな時期に関する言語比較研究』（一八二〇-二二年））を挙げている。フンボルトは言語を、話すという人間の能力と必要性にその起源を持ち、知的人間の生理学の一部として捉えたと［Marx: 329-330］[75]。しかし、そのフンボルトに影響を与え、十九世紀以降の言語をめぐる言説に重要な変化を生じさせたものとして、フリードリヒ・シュレーゲルによってドイツ語圏にもたらされた「サンスクリットの発見」の衝撃が挙げられるべきであろう。一八〇八年に発表されたシュレーゲルの『インド人の叡智と言語について』によって、「根Wurzel」という表象が生ずると共に、同時に接尾辞 Suffix という概念もまた与えられた［Delbrück (*Einleitung*): 28］。これを受けて、グリムやボップ[76]、ラスクなどがいわゆる「音韻変化 sound-shiftings」を発見した。サンスクリットや古典ギリシア語、ラテン語において一つの子音字を含む言葉の多くは、ドイツ語や英語において別の子音字を伴って現れる。その原型はサンスクリット、古典ギリシア語、ラテン語という三つの古典語に残存するが、ドイツ語では「変化」している。或いは、サンスクリットでは保存されている原型の子音が古典ギリシア語やラテン語では「変化」している場合もある。このように、ロマンス語、ケルト語、スラブ語のグループは、比較可能な変化を示している。このように、異なる文化の異なる言語間に共通な「祖型」が想定されえたのである［Wells: 49］。

ところでしかし、こうした屈折語系諸言語 jene verwandten Sprachen durch Flexion は、又インド語は、そしてもし、このインド語も比較的古い言語ではあっても、やはり派生語の一形式にすぎない場合、しからば全言語にとって、とは言わぬまでも、せめてこの屈折語族にとっての祖語であり、共通の源泉であるような言語は、いかにして発生したのであろうか。［Schlegel: 62/208］

こうした「語形変化／音韻変化」の発見は語源学を根本から変えたのみならず、さまざまに異なる言語をグループ分けし、同じグループに属する言語間に共通する祖型に対する期待を醸成した。ウェルズは、こうした音韻変化への着目は、言語をめぐる言説をして、身振り言語の探求から言語の音韻構造の探求へと舵をきらせることとなったと見る。人種も異なり文化も異なる言語間に普遍的な原理が想定されうるということは、とりもなおさず、言語というものの包括的な発展は身体の機能的な要因によって決定されるという認識をもたらした、と［Wells: 50］。これによって言語についての考察は、一見不思議なことではあるが、身振り言語を考察する場合以上に、身体的な要因を重要視することとなった。つまり言語の考察に、近代的な神経学に基づいた聴覚器官や発声器官に関する考察が入り込んできたのである。

しかしシュレーゲルは、言語を多種比較考察することを通して、原始的な人々の話す言葉がいつか将来洗練されて、高度に緻密な文法を持った言語に発展するという考えには至らなかった。むしろ比較すればするほど、原始的な言語とサンスクリットのような高貴な言語とのあいだに進化論的な連続性を見出すことは困難に感じられた。複雑で規則正しい音韻構造を聴き取るためには、高度に繊細な聴覚器官と発声器官を必要とする。シュレーゲルはこの問題に対して、高貴な言語とそうでない言語とに分けることによって答えようとした。最も高貴な言語は、語の内的な音韻変化と相関的な「語形変化 Flexion」によって特徴づけられており、よしんば下位の言語が原始的な方法によって、とはつまり野生の叫び声や身振りなどによって始められたのだとしても、そのような説明を高貴な言語に当てはめるということはとうてい許容しうるものではなかった。これらの言語は、「単なる身体的叫び声とか、様々な音響を模倣し、音響遊戯に類する言語形成試行から出発し、ついで次第に理性や理性表現形式のようなものが形成せられてきた、といった成立過程をたどって生れたのでは決してない。」人類はいずれの文化圏にあっても等しく動物的愚鈍さから出発し、どの言語も同じような仕方で発生したなどと想定することはできない［Schlegel: 63/208-209］。

シュレーゲルのこの論考は、「諸言語が自然発生したとの説に反対するものでは決してなく、そうではなく、諸言語が本来的に同じであるとする説に対して反論する」［Schlegel: 64/210］ものであった。注目すべきは、シュレーゲルが、彼が遡りえた限りにおいて「当初から、もう明澄きわまりなく、緻密きわまりない英知が生まれていた」のであり、「この祖語こそが、そのような英知の産物である」と考えていた点である［Schlegel: 63/209］。

というのも、この祖語はその原初の最も単純な組成部分においてさえ、早くも純粋な思考世界の最高の概念を、すなわち、いわば意識の全体の見取り図を、比喩的にではなく、直接的な明瞭性を以て表現しているからである。［Schlegel: 63/209］

シュレーゲルに象徴されるインド学は、フンボルトやマックス・ミュラー[77]、シュタインタールへと引き継がれた。そのミュラーの論考は、ダーウィンの進化論とほぼ同時期にあたる。マークスはミュラーの論考を特徴づけるのは、「考えることと話すこととは分離できない」という考えであるとしている。「考えるということは小さい声で話すということであり、話すということは大きな声で考えるということである to think is to speak low, to speak is to think aloud」［zitert nach: Marx: 332］。こうしたミュラーの考えの先取りとしてシュレーゲルの上記の記述がある。このシュレーゲルの考えとミュラーとの論考を結ぶラインを引くとき、後の「内的言語」と「外的言語」という区別、更には「内的法則」としての文法という考えが育まれてゆく経緯を辿ることができるだろう[78]。

しかしまた、こうした「サンスクリットの発見」がその後の言語思想に及ぼした影響には別の側面もある。十九世紀に顕著となった「生物学的」な傾向は、必ずしもウェルズの言うように、身体的な要因への注目には限定されない。デルブリュックは、シュレーゲルにおいて、語根と言語の歴史的形成は、植物的なイメージで語られていることを指摘する［Delbrück (*Einleitung*): 43］。

言語の構造はあくまでも有機的に形成されたものであり、語根音の音韻変化、もしくは内的変化や屈折によって枝分かれしたものであり、語根自体は本来、変化せず不毛なままであって、付加された語や不変化詞によってただ機械的に組み立てられたのでは決してない。［Schlegel: 41］

実際ここでは「植物的」という言葉は「機械的」という言葉と対立的に用いられている。さらには「不毛 unfruchtbar」という言葉まである。その根自体の不毛さに比べて言語は、植物が生長し繁茂する豊かさに比せられる。

それゆえ一方では言語の豊かさがあり、そして言語の持続性と永続性があり、こうした言語は有機的に生じたものであり、有機的な織物を形成するのだと言ってよいだろう。何千年も経て人は、国々によって広く分けられた諸言語の中に、えてして容易に一本の糸を見出すことができるだろう、その糸は、一つの種族のように見なされうる一つの語が広く展開した豊かさを貫いて、我々をその最初の根という単純な起源にまで導いてくれるだろう。［Schlegel: 51］

歴史の起源にはごく単純な、シンプルな根があり、それが時間の経過と共に幾世代にも亘って展開し豊かなものとなる。この根をシュレーゲルは「種 Same」とも言い換えている。或いは別の個所では、人間に与えられた「造形的で繊細な感覚」が、「本来は神秘に満ちて不可思議な言語の部分を［……］一つの生気あふれる織物に織りあげてゆく」のだとも述べている［Schlegel: 64］。そうしていったん形を成した織物は、己れ自身の「内的な力」によって自己を造形してゆくのであると。このようなシュレーゲル自身が抱くイメージの影響を受けて、フンボルトの「言語の有機的機構 der Organismus der Sprachen」という語法もまたあったはずである。[79]

マークスがフンボルトの次に挙げるのはその弟子である文法学者ハイマン・シュタインタール[80]である。シュタインタールによれば、文法は、論理学が取り扱う事柄ではなく、「まったく独特な、言語の生理学」［Steinthal: 72］であることになる。シュタインタールにとって、「言語が論理的でないということは、まさに論理に適ったことであり器質的／有機的な現象である Es ist echt logisch und organisch, dass die Sprache nicht logisch ist.」［Steinthal: 72］。エレンベルガーは、シュタインタールの書は、失語に関する一つの理論を提示するものであり、今日であればその論理は力動的 dynamisch と呼ばれうるものであったと評価している。しかしシュタインタールは言語学者であったために、神経病理学者たちから無視されてしまった［Ellenberger: 653］。一方シュタインタールの方では、言語機能とは何なのかについて明確な概念を持たない医学研究を批判する。言語研究と言語理論には科学的基盤が必要であると主張するシュタインタールからするならば、「心理学こそが脳の生理学にとって、何にもまして必要欠くべからざるもの」だったのである［Marx: 334］。

言語を歴史的に研究しようとするシュタインタールの思想の根底にある「民族精神」はシュタインタールを、思想的にはヴントの「民族心理学」に近づけることになる。つまり、シュタインタールが言語研究のために必要とした「科学的基盤」とは、こうした心理学、中でも実験心理学的な科学を想定したものだったのである。これでもって言語研究は、哲学的な問いではなくなって、心理学を中心に据えたものに移行してゆくことになる。

このような、言語機能とは何か、という問題を見据えつつ、言語研究に科学的基盤を与えようとするシュタインタールに始まる青年文法学派の系譜は、ヘルマン・パウル[81]を経てデルブリュックに至る。そしてこのデルブリュックは、フロイトが『失語論』の中で引用する唯一の言語学者・文献学者である。シュタインタールからパウルへの流れは、脳生理学を心理学と結びつけ、さらに言語学とも合流しようとする。マークスは、結局言語学者と神経学者は互いの成果を活用し合うことができなかったと結論したのだが、その唯一の例外を、シュタインタールの影響を受けたクスマウルの仕事に見る。しかしそのクスマウルにしても、その後の失語研究においてはヴェルニケが主導的になっていったために、大した影響を及ぼしえなかった［Marx: 349］。そのヴェルニケを批判するフロイトの『失語論』は、むしろクスマウルが手がけようとした言語学と神経学との接点を印している。その『失語論』の理論的支柱となったとフロイト自身がジャクソンの解体説を挙げているが、そのジャクソンには、シュタインタールにも先行して「言語の病理学と生理学」と題した論考（一八六六年）がある。或いはフロイトよりわずかに若い同時代人、イェスペルセンの若き日の同胞であり彼と同い年の夭逝したドイツの言語学者フェリックス・フランケが一八八四年に発表した論考は、『心理学と言語の生理学に基づく実用的言語学習法』と題されている。またジョーンズは、フロイトが医学生の第一学年目にブリュッケの「音声と発話の生理学 The Physiology of Voice and Speech」[82]の講義を聴いていたことを報告している。フロイトがブリュッケを見たのはこのときが初めてであったという[Jones: 59/ 46]。このように当時、「言語の生理学」という捉え方は一つのトポスとなっており、中でもジャクソンの論考はその最初期の一つであったのである。

第二項 原理学という名称

コンディヤックはロックが提示した出発点を継承し、ロックが立ち止まった地点からさらに先へと推し進めて、自らが感覚主義の礎となった。人間の認識の起源を問うために、「観察」を唯一の方途としたコンディヤックの書『人間認識起源論』は序論において、「人間の知性に関するあらゆることをただ一つの原理にまで立ち戻らせること」を目的に掲げている。その「原理」をコンディヤックは、「確かで頼りになる経験」とも言い換える。そしてその経験に基づいて導き出されるあらゆる帰結は、新しい経験によって確証されるものである。コンディヤックが提案するのは、抽象的な命題を出発点とせず経験へと立ち戻ることであり、導き出された帰結をその都度経験に依拠しつつ確証することである。

この探求をうまくやり遂げるためには、観察という道以外に方法はない。我々があくまでも固執すべきなのは、何人も疑えないような経験、他の様々の経験を説明するのに十分な一つの根本的な経験を見いだすこと、これ以外にはないのである。我々の認識の源泉がどこにあるか、認識の素材が何であるか、またそれらを活用するときに従うべき原則は何であるか、そのさい使うべき道具は何か、その使い方はどのようなものであるか、こういうことは、右の根本的な経験に照らしたときに明快に示されるはずである。〔Condillac: 101/（上）17–18〕

コンディヤックは自分の先達としてロックを挙げているが、彼にとってのもう一人のモデルとしてデリダは、ニュートンを挙げている。「ニュートンが自然科学の分野で完全に成功したことに、ロックは心理学の領域でただ手をつけたにとどまっている」〔デリダ：64〕。[83] つまりニュートンはコンディヤックに、「移し替えるべき例、つまり異なる分野での方法的・形式的成功の特別な模範」を与え、ロックは、継承してさらに発展させるべき模範となった。しかしコンディヤックにとってニュートンのもつ意味はそればかりではない。ニュートンは「本源的な性質に基づいてものごとのあいだの連関を統御する単純でただ一つの原理という観念に達した」〔デリダ：64–65〕のである。

カッシーラーによれば、十八世紀という時代において哲学は、デカルトの『方法叙説』（一六三七年）よりはむしろニュートンの「哲学の規則 *Regulae philosophandi*」[84] に立ち返った。そこではもはや、あるア・プリオリな出発点、もしくは恣意的な「仮説」から出発してその論理的な首尾一貫性を辿るのではない。「この種の仮説は随時に考案され、また随時に変形されうる。そして純粋に論理的に言うならば、どのような仮説も他と同じように有効である」からである。それに対してニュートンが追求したものは、「事実的世界そのものの普遍的秩序と法則性」〔Cassirer: 7f./（上）029〕に他ならない。

科学のめざましい発展は、「原理」という概念自体から、絶対的な性格を剥奪する。科学技術の発展につれて、原理は常に更新され続けるものとなったからである。したがって認識は、常に暫定的なものにとどまる。それは技術的限界と学問の形式とによって制限を受けるものであり、したがって技術の発展によって、また新しい学問領域の生成に応じて、覆されうるものであり、更新されうるものなのである［Cassirer: 27f./（上）051］。

われわれは秩序、法則性、「理性」等々を、現象に「先行」して把握される「ア・プリオリ」な規則と考えてはならない。われわれはむしろ現象自体においてそれらを現象の内的連関および内在的結合の形式として提示すべきであろう。つまりわれわれはこのような「理性」を最初からある完結した体系の形式で先取りしようとしてはならず、むしろ事実認識の進展に応じてこの理性が一歩一歩自己展開して、次第次第に明晰さと完全性を備えた姿を取るように仕向けなければならない。われわれが認識の道程においてつねにその存在を確信しつつ追求するこの新しい論理は、それ故スコラの論理でも純粋に数学的な概念の論理でもなくて、むしろ「事実の論理」に他ならなかった。［Cassirer: 9f./（上）030‐031］

理性は最初から完成されたものとして、完全なものとして与えられているわけではない。それを閉じたシステムという形式において求めてはならない。「理性の絶えざる前進の前には堅固で越えがたいどのような限界も存在せず、理性がいったん到達したかに見える目標はすべてそのまま新しい出発点となりうるし、またそうなるのでなければならない」ことが言われているのである。つまり、理性とは刻々と自己展開するものであり、このような意味において、「理性の自己信用 das Selbstvertrauen der Vernunft」はいささかも揺らぐことはなかったと言えるのである［Cassirer: 28/（上）052］。

カッシーラーは十八世紀において、思考のスタイルが「定義」から出発するのではなく原理の追求へと変わったとするが、「人間の知性に関するあらゆることをただ一つの原理にまで立ち戻らせること」を目的としたコンディヤックの『人間認識起源論』は端的にそのことを示している。人間の感覚に経験的に与えられるものの多様性を「認識」し、秩序づけ統一することとは、「厳格な統一化 Vereinheitlichung の原理」なしには不可能であるとカッシーラーは言う。しかしその原理は、先に与えられているのではなく、「多様性の認識」から得られるものである。そのような原理が、求め、獲得してゆくものとなった点に、カッシーラーは十七世紀の哲学から十八世紀の哲学への変化を見る。[85] そしてこの「原理」、理性によって初めて得られる「原理」とは、決して完全なものではないことも確認しておかなくてはならない。コンディヤックが指摘したとおり、子供は最初から大人と同じように理性を働かせることができるわけではない。そしてまたすべての大人が同じ程度に完成された理性を持っているわけではない。だからといってこのことは、理性が不完全で信用するに値しないと主張するものではない。理性が発展するにしたがって、理性の働きもまた展開する。それに応じて、理性の捉える対象の射程も捉え方のその精密さもまた変化する。我々に与えられるのはほんの一部にすぎない。しかしこの与えられたものを分析することを通して、我々は「未知」の領域を踏破することができる。そして「未知」のものが「既知」のものへとなってゆく過程において、「原理」が変更や修正を要請されるということは充分ありうることなのである。

何らかの統一的な原理に基づいて、未知のものを順々に走破してゆくようなこうした認識のあり方をカッシーラーは、デカルト的な「直観」——直接的な unmittelbar、とはつまり瞬時的でもある——による認識とは区別して、「比量的 diskursiv」と名付けている。

すべての数学的操作は、デカルトに従えば、最終的には「未知の」或る量と、もう一つの既知の量との比率を決定することを目指すものであり、そしてこの比率は未知のものと既知のものが、或る「共通の本性」

に関係するときにのみ本当に厳密に決定される。未知と既知のこの二つの要素は量の形に還元され、そしてこの両要素は量として同じ数的単位の反復によって得られるものでなければならない。それ故に比量的な認識形態はつねに還元的性格を持つ。つまりそれは複合的なものから「単純なもの」へ、見かけ上の多様性からその根本に横たわる同一性へとさかのぼる。［Cassirer: 30/（上）053－054］

「数学的操作」によって到達される認識、「比量的」という認識のあり方は、今後、十九世紀局在論の流れを辿る中で、有効な参照項となるだろう。生きた人間の脳を解剖することはできない一方で、示される症状は間違いなく何らかの損傷や病変が起こったことを暗示しており、医師たちは、その原因を明らかにすることを喫緊に求められているからである。こうした「数学的操作」が、ただ物質的なものにのみ限定されなくなってゆくのだが、カッシーラーは、その先達をコンディヤックに見る。そしてそもそもが、コンディヤックが認識の起源を探求するための出発点とした感覚・知覚は、物質的なもの、質料的なものと、心的なもの、目に見えないものとの間の媒介項となりうるものだったのである。そして物質的なものと心的なものとの中間項としての感覚・知覚は、それをめぐる問題設定はさまざまに変奏されたとはいえ、十九世紀の神経学において一番の焦点となるものだったのである。

「算法」という概念は特殊数学的な意味を失って、単に量と数に適用されるだけのものではなくなり、量の領域から始まって純粋な質の領域をも征服するに至る。つまり質の領域もまた全く同様に、一定の確実で厳密な順序に従って一つの質が他のそれから導き出されるような相互的結合関係に立つようになる。そしてこのことが可能でありさえすればどこでも、われわれはこの秩序に関する普遍的法則を確立することによって、

これらの法則が妥当する領域全体を認識し完全に展望できるようになる。［Cassirer: 30/（上）054］

このようにして「算法」という概念は学問 Wissenschaft そのものの概念と同一の射程を持つに至った。そしてそれを初めて明確に規定したのがコンディヤックの『算法の言語』（一七九八年）なのである。[86]

ロックやコンディヤックは、心理学の源流に位置する。シュタインタールは言語学には心理学こそが必要であると主張した人でもある。そのシュタインタールの「民族精神」という考えをパウルは『言語史原理』の序章で痛烈に批判するのだが、しかしまたパウルは、「科学」として捉えられる限りにおいての心理学を重視するという点では、確かに、同じ大きな流れの中にあると言えるだろう。そして「科学」であるとはパウルにとって、次のような言明によって示されるものである。曰く、「心理学は精神的能力である抽象を、もはや実在的なものと認めなくなった瞬間に科学となった」［Paul: 11］。

パウルはその序において、なぜ言語「哲学」という命名ではなく、「言語史原理」という命名を選んだかについて、「現代のような非哲学的な時代では、言語哲学というものが形而上学的思弁であると臆断される傾向」があるからと説明している。しかし言語哲学は、その後の言語をめぐる言説の中で、原理学というものによって完全に取って代わられるわけではなく、「言語哲学」対「原理学」という対立は二十世紀に至るまで受け継がれている。麻生は、現代の言語哲学の二つの大きな方向として、「分析的」な特徴を持つものと「非分析的」な特徴を持つものとを挙げている。前者を代表するのが分析哲学であり、後者はこれまでの哲学的・思想的な伝統の中で言語を論じようとするものである。

［……］すべての分析的な言語哲学は、〈自然〉言語に対して不信の念を抱いている。自然言語は科学の、特

に、〈精密な〉自然科学の要求にとって望ましい、それどころか欠くべからざるものと思われるあの一義性を、科学の要求に応じて提示してはくれないというのである。［……］分析哲学がそうした特徴を持つきっかけとなったのは、数学という模範があったためである。分析哲学は、〈人工的な〉、〈形式化された formalisiert〉言語をつくり出そうとしがちである。そしてそこから逆に、こうした言語〈純粋言語 reine Sprache〉に基づいて、科学とは何であるべきかを定義しようとする試みがなされる。［ハインテル、引用は麻生による。麻生：8］

つまり分析哲学が目指すのは「純粋言語」の構築であり、また「純粋言語」を範としつつ科学のあり方を定義しようとするのであるが、これらはすべて、近代の自然科学という枠組みの中で行われているにすぎない。このような分析哲学に対して、非分析的な言語哲学の側から投げかけられる批判と問いは、以下のようになる。

一、分析的な言語哲学は、言語哲学と称しうる領域、あるいは言語現象を、すべての面にわたって探求しうるのか？

二、分析的な言語哲学は、言語の意味を〈基礎哲学的な fundamentalphilosophisch〉観点から、そしてまた現代の問題意識との関わりから十分に把握しているのか？［麻生：9］

パウルは、先のカッシーラーの分類にしたがうならば、むしろ純粋言語の構築よりは、「事実の論理」を根底にしたといえるのだが、「純粋言語」に対する立ち位置を除けば、ここで麻生が述べる批判は、パウルが目指した原理学というもののあり方に絶えず投げかけられる問いとなるだろう。パウルが理念とする原理学もまた、近代の自然科学的な思考形式を継承していたと言えるからである。

第三項　日常の観察

フロイトは『失語論』において、心理学者の名を挙げることはなく、また心理学に関する文献からは一切引用してはいない。言語をめぐる言説と神経心理学の発展の交叉する地点に『失語論』はあるのだが、フロイトが『失語論』の中で引用する人文系の学者は、ただ文献学者デルブリュックのみである。しかもそれは、錯語を論じたわずか数頁の文献であるにすぎない。しかしグリンバーグは、デルブリュックを「青年文法派」の系譜に置き、その代表であるヘルマン・パウルの『言語史原理』からデルブリュックへと至る流れを「心理言語学」と記している［Greenberg: 70/105］。

コンディヤックやルソー、そしてヘルダーが言語の起源について論争し、それぞれに言語を知る以前の人間の状態を仮設したときよりおよそ百年後、人間が言語を失うという症状についての論争が盛んとなったとき、デルブリュックは次のように述べている。

というのも、現代の人間が、自分の祖先が何千年も前にしゃべったことへと逆戻りすることはありそうにないからである。言語の起源は言うに及ばず、先史時代の言語状態についてのこうした鑑定はすべて非常に不確実なので、この場合にはこれらの鑑定を思いとどまる方がよい。これとは逆に、我々が日々我々自身に関して、また他の人々に関して観察できることは、取るに足らないことであるという不利な点があるかもしれないが、誰によっても検証されうるという利点がある。［Delbrück: 92］

なぜそもそも人間は言語［能力］を得たのか、という不思議と、なぜ人間は、言語を失うという事態に陥るのかという不思議に直面して、デルブリュックは、先史時代の状態について仮説を立てようとはしない。代わりに彼が己れの論拠とするのは、日常的な事象の観察である。それは、先史時代についての壮大な仮説に比べれば取るに足りない些細なものであるかもしれないが、しかし、「他の誰によっても検証されうるという利点」をもつ。この態度をもってしてグリンバーグは、「科学的な態度」とする［Greenberg: 71/107］。そしてデルブリュックのこの宣言は、言語をめぐる言説が「思考実験」から遠ざかってゆく傾向を端的に示していると言える。

一九二四年の大著『文法の原理』の結論の中でオットー・イェスペルセンは以下のように記している。

わたしの真剣な努力は、わたしの知っている諸言語の細部への探求をおろそかにすることなく、すべての言語の文法の根底にある大きな原理を正確に浮き彫りにし、もって堅実な心理学と穏健な論理学と言語史の確固たる事実に基づく文法学に寄与することにあった。［イェスペルセン（下）：296］

「サンスクリットの発見」によって言語思想には画期的な変革がもたらされた。それ以後、「インド・ゲルマン語系」として様々な言語の間に共通の原理が見出された。当時はまだ「原始人」という人類学的な概念がなく、鮮新世時代（約五〇〇万年前から約一六〇万年前までの時期）に人の祖先が誕生していたという見解も得られておらず、人類の歴史はせいぜい二、三千年だと考えられていた。そうした中でサンスクリットという古代語の発見は、言語の起源もまた歴史的に辿ることが可能であるという考えをもたらした。サンスクリットは人類の歴史とほぼ同じくらい古いものであり、したがって、人間の「祖語／原言語 Ursprache」はサンスクリットよりわずかに先んじるだけであろうと考えられたのである［Wells: 51］。しかし、イェスペルセンの時代、「どんなに深く過去にわけ入っても依然として不規則な事実のまま残るものがある」ということはもはや前提とされねばならない。「遡りうる最古の段階」は解明されずに残るのであって、そのことを言語学者は受け入れねばならない。「というのは、わたしたちは、自分たちの語族の基底（基語 grundsprache）であるインド・ゲルマン語は、わたしたちの最古の祖先たちが話していた太古の言語（祖語 ursprache）の立派な代表である、と想像した第一世代の比較言語学者の迷信を、振り落としてしまっているからである」［イェスペルセン（上）：64］。そしてその中で依拠すべきは、「生きている文法」という発想であり、なんとなれば言語とは、自分の考えを相手に理解させるための活動であり、また、相手が考えていることを理解するための活動であるからである。そのためにそこには、話し手と聞き手、そして両者の相互関係が重要な要因となるからである［イェスペルセン（上）：27］。そして誰であれ、「日常の会話に注意深く耳を傾ける人なら、話し手が次第に文を組み立てていく過程がどんなものか、その例にふんだんに出くわす」はずである。「話し手は、同じ文または区切りのなかで、述べようと思った最初の考えを修正したり、ためらったり、急に口をとじたり、脇道にそれたりする」［イェスペルセン（上）：57］。こうした現象が見られるのは、書かれた言語や印刷された言語ではまれである。話し手は自分が置かれた状況に対応するために、かつて、いちいち細部にわたって表現されたことのないような事柄を表現しなくてはならない場合もあるだろうし、そのためには「習慣の奴隷」であってはならない。そのためには時に習慣を破り文法を破って、新しい言い回しを生むかもしれない。「こうして、文法は、言語心理学、もしくは心理言語学の一部となる」［イェスペルセン（上）：61］。そのために心理学、論理学、文法学が必要とされるのである。

そして祖型への憧憬は、まさにドイツ・ロマン派を特徴づけるものであり、その動きは、デルブリュックによれば言語研究において、太古の言語への憧憬として現れた。その意味では言語をめぐる十九世紀的言説は、「サンスクリットの発見」という言語学史上の出来事に始まって、ダーウィンの進化論という生物学的な出来事を経て、二十世紀におけるヒトの祖先の発見という人類学上の出来事に至るまでのあいだに起こった特有の現象であったと言えるだろう。

第二章 近代神経学の中の『失語論』

万有引力の理論が、いかに究極の説明原理であるとは言っても、物理学が管轄外とする領域の現象をもあまねく説明するためには、万有引力に支配される「物質」という概念自体を、物理学とは違った仕方で定義しなくてはならない。物理学は物理学的な意味において「物質」を捉えるが、化学の領域では化学という学問の性質に応じた用語として、化学という学問の対象になりうるものとして、「物質」という概念は定義されなくてはならない。でなければ、化学の領域内に物理学の領域が紛れ込むという珍妙な事態になりかねない。このような問題意識の下、モーペルテュイは「万有」引力を、物理学の領域のみならず、他の領域においても「究極の説明原理」として妥当させようとした。

もしもわれわれが万有引力の一般理論を化学の領域においても同じような究極的な説明原理として維持しよ

うとするならば、少なくともわれわれは引力の概念に物理学の場合とは異なったいっそう広い意味を付与しなければならない。［……］むしろここにおいてわれわれは、物理学者において前提されているのとは異なった新しい物質概念の採用を余儀なくされる。デカルトの延長もニュートンの重力も等しく生命現象の理解には役立たないし、ましてそれらの原理からこれらの現象を導き出すことなど金輪際不可能である。われわれに残されたことはただ、不可入性、可動性、慣性、重力等々の純然たる物理学上の属性と並べて、生命の事実に直接関連する［eine *unmittelbare* Beziehung auf die Tatsache des Lebens］他の属性を付加するだけである。
［Cassirer: 115f./（上）150－151］

ニュートンの万有引力はあくまでも物理の法則としてすべての物質に妥当する。しかし物質は、物理学によってのみ把握されるものではない。そして物理学とは異なる領域において物質を捉えるためには、物理学において前提されるのとは異なった「新しい物質概念」が必要なのであり、そのために、「生命現象に直接関連する他の属性」として、意識が考察されなくてはならないのである。その際モーペルテュイがよりどころとしたのがライプニッツの理論、すなわち、自然現象の真の究極的な説明根拠は質量の概念［die bloße Masse］には存しないというライプニッツの主張だったのである［Cassirer: 116/（上）151］[87]。

知覚は諸要素の本質的な属性を成しているので、消滅することはありえず、また増減することもありえない。知覚は、諸要素同士のさまざまな結びつきによってのみ、さまざまな様態変化 modification をする。しかし宇宙全体として見るならば、知覚は常に一定の総和を成している。我々にはこれらの様態変化の跡を辿ることも認識することもできないのではあるが。［Maupertuis: 171］[88]

知覚は諸要素同士のさまざまな結びつきによって無際限の多様性を展開する。我々の身体は、宇宙内部のある場所、ある時刻に制限されて存在するが故に、我々にはその全体を見通すことはできない。無際限に展開する「様態変化」の痕跡を、逐次辿ることも同時的に認識することもできない。そして知覚はいかに多様に「様態変化」を繰り広げようとも、総和としては常に一定なのである。その知覚は、ライプニッツにおいては欲求と並んでモナドを突き動かす要因だった。この二つの力は「共感と反感」という相反する二方向に働く力として表されもしたのだった。そしてまたここで、「知覚は常に一定の総和をなす」という発想は、のちの「力恒存」の発想の前身をなす[89]。それは、「我々にはこれらの様態変化の跡を辿ることも認識することもできない」ものとして初めて想定されうるものなのであり、この点においても、「力」の概念が「エネルギー」という概念へとより抽象化されてゆく過程と連動している。

一八〇〇年以前においては、かなり高度な数学を必要とする物理科学の分野は、力学と流体力学の二分科のみであったと言ってよい。一八〇〇年を前後する時代にこの学問の内容に何が生じたであろうか？ ラプラスとフーリエとサディ・カルノーは熱についての理論を数学的学問にした。ポアソンとアンペールは電気と磁気の現象を数学的に記述した。フレネルは同様のことを光学について行った。十九世紀前半に数学的学問となったこれらの物理科学の分野は、古代の天文学とアルキメデス的学科の、ある意味では書き換えにすぎないような、十七世紀的機械論的物理科学とは大きくその学問的性格を異にしている。一口で言えば、十九世紀に数学化された分野は日常的な観察によって把握できる物理現象に関係しているのではなく、近代的実験装置によって初めて引き起こされるような物理現象を対象としている。［佐々木：330-331］

佐々木力によれば、フランス革命以後初めて、科学者は職業として成り立つようになった。フランスではエコレ・ポリテクニクが創立され、その影響を受けてプロイセンでは近代的大学が建設され、「科学は大学のなかの専門学問分野」［佐々木：330］となった。そして数学化された実験物理科学は、数学の訓練を受けていないアマチュアには近づきがたいものとなった。「機械論的自然学と解析的数学が形成された第一の科学革命の時代」に対して、「第二の科学革命の時期」が始まったのである［佐々木：333］。

その十九世紀に専門学問分野として形を成したものに、精神医学があり近代的神経学があり、言語学があり心理学がある。失語研究はそれらどの学問にも共通して研究対象とされ論じられた。その失語研究の隆盛の引き金となったヴェルニケの「感覚性言語中枢の発見」は、そもそもマイネルト解剖学を失語研究に応用しようという試みの中で生まれた。マイネルトは脳解剖を基盤として、精神医学を、オーストリアで最初に学問の分野として確立した人である。それは、ドイツでヴントがライプツィヒ大学に「心理学」と冠した講座を世界で初めて開設した時期（一八七九年）にも重なる。そのライプツィヒ大学には一八七七年に精神医学の講座が開設され、パウル・エーミール・フレクシヒ[90]が准教授として就いた。そしてヴェルニケ＝マイネルトの局在論を批判する際にフロイトが論拠としたデータは、同時代のヘンレの解剖学（一八七一年）に基づくものだった。フロイトの『失語論』は、こうした背景にあってさまざまな先行研究を渉猟した「批判的研究」たらんとするものであるが、最も厳しい批判は、局在論の根本的理論を提示したヴェルニケ＝マイネルト学説に向けられたのだった。

しかしながらジョーンズは若きフロイトがマイネルトについて、「大勢の友人より彼一人から受ける刺激の方が強い」と手紙に書いていることを伝えている［Jones: 79/ 61］。少なくともある時期のフロイトにとっては、マイネルトの脳の解剖学は大いに魅力的なものだったのである。ジョーンズはまた、フロイトがシャルコーのもとに留学しているときにも、シャルコーに幼児の脳を工面してもらってフロイトが脳解剖の研究を続けていることを報告している。『失語論』と同年には小児脳に関して、『失語論』の倍ほどもある研究書をフロイトは発表していることからも、フロイトの脳解剖に対する関心の深さと知見はそれと知られる。したがって本章では、そのマイネルト解剖学の基本的な要点とそれを敷衍した学説を確認し、その上で、『失語論』の論理的支柱となったジャクソンの解体説やバスティアンの機能修正という考えを紹介する。そして最後には、ヴェルニケ以降の失語研究の変遷を大筋で確認する。

第一節　「脳神話学」

失語研究史において「画期的」とされたヴェルニケの『失語症候複合』は、冒頭において、マイネルトの脳解剖学を失語研究に応用することを企図したと述べている。その際ヴェルニケは、「マイネルトによって打ち立てられた脳の神経線維に関する学説には、精確な脳-生理学の端緒が内包されている」[Wernicke (1874): Ⅰ]と紹介している。フロイトが『失語論』において試みたマイネルト解剖学の批判は、まさにこうした神経線維の捉え方自体を揺るがすものであった。そもそもフロイトは、マイネルト解剖学の特徴を「皮質中心主義的」[*Aphasien* V: 87]と紹介している。それは、ヒトとそれ以外の生物との神経細胞を対象とした比較解剖学という立場から、神経細胞の発達の歴史として見るならば、ヒトの脳の皮質細胞は、進化の最高形態であると捉えられることに基づいている。とはいえ、皮質細胞を「最高度に発達した形態」と捉えること自体は、マイネルトに特有のものではない。

フーコーは心理学の分析方法の第三に「進化論モデル」を挙げるが[91]、ダーウィンの『種の起源』は「ニュートン神話」の終焉をもたらし、「ダーウィン神話」がそれに代わったとしている。スペンサーの『哲学大系』[92]の基盤となったのはこの「壮大な進化論神話」にほかならない。そのスペンサーの思想を神経学の分野で受け継いだのがジャクソンなのである［フーコー（1957）：153–154］。しかしながらこの「ダーウィン神話」は、ドイツの生理学においては希有な形をとって、「脳神話学 Hirnmythologie」を生み出すこととなる。

今もなお広く唱えられている「身体的先入見」とはこういうことである。すなわち精神的なものは皆それ自体としては調べることができないのであって、精神的なものは主観的なものでしかない。精神的なものを科学的に論じるためには、解剖学的に、身体的に、身体機能と考えられなければならない。そのためには直接心理学的な研究よりも、今のところ解剖学的なでっち上げでも持《ママ》っている方がいいのであって、この方が、開発、発見の途が開けてこようというのである。この解剖学的なでっち上げはまったく空想的なものになってしまうので（マイネルト、ウェルニッケ）、「脳神話」といわれるのももっともである。［ヤスパース：31］

ヴェルニケやマイネルトの脳研究を「脳神話学」と最初に命名したのは、カール・ヤスパース（一九一三年）である[93]。エレンベルガーは科学的な脳解剖生理学の開拓者である人々が、実証主義者を自任しながら同時に「脳神話学」にのめり込む、という現象をまったく不思議なこととしている［Ellenberger: 656/（下）72］。実際、マイネルトの脳研究は単なる解剖学的データの蓄積にとどまらなかった。マイネルトのいくつかの講演は、マイネルトが己れの学説に基づいていかなる人間観を形成していったかを物語っている。本節ではまずマイネルト解剖学の特徴を大枠において示した後、その人間観を確認する。

第一項 「皮質中心主義」

『失語論』に使われる用語の数々は、現在では使われていないものも多く、これらの用語を調べることはそのまま、当時の神経学の模索を跡づける作業となる。冒頭でフロイトは失語研究の動向を説明するにあたって、一八六一年のブローカによる研究報告から始めている。既に引用したように、フロイトはブローカによる「言語中枢の発見」を以下のように説明している。「すなわち、左側の第三の（もしくは、シルヴィウス溝から数え始めるならば第一の）前頭回の損傷によって――それ以外には、知能もその他の言語機能も無傷でありながら――、構音化された言語の表出が完全に失われる、もしくは最大限制約されるという結果がもたらされる、というのである」と［*Aphasien* I: 40］。

ここに最初の用語の問題があるのだが、ブローカ領域は現在の用語法では上から順に数えて第三前頭回に該当する。それを「第一」と数えるのは、「ルーレの原理」[94]にしたがってのことである。その原理に関してはヴェルニケの教本（『失語論』第五章でフロイトも引用している）は以下のように説明している。

> シルヴィウス溝を囲むようにして凸状の頭回が曲線を描き、その結果、頭回の脚部分［頭回の両端］は、大脳の前頭部分と側頭部分ではシルヴィウス溝に対して平行となり、シルヴィウス溝の上端ではこの上端を跨ぐようにアーチ状となっている頭頂部分と結びつく。このことはルーレによって、そもそもシルヴィウス溝を持つすべての哺乳動物の脳の形成原理であるとされた。［Wernicke (1881): 10］

こうした原理に基づいて、脳の中で最初に発達した部分を「第一」として下から数え上げるため、現在の用法とは数字の振り方が逆転する。また、このように数えるときの頭回を「原始脳回 Urwindung」と呼ぶ。フロイト自身、『失語論』の原註六七において「第一原始脳回」と記した際、「角回と縁上回 Gyrus angularis und supramarginalis」と言い添えている。つまり人間の脳の中で、一番下位にあるものほど、他の哺乳類にも共通してある場合があり、上位に向かうにつれて「より高等」な生物にのみ見られるものとなり、一番上位にある部位は、ただ人間にだけあるものとなる。

神経路は正中線上の器官を越えて、最も質料が大きい大脳半球を形成しつつ、互いに収斂してゆくというよりはむしろ扇形状に互いに広がってゆき、そうして外界の印象を、ちょうど帽子のようにその端を折り上げた空洞の球体の中に植え込む。すなわち皮質であり、これは六億をはるかに越える動物細胞から成っている。ここで動物細胞は最高度に発達した形態に到達する。これらの細胞が知覚に従事し、そうして魂をそなえるのである［sie [die thierische Zelle] ist beseelt］。［Meynert (*Die Bedeutung des Gehirns für das Vorstellungsleben*, 1868): 12］

神経路を記述するマイネルトの仕方は、あたかも末端から脊髄、脊髄から延髄、そうして脳へと至る経路が、そのまま神経細胞の進化の過程を跡づけるがごとくである。それらはみな等しく「動物細胞」として捉えられながら、それが経過する過程やその過程の果てに到達した形態は、他の動物には到底およばないものである。マイネルトは、比較解剖学という観点から、ヒトの脳を他の哺乳類の脳と比較し、ヒトの脳の大きさを数字的に示してその根拠とする。逆に言うならば皮質細胞が最高度に発達した形態として「魂をそなえた」ものでありうるのは、マイネルトにおいては端的にはその細胞の数の飛躍的な多さによって示されるものであるのである。[95]

つまり記憶能力 das Erinnerungsvermögen は脳細胞のいわば基本的な特性である［……］。この世界像は人間の脳において最も豊かなものであるだろう。何となれば、人間の脳の皮質には、バインと私が（それぞれ別個にではあるが）数えたところによればほとんど同数の、つまりほぼ十億にも上る神経体 Nervenkörper の数があり、これには他のいかなる動物の脳もおよばないからである。この数が大きければ大きいほど、前後して入ってくる現象の総計も大きくなるだろう。その現象は記憶を並存させて脳を満たすのである。［Meynert (*Zur Mechanik des Gehirnbaues*, 1872): 24］

そもそも局在論は、記憶心像が皮質体（細胞）に貯蔵されているという考え方と不可分である。その細胞の数の多さが脳に貯蔵されうる記憶心像の多さを保証し、ひいては表象生活の豊かさを保証する。[96] こうした記憶の貯蔵という考え方は、マイネルトの学説において一貫して保持されている。

既に私は一八六七年の「皮質とその場所の多様性の構造について」［正しくは、「大脳皮質の構造とその局所的多様性について」］の中で、大脳皮質が記憶力の座にふさわしいことを、以下のように説明しようと試みた。つまり、皮質に含まれた十億以上の神経体のおかげで、相前後して入ってくる印象は、持続的に共存するために充分なだけの機能上の担い手を、とはつまり神経細胞を得ることが可能になる、というふうに。［Meynert (*Psychiatrie*): 140］

皮質細胞（皮質体）は、相前後して入力される印象の担い手となる。そして離れた部位と部位とを結びつけるのが白質線維群（連合線維束 Assoziationsbündel）である（本書四三‐四四参照）。このように、脳は一つの統一的な均質な塊なのではなく、形成原理にしたがって三つの脳回に分けられるのみならず、皮質は、部位ごとに担う機能が異なっており、それぞれの部位が「貯蔵」する心像はその種類によって分けられている。視覚に由来する視覚心像は視覚野に、聴覚に由来する聴覚心像は聴覚野に、というふうに。皮質を「記憶力の座」とするマイネルトが論拠とするのは、「皮質の記憶力の本質 das Wesen des Rindengedächtnisses」に関するムンクの研究である。それは「網膜」に関する研究であり、フロイトは第五章でムンクに触れつつ、網膜は「終末器官の一つ」であると述べている［*Aphasien* V: 89］。

単純な一つの機能的なエネルギーだけが、よしんばその原理が我々には未知であるにしても、とはつまり、あらゆる生理学上の諸力よりもよく知られているわけではないにしても、感覚能力 Empfindungsfähigkeit として脳細胞に到達する。外界で繰り広げられる諸力の展開は同じく未知のものであるが、それが実際に感覚されるのは、まさにこうした未知の力の展開を通してなのである。そうした諸力の展開は、非常にさまざまな性質のものであると見なさざるをえない。

こうした多様性は、解剖学的にも反映されることとなるが、しかしそれは脳においてではなく、神経の終末器官においてである。［……］脳細胞はさまざまな感覚装置と関連している。しかし、我々は外界の諸力の作用にとって都合のよい生理学的な関係を知らないがゆえに、また、神経の終末器官に関するこうした条件が必須であることはたやすく証明されるがゆえに、脳細胞がもつ異なる機能的なエネルギーを実証することはまったく不可能なのである。たとえば、聴神経が見るための特殊なエネルギーをもっていたとしても、しかし聴覚と光の波との間の媒体は光を導くのにまったく不向きであるだろう。

特殊な諸エネルギーはしたがって、終末器官の多様性と完全に一致しており、脳細胞がもつ唯一特殊なエネルギーは感覚能力なのである。〔Meynert (*Psychiatrie*): 126f.〕

神経系の終末器官である感覚器官は、それぞれ能力を特化しており、それぞれが受容するエネルギーは器官自体の性質と一致している。たとえば、視覚に特殊なエネルギーは、聴神経が受け取っても何にも反映されない。こうした考えの背景には、ヨハネス・ミュラーの特殊神経エネルギー specific nerve energies 説や、それをさらに展開させたヘルムホルツの特殊線維エネルギー説がある。[97] 特殊神経エネルギー説とは、「経験された感覚的質は、刺激された神経に特殊である the sensory quality experienced is specific to the nerve stimulated.」という考えである。これにしたがえば、感覚器官が多様であればそれだけ多様なエネルギーが受容されうる。これらのエネルギーが「投射システム」を経由して皮質細胞に至ったとき、興奮は、それぞれの由来に応じた貯蔵場所へと振り分けられる。それぞれ区別された部位に宿る記憶心像が互いに結びつけられるのは、皮質に特有の「連合システム」によってである。脳細胞が中性的な感覚能力だけを唯一特殊なエネルギーとしてもつことによって、どの感覚器官に由来する興奮であっても受容されうる。しかし一方で、同じくマイネルトによれば、脳細胞の基本的な特性は記憶する能力であった。つまり皮質細胞は、入力される情報を受容すると同時にそれを維持する役割を担わされている。マイネルトにとって記憶能力とは、記憶心像を「貯蔵」し、かつそれを再生することである。記憶と知覚というこの二つの能力がどのように遂行されるかを説明するために、マイネルトは皮質細胞を、記憶心像によって「占拠」されたものとまだされていないものとに区別した。

彼［ムンク］の研究は、動物［の脳］においては視覚空間と聴覚空間という環境において、機能的にはまだ占拠されていない領域 functionell noch unbesetzte Gebiete があって、この領域を切り取っても、精神盲 Seelenblindheit や精神聾 Seelentaubheit に対して何ら作用を及ぼさないが、中間層の機能している領域を切り取ったあとでは、先ほどの占拠されていなかった領域は、視覚による印象や聴覚による印象によって新たに占拠される ein neues Besetzen のを許容するということを示した。［Meynert (*Psychiatrie*): 140］

それぞれの部位と部位との間には「占拠されていない領域 unbesetztes Gebiet」があって、「機能上の隙間 functionelle Lücken」を形成している。[98] それらは、新しい機能が習得されるときのために待機しているのだが、入力される印象とそれを受容（知覚）し貯蔵（記憶）する皮質の部位とは一対一の対応であるかの如くである。だからこそマイネルトは、細胞の多さによって精神生活の豊かさを説明することとなった。こうしたマイネルト的な捉え方に対して、フロイトは『失語論』においては記憶という事象そのものを捉え直すことによって反論し、ブロイアーは、知覚装置と記憶装置とは別のシステムとして捉えるべきだと異論を唱えることになる（本書二六七頁以下）。

第二項　ヴェルニケの『失語症候複合』

ヴェルニケが二十六歳で発表したモノグラフ『失語症候複合』（一八七四年）は、失語研究史上において「画期的」とされた。フロイトは『失語論』においてこの書は、ヴェルニケという名を「不朽の、といっても過言ではないほどの功績と結びつけた」と紹介している［*Aphasien* I: 40］。「言語の感覚性中枢の発見」を印すものと見なされたこの書を、ヴェルニケ自身は「マイネルト解剖学の実践的応用」として位置づけている。

当該の仕事は、マイネルトの脳解剖学を実践的に、しかも、このような基盤が最も必要とされながら、しかし実際にはこれまでおよそ利用されることのなかった領域において応用しようという試みである。即ち、正常な言語事象と、失語という名のものに知られている言語障害に応用しようとする試みである。[Wernicke (1874): 1]

フロイトが、ヴェルニケは「自分の理論は、より広範なマイネルトの理説の応用にすぎないと、ことあるごとに力説する確認を怠らなかった」と評する所以である。フロイトがこの書を批判するのは、この書が局在論に依拠しているからであり、「言語の感覚性中枢」を局在し、それによって精神病理までをも、脳病理によって説明し尽くそうとする傾向を飛躍的に促進したからである。ではヴェルニケの「言語中枢」とはそもそもどのようなイメージによって提示されるものであっただろうか。

大脳の表層全体が、機能的に異なる意味を持った二つの大きな領域に分かれている。一つは前頭、つまり両側半球のローランド溝［中心溝］より前方の全領域であり、もう一つは後頭部-側頭脳を合わせた部分である。前者は運動性である。とはつまり、前者の領域が運動表象を貯蔵する。そして後者は感覚性であり、つまり後者の領域が、経過し終わった感覚印象の記憶心像を貯蔵する。両者の間に横たわる脳の本来の頭頂部分は移行領域を成しており、その機能についてはまだ議論の余地がある。[99] [Wernicke (1874): 5f.]

皮質における各部位はその役割に応じて運動中枢、感覚中枢と呼ばれ、それぞれの中枢にはその性質に応じた「心像 Bild」が貯蔵されている。そして記憶とは、神経興奮が中枢に伝導されその中枢に貯えられた心像を喚起することである。つまりいわゆる「言語中枢」の発見とは、脳の皮質には、言語機能に従事する二つの中枢があり、この二つは運動性のものと感覚性のものと役割を分担しており、それぞれの「中枢」には、その性質に応じた「心像」が貯蔵されていると想定したことだった。フロイトはマイネルト批判の中で「潜在的な記憶心像 latentes Erinnerungsbild」に言及するが、「記憶心像」という言葉を最初に使ったのはヴェルニケだった。

感覚の興奮は大脳皮質に達すると、大脳皮質に、持続する印象を残す。ヴェルニケは、この印象は、それぞれが一つ一つの細胞内に貯蔵されるとした。「マイネルトの計算によれば六億の皮質体を備えている大脳皮質は、外界から伝達される無数の感覚印象が妨げられることなく順々に蓄えられてゆくだけの充分な保管場所を提供している。かくして興奮は伝導されたあと大脳皮質内に残留するのだが、我々はこの残留物を、記憶心像と名づけようと思う。」［*Aphasien* I: 41］[100]

皮質細胞だけが、生体の他の神経細胞とは断絶して特別なわけではない。皮質細胞が担う役割は、末梢神経が担う役割から類推的に導かれうるものである。ただそれがより高次のものとなったにすぎない。そう述べてヴェルニケは、感覚器官が受容する外界の印象と区別して、皮質に達して伝導され終わった興奮の残余を「記憶心像」と名付けることを提案する［Wernicke (1874): 5］。そして皮質に貯蔵される心像は、外界から受容されたものが脳に達した後に残す残遺なのである。

最初から生得的な観念を排除するからには、以下のような問いが投げかけられる。これらの運動表象はいかにして大脳皮質に到達するのか？［Wernicke (1874): 8］

ここに、生得的な観念を否定したロックの考えの継承を見ることができるだろう。ロックは「経験から」と答えた。そして「経験」とは、外界の知覚から感覚印象を得ることだった。ヴェルニケの『失語症候複合』は二十世紀になって再び理論的基盤を提供した。一九七七年になってその英訳が出版されたことも一つの証左と言えるだろう。

［『失語症候複合』と］一八八五／一八八六年の「失語に関する近年の研究」とによってヴェルニケは、十九世紀古典的失語理論の基礎を築いたばかりではない。彼が築いたものは、二十世紀の（ノーマン・ゲシュヴィンドの名と結びついた）ボストン学派の「新-古典主義」的失語理論やそこから派生したアーヘン学派の基礎ともなった。［Tesak: 10］

このように、二十世紀においてもなおその功績が再評価される論考であったが、その功績は、言語の感覚中枢の発見にのみ尽きるのではない。そのタイトルにあるとおり、シャルコーに先んじて「症候複合」という概念をより鮮明に提示した点にある。

「症候複合」はまた、ヴェルニケのライフワーク――神経学分野においても精神医学の分野においても――の中で特別な地位を占めることとなった。彼の『医師と学生のための脳疾患教本』(全三巻)［一八八一年］の中でヴェルニケは、失語に関して検証した方法を神経学の全領域に応用した。そして彼の『精神医学概説』［一九〇〇年］の中でもヴェルニケは、原型となるやり方として失語を選んだ。「元来は失語に関して提唱したモデルを、彼は実践的に精神医学全般に拡大した」(ピショー)。［Tesak: 11］

「症候複合」という発想を提示したことによって、ヴェルニケの『失語症候複合』は今日においても、その影響の深さ広さを測りきれないほど揺るぎない価値をもつ。しかしまたこの小著の貢献は、それにのみ尽きるのではない。ヴェルニケは、中枢を運動性のものと感覚性のものとに分け、それぞれにその由来に応じた心像の居場所を割り振ることによって、「ある行動の異なる要素が大脳の異なる領域で処理されるという考え」、つまり、脳における「分散処理」という考え方を提起したのであり、それは今日においても有効なものとして継承されている。[101]

ガル以降、「心の機能をことごとく、脳の一定の領域に局在化させようという傾向」が盛んとなったが、その中でヴェルニケは、「局在化してよいのはきわめて単純な心的要素、個々の感覚表象のみであり、しかもそれらは、印象を受け取った末梢神経が中枢と接続する神経終末に局在化される」［*Aphasien* V: 97］というように、局在化しうる部分を限定した。それをフロイトは「大いなる進歩」と評価しつつ、「しかし根底においては、複雑な概念や、特定の心的活動のすべて、或いは心的な要素などを、そもそも局在化しようと試みることそれ自体が、原理的には同じ間違いを犯すことにならないだろうか」［*Aphasien* V: 97］と続けている。ヴェルニケは確かに局在を限定したが、しかし他ならぬこのヴェルニケの小著が局在論を活性化しもしたのである。その中で、マイネルト解剖学の実践的応用を企図した『失語症候複合』が、解剖学的に立証されていない「概念中枢」などを、そもそも想定することさえ拒否していたということは、改めて確認しておかなくてはならない[102]。

先行研究と私の論とを分かつのは、私の場合あくまでも解剖学的に確認された基盤に基づいているという点である。理論的に別物である中枢（統制中枢、概念中枢など）を創り出して、そのために解剖学的な基礎を完全に無視し、しかもその理由として、大脳にはまったく知られていない機能があり、そのため解剖学的な推論を導き出すだけの正当性が目下のところないから、と説明する立場をとる人々がいるが、別の立場として、極めて綿密に脳解剖学を研究した上で、今やほとんど一般的に承認された経験心理学の諸原理に基づきつつ解剖学的なデータを心理学的なデータへと活かし、これらの資料から一つの理論を構築する立場がある。そしてこの両者の間には雲泥の差がある。［Wernicke (1874): 68］

あくまでも解剖学的に実証されたデータに基づくこと、そこから飛躍しないというヴェルニケの基本的な姿勢は、ここに表れている。そうしたヴェルニケの学問的姿勢をフロイトは、以下のように評している。

私がここで論駁している見解に立つ人々に、学問上の立場におけるこのような飛躍や転向を軽々と遂げるよう期待することができないことはもちろん分かっている。［*Aphasien* V: 98］

「転向」とは、「生理学的な学的考察法から心理学的な学的考察法への飛躍、もしくは転向」であると、フロイト批判全集版の編者は注記している。そうした「飛躍」への誘惑に対して禁欲的なヴェルニケ自身の弁として以下の言明を引いておこう。

いかなる領域を当面は断念せざるをえないかということをはっきりと洞察することは、精神医学の将来の進歩にとって最も不足しており且つ最も待望されるものである。［Wernicke (1874): 69］

TB版編者は、フロイトがヴェルニケに対して手厳しい評価をしていたことを証するものとして、一九一一年十一月付のルードヴィヒ・ビンズヴァンガー宛の手紙を参照させている。そこでフロイトはヴェルニケのことを、「学問的な思考の貧しさを示す興味深い手本」であると述べているのだが、『失語論』においてフロイトがヴェルニケを痛烈に批判するのは、ヴェルニケの学問的功績が大きなものでありそれがそれ以後の失語研究のみならず精神医学にまで及ぼした影響の大きさを評価するがゆえである。「学問的な思考の貧しさ」は、ともすれば「実証主義的な方法」に対する批判ともなりうるが、「事実に重きを置くこと」と時として分かちがたい場合があり、学問的な誠実さの証ともなりうる。そして「事実に重きを置くこと」こそは、フロイト自身が何よりも重んじたものだった。[103]

第三項　マイネルト学説の展開

人間の脳の皮質を進化の果てに辿り着いた最高度の形態と捉えるところから生まれる「皮質中心主義的」な考えと、「脳神話学」とは相補的な関係にある。したがってフロイトのマイネルト批判は、「皮質と皮質下にそれぞれ割り振られてきた役割の見直し」をその根幹に据えることとなる。その意義を充分に評価するためにまず、マイネルト的な皮質中心主義的な考えは、では一体何を意味するものであったのか、どのような射程をもったものであったかを確認しておかなくてはならない。そのために、一八八八年にマイネルトが行った講演「脳と礼節」[104]を手がかりとして、マイネルトが己れの学説をどう敷衍していったかの一例としたい。

この講演の冒頭でマイネルトは、生存をめぐる闘争について触れた後、「礼節」について以下のように述べている。

もしも人間が［……］、どう生きるべきか、どう栄えるべきかについての観念を得て、自然な人生目的を知り、そしてまた、いかに人は簡単に死ぬものであるかを知ったならば、もしこうしたことが得られたならば、文明化された人間は、次のような根本定理から出発するだろう、すなわち、この人生目的が己れ自身にもまた他のあらゆる人間にとっても当然の権利であると。

生存をめぐる闘争を人間性が緩和する度合いは、礼節の度合いでもあるだろう。［Meynert (*Gehirn u.*): 141］

ここでマイネルトは「生存をめぐる闘争」について述べるのだが、この講演の前年に行った別の講演でマイネルトは、「生得的な考えを許容するためには、脳機能の遺伝という考えは重要であるが、そのように考えることは不可能である」という見解を示した。それを引き継いでこの講演では、「本能」というものを想定することを否定する。本能というものは、形態学的には、「人間と無脊椎動物との間で一致してみられる活動は、外的にはおよそ一致していそうにもない神経器官から発している」［Meynert (*Gehirn u.*): 143］ということから説明されるものなのである。

自然科学は、単純な起源から複雑な最高次の形態への展開を、「遡行する」という形で探求する。そして「汎動物主義的な」見解を取るならば、動物界の単純な形成から上昇してゆくことになるのだが、その場合、「人間へと到る段階系列の中で、そもそも一体どこから意識が始まるのか、この意識はどこから生得的な考えによって満たされはじめるのか、また、満たされることを止めるのか、意識された知覚から発せられたインパルスやその知覚が個体によって知的加工［die intellectuelle Verarbeitung］を受ける作業はどこから混入し占有的となるのか、その境界を見いだすことは難しいだろう」［Meynert (*Gehirn u.*): 143］。そのように述べて以後、マイネルトは、アメーバ、貝殻類、頭足類（イカやタコなど）、体節動物、被嚢類（ホヤなど、脊椎動物に近い）、脊椎動物などについて順々に言及してゆく。「動物世界を概観しても、生物の世界の種類全体を、高等であれ下等であれ一つの網全体を成立させるような、脳の活動に関する原理、つまり脳のさまざまな活動が一直線上に向上してゆくような、そういう原理、そして明らかにそれと並行した脳の構造に関する原理というものを導き出すことはできない」［Meynert (*Gehirn u.*): 146］。その一方で、別の観点として、「社会化」という指標があり、マイネルトは、脊椎動物の神経系とは全く似ていないながら己れの種族内部で意識の表明を行うハチやアリを「脊椎のない人間」とも表現する［Meynert (*Gehirn u.*): 149］。そして他の先行研究を参照しながら、「学習された行動とそうでない行動という区別」、また「本能」という言葉は「記憶力」という言葉によって置き換えた方がよいと提案する。

ちょうど、軟体動物が触手を外界に向けてのばし、他方では触糸を通して獲物を取り込むように、そのようにまた、合成された原形質的な存在である前脳の皮質は、求心的に伝導する突起のために、触角や、運動神経の場合には触手を備えているように思われる。この突起は、神経系の線維の中では感覚神経の役割を担っている。それ以外の身体は、その感覚を受け取る表面、筋肉、そして筋肉組織が固定されている骨格もろともすべて、触角や触手をいわば補強するものにすぎない。前脳が一つの生命体のように、世界の像を己れのうちに取り込みその像に対して作用を及ぼすための条件を満たすのは、この触角や触手なのである。[Meynert (*Psychiatrie*): 127f.][105]

このように、マイネルトにとって大脳皮質は一つのまとまった原形質をもつprotoplasmatisch生き物の如くである。それは自らを一つの空洞へと変形し、ある物体の構成部分に同化しつつ、その物体を覆う。そして身体は、「大脳皮質の付属物であり補助的器官」にすぎない。つまり、「大脳皮質から延びた触角や触手は、世界像を内部に取り込み、またその世界像に作用するための条件を保証するものとなるが、身体全体はいわばそうした触角や触手を物理的に支えるもの」[*Aphasien* V: 87f.]なのである。

マイネルトは、一方で比較解剖学という形で、あらゆる動物の中で人間の脳の構造、とりわけ大脳皮質を「神経細胞が最も発達した最高の形態」として捉え、また、同じ人間の中でも、年齢に応じて、また種族に応じて脳の発達に違いがあるとする。そのためにマイネルトは、人間にあって動物にはない部位の機能と役割を、人間にのみ行いうる機能と役割として位置づける一方で、人間にのみ発達した皮質以外の部位を論ずるとき、それらの機能と役割を他の動物にも行いうるものとして類推することから導き出そうとする。したがって皮質より下位の部位においては、つまり延髄や脊髄においては、動物的な運動が、何の抑圧も制御もなく行われていることとなるのである。逆に言うならば「魂をそなえる」という能力は、マイネルトにおいては端的には皮質細胞の数の飛躍的な大きさによって示されるものであり、そしてまたまさにこの点が、フロイトによって批判されることになるのである。

皮質細胞は記憶を貯蔵するという考えは、局在論を理論的に支える前提でもあった。マイネルトの言葉を引用しつつ、フロイトは以下のように論評している。

「もちろんこのことから当然帰結するのは、記憶心像による大脳皮質の占拠という生理学的な過程が進行するにつれて、皮質細胞はますます広域にわたって占有されるということである。記憶心像の増加を通して、子供の想念が及ぶ範囲が次第に拡大してゆくのは、まさにこの生理学的な過程の進行が基盤となっている。記憶はあらゆる知的作業の基盤を成すものではあるが、その許容量には皮質細胞の数という点で限界があるということは大いに考えられる。」最後の文言は、以下のような意味に解釈してもよかろう。すなわち、子供の発達のみならず、長じてからの知識の獲得（たとえば新しい言語の習得）もまた、未だ占拠されていない皮質の領域を占拠するという仕方で可能となるというふうに。それを喩えるならば、ある都市が入植によってその囲壁の外部に何区間か拡大するようなものである。[*Aphasien* V: 102f.]

グリンバーグはフロイトが「輝かしい修辞家」であることの一例としてフロイトがここで用いている比喩を挙げているが、その際グリンバーグはこの比喩を「神経解剖学の文脈においては著しく場違い」な「隠喩」と評している [Greenberg: 28/ 45]。しかし、そもそもはマイネルト自身が、皮質における神経細胞を「細胞コロニー」と表現している。その比喩は既に参照した一八八八年の講演において見られるが、一八九〇年の講演ではマイネルトは、この比喩をさらに推し進め、触手や触角を備えた様子を「武装した」と表現するのである。『失語論』においてフロイトは、マイネルトが自説を展開してゆくさまを「解剖学上の状態を独特の仕方で広範囲に拡大してゆく」と述べているが、その一端が以下に垣間見える。

脳は、両側半球においては一つのコロニーに、触角や触手を通して世界像を獲得してゆく生きた、意識を備えた生き物に喩えることができる。そしてこれは、単なる比喩以上のことを語っている。[Meynert (*Zusammenwirken*, 1890): 205]。

最高度に発達した神経細胞は、身体で以て「武装」して世界に臨む。その神経細胞が獲得する世界像は、その身体の限界によって、感覚器官の性能によって制限されている。しかし比較解剖学的に得られた知識から出発したマイネルトは、この神経細胞が把握しうる世界像を宇宙的な規模にまで「拡大してゆく」。

外部にあって確かな、無限の空間は脳の内部には収まりえない。しかしその空間に代わって脳は、それ以上にはるかに広大な空間を生み出した。その空間の境界を、その有限性を、我々の意識はさらに押し広げてゆく。まさにその点に我々の意識はある種の象徴 eine Symbolik を、一つの出口を見出すのである。[Meynert (*Gehirn u.*): 179]

神経細胞の進化は、頭蓋骨によって守られると同時にそれ以上の発達を阻まれている。しかしこうした物理的な身体に代わって、より高次の自我、皮質を座とする第二の自我は、将来の住処として、やがて「宇宙的な身体 die kosmischen Körper」をも獲得するだろうとマイネルトは構想するのである [Meynert (*Gehirn u.*): 178]。つまるところマイネルトの「大脳皮質中心主義」の根幹にあるのは、とどまることのない進化への信奉と飽くことのない植民地主義的な拡張主義が混淆したものとも言える。エレンベルガーは、フロイトに大きな影響を与えた三人の先人たちのうちの一人にマイネルトを数えつつ、ヤスパースの命名を引き継いで、マイネルトの学説の特徴を「脳神話学」という言葉で括っている。エレンベルガーは、「心理機能を脳構造と連関させようとした人々」のなかでも抜きんでいた一人としてマイネルトを挙げながらも、「しばしば脳神話学にのめり込んだのが欠点だった」としている［Ellenberger: 655/（下）70］。エレンベルガーは、こうした「思弁的系列」の末端にフロイトの『心理学草案』を位置づけ、その発端をフェヒナーに見ている［Ellenberger: 656/（下）72］。

こうした文脈において、フロイトが「大脳皮質の絶対的優位を否定し、皮質と皮質下を統合した一つの脳」を構想し、さらには、脳のみならず、皮質と、皮質より末端までの神経系全体を統合させた一つの器官として捉えつつ、情動の力を復権させたということが、改めて評価されるのである。そしてその際、ジャクソンの「進化の逆行」という概念が大いに寄与したであろうことは言うまでもない[106]。

第二節　身体における魂の領域

マイネルトは、解剖学に基づいて脳の構造を考えるとき、「動物細胞」という言葉を用い、フロイトもまた神経線維の機能の変化を考える際、「動物としての我々の細胞」という言葉を用いる。身体は、特定の状況の中で機能を変化させる有機体であり、その有機体が被る変化を全く無視して、心的機能を考察することはできない。しかしまた、この有機体の変化と心的機能の表出とを完全に同一視することもできない。こうした中で、機械論が生まれ、心身併行論が生まれ、身体と心的機能とが不可分のものとして考察されてゆく。

「物質はそれ自体で魂を吹き込まれている」。魂と物質との関係については、Seele 対 Natur（=beseelte Materie）という伝統的な生の捉え方がある。アガンベンによれば、我々が通常「生」という言葉で捉えるものを、ギリシア人は「ゾーエー」と「ビオス」という二つの言葉で表現したという。この二つは意味の上からも形態の上からもはっきりと区別されるものだった。「ゾーエー」は、生きているすべての存在に共通の、「生きている」という単なる事実を表現し、「ビオス」は、それぞれの個体や集団に特有の生きる形式、生き方をさしていたと［Agamben: 7］。或いはまたそれは、あるときには「物質に吹き込まれた力」として、動く物体に着眼して議論された。磁力という概念が成立する以前、力を加えられないままに離れた物体を引きつける力はいかにして説明されたか。物体自体がもつ力、物体に内在する力をめぐる考察について山本義隆は、十四世紀の唯名論者ビュリダンを引きつつ、投げられた物体が動き続けるときのその原動力を、投げ手が投げることによって物体に与えた「インピートゥス（激しさ、躍動）」として説明している。「外力によって物体内に込められたこのインピートゥス」によって投射物体は動き続け、逆方向への力が加えられない限り、このインピートゥスは残り続ける［山本：218］。しかしのちのガリレオにおいてこのインピートゥスは、「外力によって物体に注入された偶有的な、それゆえ自然な状態では物体が有さない、そして一度注入されても失われてゆく性質」を指すことになった。その後、このインピートゥスはときに「慣性」と同一視され、物体自体がもつ力、「固有力」として捉えられることもあった［山本：221，294］。それが「固有力」とされるのは、外部力を加えられたとき、それに抵抗する力として働くとされたからである。

こうした「固有力」は哲学的な問いとしても問われることとなった。澁谷理江によれば、ライプニッツは『弁心論』において「慣性」を、「物質に運動への抵抗を与え、同じ強さの力においてより大きな質量により少ない加速を与えるのは、物質の本性的慣性と呼ばれるものに他ならない」と説明した［澁谷：95］。それに対してフィヒテは『道徳論の体系』（一七九八年）において以下のように述べている。

そもそも自然それ自体には慣性の力（Kraft der Trägheit）が備わっていると考えねばならない。［中略］自然それ自体、非我としてのあるいは客体としての自然は、静止のみ、存在のみを有する。すなわち［中略］自然にはいかなる能動的な力も備わっていない。しかし、自然は自然として存続するために、一定量の自己保存の傾向、あるいは自己保存力を持っている。［中略］自己に対して拮抗する力がはたらいた場合、自然は自己に備わるあらゆる力をもって自己の存続のために抵抗するのである。そして、拮抗する能動性のおかげで初めて、それまで慣性に過ぎなかったものが能動性となるのである。両方の概念はここにおいて綜合される。

このことを慣性の力という概念は示すのである。[107]

物質が現にあるがままにとどまろうとする力、外部から加えられた力に抵抗する力を有するのは、物質自身に具わる自己保存の傾向にほかならない。ライプニッツにおいてこの力は、神の自由意志が実現する阻害要因となった。澁谷の論考は、ドイツ・ロマン派において「自然のメランコリー」という概念が醸成されてゆくプロセスを追うものである。その出発点となるのは、質料が有限であり受動にすぎないとするライプニッツの考えである。質料であることは有限という制限として、「奪われた能力」、「欠如」として捉えられた。それに対してフィヒテはこれを、「自己の存続のために抵抗する力」を有することとして能動的に捉えた。当初そのフィヒテを批判したシェリングは、後に自由論において、むしろフィヒテの考えに寄り添いつつ暗にライプニッツを批判することになった。有限であるが故の制限をシェリングが人間性の条件と捉えたことは既に見たが（本書六二頁以下）、シェリングは慣性そのものを積極的なものとして、つまり「物体の内的我性」、「物体が自己の自立性を誇示しようとする力」として捉えるようになったのである〔澁谷：99〕。

この場合しかし注意しなければならないのは、こうした惰性そのものは奪われたもの Beraubung として考えられるべきではなく、むしろ積極的なものであって、すなわち、物体の内的自我性〔自己性〕の表現、物体が自分を自立性において維持しようとする、その力の表現である、という点である。〔Schelling (1809): 442〕

ライプニッツによる「惰性」についての説明は確かに「形而上学的有限性」を明らかにした。しかし有限性はそれ自身で悪であるわけでは決してない。神は、神自身をつくるという仕方以外に、神以外の完全な存在を創造することはできないがゆえに、人間が有限的であり不完全な存在であることは必然なのである。この有限性ゆえに人間の有りようはその都度の条件下において作用を受けるものであり多様なものとなる。無限の多様性がありうる中で人間は、自らの有りようをよりよいものと変えてゆく能力を与えられたのである。

このように、「固有力」をめぐる問いは、もしくはそもそも「力」というものをめぐる問いは、哲学的な問題設定と、それ以外の分野における問題設定へと、いったん大きく別れることになる。「物質はそれ自体で魂を吹き込まれている」といわれたその物質は、モナドという最小単位から分子という考えに受け継がれ、「神経細胞」が登場するにともなって、「脳神話学」の中ではこの細胞がいかにして意識を獲得するかという問題設定へと変奏された。一方、「力」という言葉で言われるもの自体も変わってゆく。かつて、ニュートンの「万有」引力が、それまで絶対的に隔てられていた地上と天上という二元世界を一律に統べる法則として、おしなべての均質化をもたらしたように、たとえばゲーテの時代に自然が展開していた諸力の豊穣さは、エネルギーという単一の概念に還元された。そしてその概念が、人間の身体にまで、進化の究極の形態である人間の脳の皮質細胞にまで敷衍されたことは、マイネルトやヴントに始まる「神経支配感覚」理論においても顕著に示されている。このように、人間の精神生活すべてが、賦活された神経細胞のエネルギーの増減によって説明される道筋が出来上がったのである。このように大きく分離したかに見える問題設定の仕方は、しかしふたたび合流することになる。

ウィーン大学でフロイトがマイネルトの講義以上に夢中になったのは、ブリュッケの生理学講義[108]だったが、一八七四年に出版された彼の『生理学講義』の序論からジョーンズは、「終生フロイトをとりこにした物理学的生理学の記述」を以下のように要約している。

生理学は有機物を有機物として扱う学問である。有機物は運動作用をする死んだ物質——機械——と同化作用の機能をもつ点で異なっているが、それはすべてひとしく物理学的世界の現象である。つまり一八四二年ロベルト・マイヤーによって発見され、二十年間無視され、それからヘルムホルツによって広く行われるようになったエネルギー恒存の法則に従って、多くの力に動かされる原子の諸システムである。力の総計(原動力と潜在力)は各々孤立したシステムにおいてはつねに一定である。真の原因は科学においては「力」という言葉によって象徴される。力について知ることが少なければ少ないほど、いろいろな力を区別しなければならない。機械的・電気的・磁気的な力、光、熱など。知識の進歩はそれを二つに還元した——引力と斥力[attraction and repulsion]である。すべてこれらのことは有機体である人間にもあてはまる。[Jones: 63/49]

「力恒存の法則」という考えは、それが全宇宙という単位としてであれ、一個の物質という単位としてであれ、孤立したシステム、閉じられたシステムという捉え方と切り離すことはできない。そしてまた、有機体を有機体として扱う生理学は何よりも「力」という言葉によって象徴される。魂と物質をめぐる議論は、ライプニッツがモナドに付与した「共感」と「反感」という二方向の力という考えを継承して次代の科学へと引き継がれた。この二方向の力は、ブリュッケの生理学においては引力と斥力となり、マイネルトにおいては「反発 Repulsion」と「攻撃 Aggression」の二種類に分類された。[109] そしてフロイトは、皮質において行われる「機能」を「興奮量の増減」として捉えるジャクソンや、その増減の度合いを手がかりとして刺激に対する反応の異なる段階を区分けしたバスティアンに依拠しつつ、独自の失語理論を展開していったのである。ジョーンズは、フロイトが己れの理論の基礎とした原則を学んだのは、シャルコーからでもブロイアーからでもなくブリュッケからだったとする。このようなブリュッケの影響からフロイトが解放されたのは、「その原則を棄てることにあったのではなく、解剖学的な基礎を欠いていてもその原則を経験的に精神上の現象に応用できるようになることにあった」[Jones: 65/ 50]。その解放は、『失語論』よりさらにのちのこととなる。

第一項　「魂を吹き込まれた物質」

『人間認識起源論』（一七四六年）が最初に論じていたのは、「魂と身体の区別、および感覚について」である。コンディヤックは、魂が、身体の中に存在するという考えを批判する。物体が単一不可分の実体であるはずはなく、それは多くの微細な実体の集合・集積である。しかしまた集合とか集積とは、各々が互いにばらばらであるような存在のあり方以外のものを意味しない。それゆえ、物体が集合・集積である限り、それは思考の主体たりえないこととなる。

物体[110]を構成している個々の実体へと思考というものを分割して振当てることができるだろうか。［……］いまA、B、Cという三つの実体が、ある複合された物体の中にあるとして、そのそれぞれが三つの異なった知覚に対応しているとしてみよう。私は尋ねるが、その場合この三つの知覚は一体どこで比較されるのであろうか。Aにおいてではない。なぜなら、自分が持っている知覚を、持っていない知覚と比べることはAにはできないからである。同じ理由で、BにおいてでもCにおいてでもないであろう。だとすれば、これらが統一される一つの点があるということを認めなければなるまい。つまり、同時にこの三つの知覚の単純で不可分の主体であるような一つの実体［une substance qui soit en même temps un sujet simple et indivisible de ces trois perceptions］の存在を認めねばならないのである。それは、物体とは区別された実体であり、一言でいえば魂である。［Condillac: 108f./（上）29］

「たとえ我々が天国に昇ろうとも地獄に堕ちようとも、我々は自分自身の外に決して出ることがない」［Condillac: 107/（上）25］。その我々が自分の外部について知ることができるのは、知覚によってである。すべての認識は、知覚に起源を持つ。身体は、我々に知覚を可能にし、それによって認識を可能とする。身体は、魂が自分自身の外について知るために、知覚が展開する舞台なのである。しかしそれはあくまでもきっかけとしてそうであるにすぎない。身体は我々にとって、「機会原因 cause occasionnelle」［Condillac: 109/（上）31］なのである。身体は各部分の集合であり、それぞれの部分において行われる知覚は、その感覚器官に応じて多様である。そうした知覚を、互いにどうやって比較するのか。どこでそれらを統合するのか。ロックは、一次的な単純な知覚と、それらを複合させた観念という二段階を想定したが、それだけではまだ「認識」へと至ることはできない。観念を結合させる能力があってこそ、想像や観想や記憶といった働きが生み出されるのだが[三]、その結合する能力には個人差がある。それは生物学的なものである場合もあれば訓練によるものである場合もある。この能力の程度に応じて人は、それが極端に欠落した場合には白痴にもなり、逆に極端に過剰な場合には狂人になりもするのである［Condillac: 127/（上）76］。

　感覚主義といわれたコンディヤックにおいても、魂が物体とは厳密に区別されるものであり、身体が部分の集合であるのに対して、魂は不可分のものとして捉えられているという点は、ライプニッツと変わらない。ライプニッツは「知覚」を明瞭なものと不明瞭なものとに分けて、それぞれの印象があまりにも多様であり、且つそれぞれの強度が同様であった場合という想定から説明したが、コンディヤックがライプニッツと違うのは、コンディヤックは意識される知覚を、想い出すことのできる知覚と、すぐさま忘れてしまう知覚との二種類に分けた点である。こうした分け方に対して想定される反論として、コンディヤックは、「我々の感官に働きかける対象の運動が脳にまで伝えられない限り魂はなにも知覚しない」とする主張を紹介している。そうした主張に対してコンディヤックは、「ある対象に我々の注意が向かうとき、脳の全神経がそれによって等しく興奮し、他の異なる印象を受け取る余地すらなくなってしまうということはありそうにない」と述べて、それを斥けるのである［Condillac: 117/（上）50］。

　ライプニッツが「知覚」の種類を魂の注意力の限界から説明しようとしたのに対し、コンディヤックは、これを脳という器官の機能から、つまり感官から脳への伝達の過程から考察した。しかし、脳の皮質のある部位に、言語の運動面を司る中枢や感覚面を司る中枢が「発見」されて、脳の皮質においては分散処理がなされるという認識がもたらされるまで、コンディヤックの論考より一世紀を待たねばならない。二様の言語中枢が発見されたことによって、さらに言語の「概念中枢」の所在が論議されることになるのだが、コンディヤックは上述の記述の中で脳という言葉を用いるとき、「あるいはそう言いたければ、『共通感覚の器官』*sensorium commune* と呼ばれる脳の部分」とも言い換えている［Condillac: 117/（上）50］。

もちろん、コンディヤックにとっても、「心的なものを直接的に数学化すること eine *unmittelbare* Mathematisierung des Psychischen」［Cassirer: 31/（上）055］が可能ではないことは自明だった。量的概念を適用するためには、対象それ自体が部分から成り立ち構成されうるような場合にのみ、それは可能となるからである。しかし思考的実体は「不可分」であり、その適用を受け入れない。精神と物体とのこの根本的対立、実体的な差異も、分析的認識の純粋な機能にとってはさほど障害とはならない。なぜならばこの機能は、一切の素材上の差異を意に介しないからである。

たとえ心的なものが物体的／身体的なもの［das Körperliche］とは異なって、諸部分に分割することができないにしても、思考においてはそれは構成的な要因や要素へと解体されうる。この目的のためにはただ一つのこと、すなわちこのような心的なものの見かけ上の多様性は、実は「魂そのもの」の原現象という一つの共通な核心と源泉からの不断の発展［die stetige *Entwicklung* aus einem gemeinsamen Kern und Ursprung, aus einem Urphänomen des „Seelischen überhaupt"］であると立証することによって、これの克服に成功することだけが必要である。［Cassirer: 31/（上）055］

心的なものは、それ自体分割されえないものであるにも拘わらず、豊かな多様性を展開する。しかしその多様性は、たった一つの根本現象が、分化し展開してみせる形相にすぎない。こうした考え方の背後に我々はつい、ゲーテの「原植物」や「原動物」の「原型」とその形相（現象形態／パターン）という発想を見ようとし、また、天文学的な観察というよりはむしろ、植物学的な観察というあり方を見るのだが、心的なものについての考察は、不思議に解剖学へと接近してゆく。植物学においても時間的な展開（成長と死）が問題となり、何らかの特性の発現や次世代の産出が問題となるように、解剖学もまた、人体の構造とそれぞれの部位が担う機能及び成長に伴うその変化の解明を問題とする。そしてそのための技術道具の洗練と学問としての成熟に連動しつつ、言語をめぐる言説もまた変遷してゆくのである。

コンディヤックは、物理学の分野において究極的な説明原理とされた万有引力の理論を、その分野とは別の異質な領域においても応用しようとした。モーペルテュイは、その試みを継承しつつ、その応用のために、この理論の対象となる概念自体もまた定義し直さなくてはならないと主張した。つまり、物質という一見普遍的に思われる概念さえもが、より広範な定義を必要とするのだと。そう主張されてから半世紀後、ニュートンによる「万有引力の発見」より数えるならば一世紀余り後の一八〇八年、フランス革命を経た一つの知性が「情念引力 l'attraction passionnée」というものを提唱したのである。

情念引力の諸法則はあらゆる点で、ニュートンとライプニッツによって解明された物質引力の諸法則に合致するのである。そして**物質界と精神界とに通ずる運動体系の統一**というものが存するのだ。［フーリエ（上）：30］

シャルル・フーリエは、「社会的、動物的、有機的、物質的」の四つの運動に分けられる「万有運動」によって統べられる「コスモス（秩序）」を構想するが、その中で万有引力はそれぞれの運動に対応した四つの法則の内の一つにすぎなかった。

もしもわれわれの運命が悲しむべき文明にとどまるのであれば、神はわれわれに、哲学の勧めるような緩慢で鈍感な情念を、つまりわれわれが五千年来ひきずっている悲惨な生活に見合った情念を、与えていたにちがいない。われわれの不平の種である情念活動は未来の幸福の保証である。神はわれわれの魂を、不幸時代の七倍も続く幸福時代にふさわしく作らねばならなかった。［フーリエ（上）：163］

未来の幸福とは、「結合秩序」の世界であり、それは七万年間続くと言う。そこに到るまでの世紀は、「五、六千年しかつづかぬ準備的な苦難時代」［フーリエ（上）：163］であり、この間、人間は「産業の不完全のおかげで」「未開に甘んじざるをえな」い［フーリエ（上）：164］。目指されるのは、「これほど多くの世紀にわたる産業発達の後にしか生じえない未来の社会調和」［フーリエ（上）：164-165］であり、つまり未来とは、産業の完成のために労苦する苦難時代の世代にとっては、決して自分たち自身で参与することができないものである。だからこそ、それを準備する世代が、現在の不完全さに決して満足してしまわないように、情念は充分強いものでなくてはならないのである。

第二項　失語図譜の変遷

『失語論』が孕んだ批判性の一つに、当時誰もがその妥当性を疑っていなかったリヒトハイムの「言語装置の図式」、いわゆるヴェルニケ＝リヒトハイムの失語図式を疑問視した点が挙げられる。そもそも「感覚性中枢の発見」によって、それぞれ原因の性質がさまざまに異なる言語障害が、一括して「失語症」という枠組みで扱われることになった。さらにはその仕組みを、図によって示そうとする傾向が頻繁に現れた。「中枢となる言語装置」をより複雑に呈示することによって、特定の部位にそれぞれ損傷を仮定し、「より多くの言語障害の説明が可能となる展望が開ける」と期待されたのである［*Aphasien* I: 44］。そのために生じた混乱を、ベルクソンは『物質と記憶』（一八九六年）の中で以下のように概括している。

> 何よりも参考になるのは、感覚失語の「図式」の変遷の歴史である。シャルコー、ブロードベント、クスマウル、リヒトハイムの業績によって特徴づけられる初期においては、超皮質経路を通じてさまざまな言語［発話］中枢と結ばれる「概念［観念］中枢」という仮説が実際採用されている。しかしこの概念［観念］中枢は、分析が進められるとたちまち崩壊した。実際、大脳生理学は感覚と運動の局在では次第にますます成功を見た一方で、概念［観念］を局在することはできなかった。感覚失語の多様性ゆえに、臨床家たちは、知性の中枢を解体して、視覚性表象の中枢、触覚性表象の中枢、聴覚性表象の中枢といった具合に、想像上の中枢をますます多様化させて分けることを強いられた。それどころか、時としては、中枢に二対二で連絡し合う道を造って、二重の経路、上行性と下行性[112]という二つの異なった経路に分けることをも余儀なくされた。これが、ヴュースマン、メーリ、フロイトらの後期の図式の特色である。［Bergson: 130f./141］[113]

フロイトの『失語論』が発表当時、ほとんど顧みられることがなかったとはよく言われることであるが、『失語論』の五年後に発表されたベルクソンのこの書は、ごく表面的にフロイトの名を挙げているだけとはいえ、フロイトの『失語論』に対する最も初期の評価の一つと言える。[114]ここでベルクソンが述べる混乱が、言語装置を図示しようとしたことに原因があるのか、或いは、言語中枢を想定すること自体、もしくは言語中枢の想定の仕方そのものにあるのかは、今後、順を追って検証してゆく。同じくヴェルニケ＝リヒトハイムによる失語発症の説明についてダマシオは、一九九二年に執筆した「失語」という項目において、以下のように述べている。

> こうした報告［ヴェルニケやリヒトハイムの中枢理論］のもつ過度に単純化された性質は、手厳しい批判を受けることになった（そのうち、もっとも辛辣な批判は、精神分析以前のフロイトによってもたらされた）。そうして今世紀初期にはその主題も理論も、その影響力を大幅に失った。［Damasio (1992): 532］

「感覚中枢」という概念の導入によって、失語の枠組みは拡大した。運動失語であれば、発話することだけが損なわれているために、器質性の疾患を想定すればよかった。それに比べて「感覚失語」という名に包括される症状の多様性を説明することが困難であるのは、そこに精神疾患が含まれてくるからである。理解力の障害が何によってもたらされるのか、罹患以前の患者の知的能力はどう影響しているのかというように、「感覚失語」において、問題は格段に複雑化する。そして図式による説明は、この症状の複雑さに対応するために、「中枢」の数を増やし、「中枢」同士を結ぶ連絡路を増やし、それぞれの「中枢」の破壊の場合、それぞれの連絡路の遮断の場合というふうに、幾

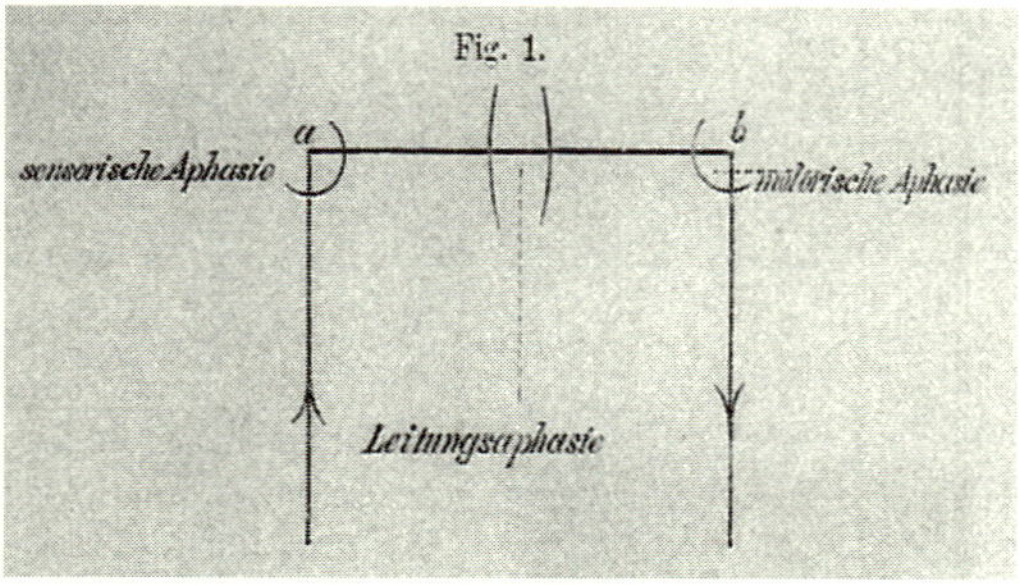

図 1　Wernicke (1874)

とおりものパターンを設定してゆくことになる。

ヴェルニケが当初分類した失語は、中枢が破壊されたことによって発症する中枢失語と、中枢同士、もしくは末端と中枢との間の伝導が遮断されたことによって発症する伝導失語の二種類である。その上で、一、感覚中枢が破壊された場合、二、運動中枢が破壊された場合、三、感覚中枢と運動中枢との伝導が遮断された場合の三とおりが導かれた。それに対して、リヒトハイムはさらに「概念中枢」を想定することによって、中枢失語と伝導失語の型を増やしたのである。

一、皮質運動失語　運動中枢Mの破壊によって生ずる（Mは運動性 monorisch の意）。
二、皮質感覚失語　感覚中枢Aの破壊によって生ずる（Aは感覚性／聴覚性 akustisch の意）。
三、ヴェルニケ伝導失語　感覚中枢と運動中枢との間の伝導の遮断によって生ずる。
四、超皮質性運動失語　概念中枢Bから運動中枢への伝導の遮断によって生ずる（Bは概念 Begriff の意）。
五、皮質下性運動失語　運動中枢から皮質下への伝導mの遮断によって生ずる。
六、超皮質性感覚失語　感覚中枢から概念中枢への伝導の遮断によって生ずる。
七、皮質下性感覚失語　感覚器官から感覚中枢への伝導aの遮断によって生ずる。

そもそも「概念中枢」はリヒトハイムが考え出したものではない。クスマウルの図には既に「概念中枢」が示されており、クスマウル自身は、こうした図示の試みの先行者として、バギンスキー（一八七一年）、ヴェルニケ（一八七四年）、シュパーマー（一八七五年）を挙げている［Kussmaul: 182］。シュパーマーの図には、「概念」と記された項目があり、興奮が概念と結びつくという表現はされているが、「概念中枢」という言葉自体はない。一八七四年の段階で「概念中枢」の局在を拒否していたヴェルニケは、その際に「概念中枢」、もしくは「統制中枢」と表現していた（本書一二七頁）。その「統制中枢」を最初に提示したのはバギンスキーである。つまり、図に最初に「概念中枢」を書き入れたのはクスマウルであることになるが、クスマウルは、概念中枢を局在することはなく、ただ概念中枢と感覚中枢との間にのみ、双方向の連絡を想定した。それに対してリヒトハイムは、概念中枢と運動中枢との間に直接の伝導路を仮定したのである。それによって臨床的には確認されていない新たな失語の型、すなわち「超皮質性運動失語」という型をこの図式から導き出すこととなった。シュパーマーは、失語症が発現する仕組みを表すためには言葉よりも図の方が効果的であり、図だけで事足りるとしたが、そのシュパーマーの図をグリンバーグはまるで「植物のよう」と評している。

このように、中枢を想定し、中枢同士や中枢と末端とを結ぶ伝導を設定し、中枢の破壊や伝導路の遮断を幾とおりも想定することによって導かれるリヒトハイムの失語図が、失語の発症の仕組みを説明するための単なるイメージ図であるならば、「教材としての価値」[115]は十分にあるだろう。しかしそれが、単なるイメージ図を越えて、概念中枢の局在を固定するものであるならば、フロイトにとっては看過しがたいものとなる。リヒトハイムは図2を説明する際に、中枢A（「感覚中枢」）、B（「概念中枢」）、M（「運動中枢」）の関係を示す矢印を「求心性 afferent, centripetal」—「遠心性 efferent, centrifugal」と呼んでいる。これらの用語は本来、中枢と末梢との関係において使われるものであるが、運動中枢Mと感覚中枢Aは同じく皮質内にあり、また、フロイトが指摘するとおり、概念中枢Bは皮質のどこか一点に特定されるものではないことは、リヒトハイム自身が明らかにしている。にもかかわらずリヒトハイムは、図2において、運動中枢Mから感覚中枢Aへ向かう矢印や感覚中枢Aから概念中枢Bに向かう矢印を「求心性」、概念中枢Bから運動中枢M

Fig. 3.

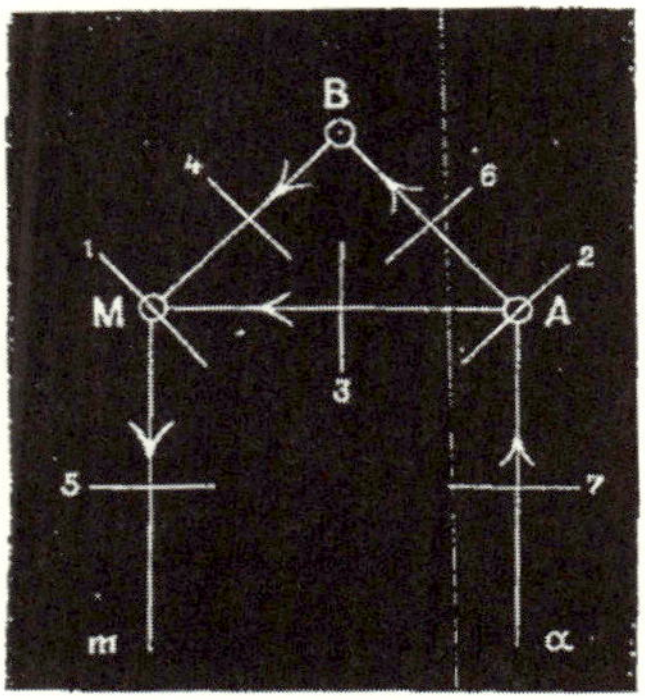

図 2　Lichtheim(1885)
（図中の数字は失語の型の番号に対応している）

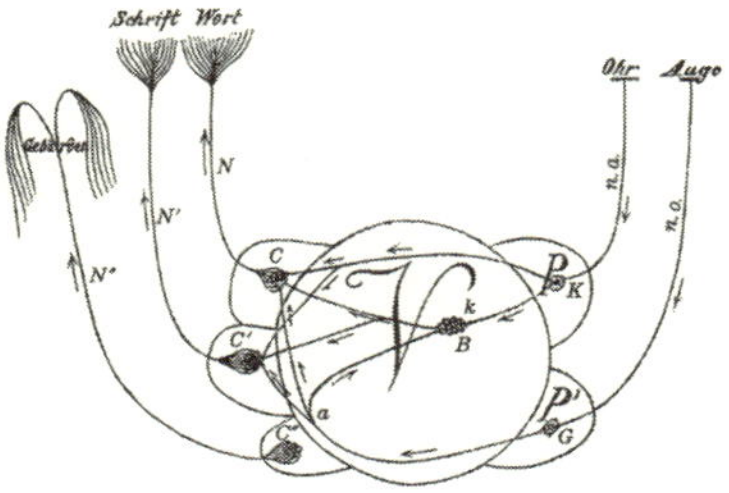

図 3　Spamer (1875)

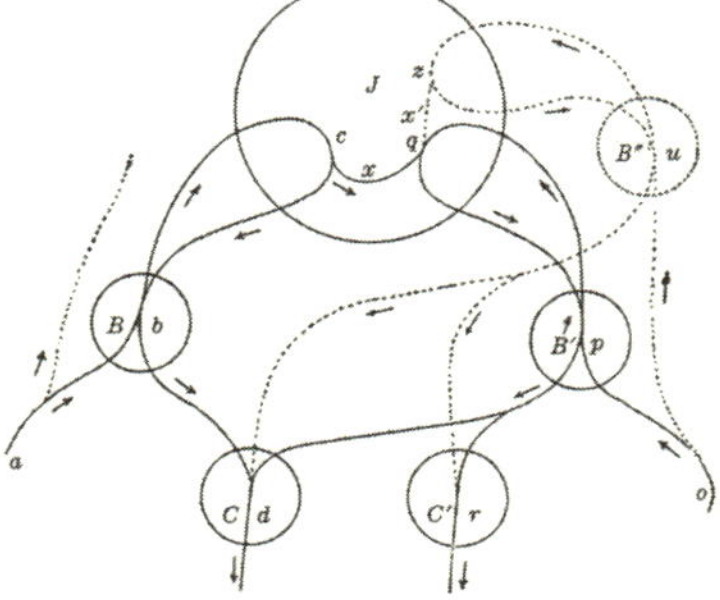

図 4　Kussmaul(1877)

へ向かう矢印を「遠心性」と呼ぶ。つまり、リヒトハイムは、概念中枢Bを、中枢に対してさらに上位の「中枢」として、皮質よりさらなる「上位の層」として想定していたことになる。しかし、「原始脳回」という原理にも示されるように、脳の一番外側にあって「新しい脳」とも呼ばれる皮質は哺乳類にのみあり、しかもヒトと動物との間ではその発達形態が大きく異なるほどに、脳の発達の最終段階を表している。したがってここで皮質からさらに「内へ」とは言っても、それはただ象徴的な意味での「内」を示すにすぎず、より高次の、という意味であれば、皮質のさらに外側を想定せざるをえなくなる。そのような概念中枢をリヒトハイムは「皮質のどの一点にも特定されない」と認めるのだが、その結果リヒトハイムは、同論文の終盤に到って己れの失語の図に、無数の点B¹、B²、B³……を書き込まざるをえなくなったのである（図5）［Lichtheim (Englisch): 478］。

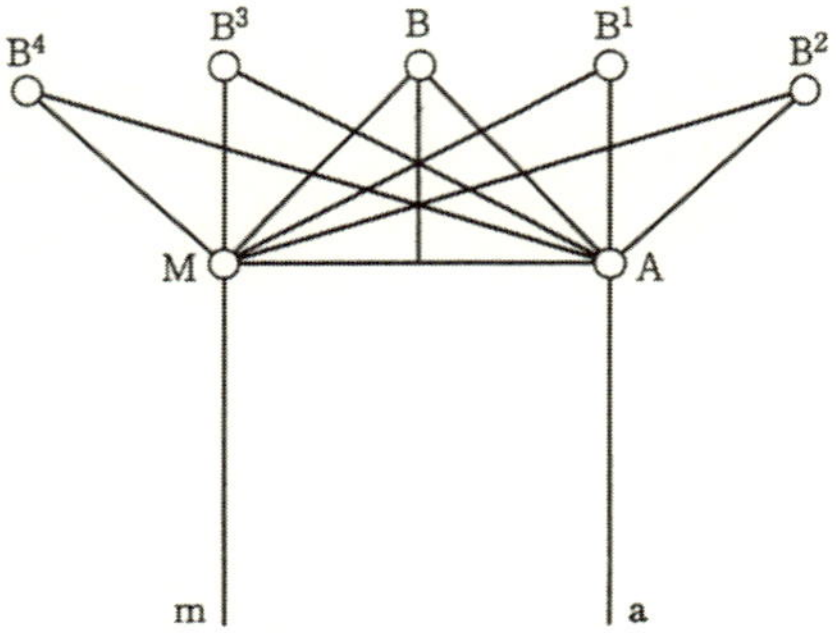

図5　Lichtheim (1885)

それに対して、同論文中リヒトハイムが頻繁に参照するクスマウルは、当初より、伝導路が求心性であるか遠心性であるかという区別は皮質においては維持できないという見解を表明している。「神経系の最高位の終結点であり収斂する点である皮質においては、神経細胞から成る無数の網が無限に絡み合った織物の中で、あらゆる伝導路が出会う。その中で個々の伝導路の方向を特定することは、おそらくは不可能事であろう」［Kussmaul: 118］。同様に、ヘンレは、「神経の生理学的性格に応じて、中枢器官に源をもつものは遠心的に伝導し、末梢に源をもつものは求心的に伝導するとされるが、解剖学の用語はこうした区別に注意を払わない。解剖学用語においては神経はすべて中枢器官に根ざしているのであって、それがどの方向に向けて伝導するかは顧慮されない」としている［Henle: 34］。

皮質のどこにも特定されない概念中枢Bと、皮質にあると解剖学的に確証された運動中枢との直接の連絡を想定するか、もしくは、概念中枢はただ感覚中枢Aを介してのみ起動すると想定するかの違いは、とりもなおさず概念中枢の局在の妥当性を認めるか否かの問題にほかならない。局在を否定した上で概念中枢と感覚中枢とのあいだにのみ、直接的な経路を想定しうるのは、感覚が、物体としての身体とその身体において遂行される精神機能との繋ぎ目となるからである。そしてフロイト自身は、失語の型を皮質下性、皮質性、超皮質性と分けること自体の妥当性を批判的に検証しつつ、第二章においてはまず、ヴェルニケやリヒトハイムの失語の捉え方の基本となる「中枢失語」と「伝導失語」との区別の有効性を否定する。

> つまり、いわゆる中枢の破壊は単純に、複数の経路の同時的な遮断であると表現しうるのであって、中枢の破壊という仮定はいずれも、複数の伝導路が損傷を被るという仮定に置き換えることができるのであり、心的な諸機能を中枢の内にそれぞれ特異に局在化させるという考えを斟酌する必要などまったくない。［*Aphasien* II: 56］［強調はフロイト］

これが、『失語論』の冒頭でなされた問題提起に対する答えである。すなわち、「失語についての学説［……］には二つの仮定が含まれている。しかしこれらの仮定は別の仮定と取り換えた方がよさそうであるということ、少なくとも、私の言う別の仮定にまさる決定的な要素を何も持ってはいないということを、私はここで論証しようと思う」［*Aphasien* I: 39］と述べられた際の、「別の仮定」である。「中枢」と「連絡路」とは、それぞれが損傷を被った場合に引き起こされる症状という観点からすれば、区別する必要はないのであり、とどのつまり我々は、皮質の各部位が担う機能について、それが損傷を被った場合に引き起こされる症状によって以外知ることはできないのである。

リヒトハイムが、自分の図式から導き出されうる言語能力の解離[116]のすべての型を、たとえわずかな数ではあっても実際に観察された症例によって〔事後的にではあったが〕証明したのだと聞かされているからには、我々は、リヒトハイムの失語の捉え方に寄せられた大いなる賛同を不当であると断ずることはするまい。しかしリヒトハイムの図式は演繹的に作成されたものだった。そしてこの図式からは、それまで観察されたことのなかった驚くべき言語解離の型が導き出された。〔*Aphasien* I: 46f.〕

ここでフロイトの言う「驚くべき言語解離の型」とは、「概念中枢」と運動中枢を連絡する経路が遮断された場合に生ずる「超皮質性運動失語」のことである。この型が実際に発症しうるかどうかは、すなわち、「概念中枢」の局在が是認しうるかどうかに関わる問題となる。したがってこの型の検証は、ヴェルニケ＝リヒトハイムの図式そのものを検証することになる。そのためにフロイトはホイプナーの症例をもとに、「超皮質 trans-kortikal」という語の定義を修正する。

この症例から見て取ることができるのは、感覚中枢が他の皮質との連絡から切り離されたとき、つまり、感覚野に超-皮質性の〔感覚野と他の皮質領域にまたがった〕〔*trans-kortikal*〕損傷が生じたとき、それが原因となって自発話も廃絶するということである。要するに、経路ＢＭは経路ＢＡと一致するということ、もしくは、

音心像を経由して初めて発話はなされるということが見て取れるのである。［*Aphasien* III: 64］

中枢は他の中枢と連絡し合って機能するということ、連絡路は、互いに離れている中枢を「領域横断的に」連絡するということ、そしてその連絡が遮断された場合に機能不全に陥るということ、さらには、概念中枢Bはただ聴覚中枢Aとのみ双方向の連絡を持つこと、つまり、音心像を経由して初めて発話はなされるということ、これらはみな既にクスマウルによって示されていた事柄である。フロイトは、クスマウルから直接引用することはしないが、上記の個所は、「概念中枢」との連絡を聴覚中枢との間にのみ限定することによって、「概念中枢」の局在を否定した。それと共にフロイトは、「超皮質」という言葉の意味を、リヒトハイムの考えたような「中枢に対するさらに上位の中枢」というものから、「皮質の複数の部位／領域にまたがった」という意味へと置き換えたのである。「概念中枢」が聴覚中枢とのみ連絡しうるということは、改めて、「失象徴」の問題として展開する（本書二四八頁以下）。そして、それにしても何故「概念中枢」は運動中枢と連絡を持つのであってはならないかという問題は、ヒステリー症状のメカニズムというまったく別の形で、つまり何故表象による情動興奮が身体へと転換されうるのかという問題として提起し直されたと言えるのではなかったろうか。

第三項　意識の閾下という発想

a．神経支配感覚

人間の脳の皮質細胞は「最高度に発達した形態」である。そして皮質より下位の部位においてはまだ動物的な運動が遂行されている。皮質があって初めてこうした運動は制御されるのであり、だからこそ皮質は

「意識の座」と捉えられうるのだが、これをもってマイネルトは皮質の機能を「礼節」であり、「善きもの」とした。それに対して皮質より下位の部位において営まれる活動は、その対立項として、「悪しきもの」として捉えられたのである。曰く、「豊かな連合と非常に多くの興奮内容を備えた皮質は、皮質下の精神生活を抑制する」［Meynert (*Gehirn u.*, 1888): 177］と。

こうした運動行為と意識との関係を洞察するには、脳のメカニズムについてさらなるデータを引き合いに出すのがよかろう。皮質の空洞の球体は、（これらの球体から感覚と運動を伝導する線維として放出されている白質の下部［皮質下］では）さらに神経細胞の灰色の神経核を取り囲んでいる。人間においてはこの神経細胞の興奮は恐らくは意識を伴わないだろう。（しかし、場合によってはどんな神経細胞も意識へと格上げされることがありうるのかもしれない、何となればナメクジウオには脳もなく、無脊椎動物には脊髄もないからである。）［Meynert (*Zur Mechanik des Gehirnbaues*): 25f.］

人間の脳においてのみ、神経細胞は、皮質という発達形態を実現した。しかしその人間においても、皮質より下位の部位については、マイネルトにとって、皮質を持たない他の動物との類推によって語られうるものである。それに対してフロイトは人間の表象生活における皮質と皮質下に割り当てられていた役割の見直しの必要性を示唆するのだが、グリンバーグの言葉を借りるならば、大脳皮質の絶対的優位の否定は「理性の力 the faculties of reason と情動的な力 the emotional faculties との間には明確な境界線のようなものはないことを意味する」［Greenberg: 119/174］。

皮質に絶対的優位を与えていたゆえにこそ、マイネルトにとって、人間の意思行為もまた皮質細胞の能力に帰されることになる。

両側半球から発せられる神経支配／神経興奮伝導のプロセスは、意思行為と呼ばれているが、それは神経支配感の知覚心像であり記憶心像である以上の何ものでもないと表明したのは、おそらく私が最初だった（「脳における脊髄の二通りの起源について」（一八六九年）と思う。[117]神経支配感は、あらゆる形式の反射運動に随伴しつつ、大脳皮質へと伝達される。それは一次的なものとして伝導され、それを一次的な基盤として、類似の運動が前脳から二次的に作動する。これらの記憶心像はそこで、連合プロセスによって力を補強される。この力によって記憶心像は、遠心性の経路にそって、前脳から発する二次的な運動を推進する一押しとなる。

[Meynert (*Psychiatrie*): 132]

マイネルトは、神経支配感覚こそが「意思」であると最初に表明したのは一八六九年の自分の論文だったとしているが、人間の精神的営みを生理的反応に還元するこのような考えをマイネルトは一貫して保持しており、一八八〇年に行った講演においても例を用いて「神経支配感覚」を説明している。ある子供が結膜に針を刺されたとき、瞼を閉じる。その際、脳の皮質に「記憶心像」として伝えられるのは、針の像と結膜に受けた痛さの刺激と、瞼を閉じるという動きの神経支配感覚である。この経験以後、この子供は、自分に針が近づけられるのを見れば、意識的に瞼を閉じることによって自分の目を守るだろう。そうするにあたっては、実際に再び針を刺されて痛みの感覚を呼び起こすまでもない。このとき、最初に無意識的に目を閉じたのは皮質下の中枢の動きによるものであり、それは「一次的な」動きの形態である。それに対してこの経験以降に神経支配感覚の記憶心像によって呼び起こされる動きは「二次的な」動きの形態である。筋肉組織を動かす刺激の一次的な形態は運動メカニズム全体に関わるものであり、感覚器官における受容である。それに対して、こうした感覚器官における知覚の内容 Inhalte der Sinneswahrnehmung から生じた二次的なものは、意識において、「神経支配感覚の記憶心像」という形態となる。

既に述べたように、記憶心像はそれが由来する知覚内容に応じて分けられていることから、意識から運動に伝えられるインパルスは、神経支配感覚 Innervationsgefühl にではなく、規定しがたいある力に関係づけられるのであって、その力を我々は意思と名づけるのである。［Meynert (*Ueber die Gefühle*, 1880): 47f.］

こうした「一次的な」刺激と「二次的な」刺激という区分は、少なくともロック以来馴染みのものである。一方は、感覚器官で受けとる直接的な刺激であり、末端から脳へと求心的に伝導される刺激である。単純で、運動性の刺激であり、反射的に、無意識的に遂行されるこれらの動きは、生物として与えられている一次的な機能であり、反復によって習熟し自動化されてゆくものである。それに対して二次的な刺激は、知覚の内容に関わるものであり、直接的な感覚刺激が無くとも、記憶心像を元に、脳から末端へと遠心的に伝えられる指令である。そこでは意識が介在することによって、「規定しがたいある力」が働いている。この不明瞭な力を、マイネルトは「意思」と呼ぶのだが、それは正確に言えば、神経支配感覚そのものではない。マイネルトは、この神経支配感覚とは、感覚／感情 Gefühle とはいいながら、あくまでも「脳の一状態」を示すものであり、筋肉の圧迫によって神経に伝えられる動きなどに随伴する明示的な、つまり意識されうる「感覚」ではないと断っている。さらにはまた、一次的な反射運動は感覚に関するものであるのに対して、意思のインパルスは皮質より発するものであり、「精神的な geistig」インパルスと名づけられうるとも述べている［Meynert (*Ueber die Gefühle*, 1880): 48］。

「神経支配感覚」に関する理論は、一つの流れを作った。「神経支配感」については、ヴィゴツキー[118]が『情動に関する理論』において「ヴントと彼の有名な神経支配感覚（innervational sensations）の理論」[119]について言及している。その中でヴィゴツキーは、神経支配感覚の理論は意思の行程を、「運動的行為の中枢神経的モメントと末梢神経的モメントの循環のうえに打ち建てられた習慣の単純なメカニズムに還元」するものであると述べている。[120]つまり複雑な意思の行程はこの理論によって、「自然的・因果的・心理生理学的に説明」されうるものとなったのである。

しかしまた、この同じ神経支配感覚の理論は、別の可能性を示すものでもある。神経支配感覚の理論によれば、末梢から伝達される刺激による以外にも、意識は、運動的衝動が発生する際、その萌芽の段階で、それを直接的に感覚することが可能となる。その「直接的知識」が神経支配感覚である。皮質（中枢）に起源を持つ刺激が「直接」的であるとは、これが一次的な刺激に相当する、ということである。ヴィゴツキーはこれを説明する際に半身不随の人が「運動的幻覚」を持つ場合があることを例に挙げている。つまり、筋組織の感覚神経があらゆる興奮を失っており、したがって、あらゆる身体運動の可能性さえ失われた場合においても、その運動的衝動や運動的企図の感覚を保持することができるのは、感覚器官における刺激の受容がなくても、末梢から興奮が伝達されなくても、意識を発生源とした運動感覚があるためなのである［ヴィゴツキー：256-257］。

このような神経支配感覚という遠心性感覚の想定は、突き詰めてゆくならば、「神経変化が完全に欠如した場合でも情動は可能である」という考え方にまで展開する。つまり神経支配感覚の理論を推し進めてゆくならば、「身体に依存しない情動」[121]の可能性の問題に結びつくのであり、この理論は「新しい地平を切り拓いた」のである［ヴィゴツキー：257］。

b.「脊髄魂」の存在証明

十九世紀半ば、「脳神話学」とは別に、ある意味「脳神話学」とは対立的な考えとして、「脊髄反射の発見」と共に、「切り離された脊髄においても脊髄反射が遂行されるのであれば、そこには知覚や意識が伴うのではないか」という問題が提起された。頭部切断された蛙がなお脊髄反射を示したという実験結果を以て「脊髄魂」の存在証明（Pflüger: 1856）とする論が提出されたのである。

> 脊髄の反射メカニズムの発見と共に、これまで魂の自由な行為とみなされてきたもののうち、［すべてといわずとも］少なくとも大半が、神経細胞自体の機械的な原理によって司られていると認識されるようになった。［魂と違って］脊髄はまだ、以前そう思われていたように、大脳とは分離しても多くの秩序だった運動を行うことができるとみなされ続けている。しかしこれらの秩序だった運動は、以前は、まるで感受する自我から直接発したかのように、大脳において意識され知覚されていたのだが、今ではこの自我は、これらの運動について何も直接知ることはない。このように、脊髄反射はもはや魂の諸力の外化／表現とみなされることはなく、「興奮運動の」メカニズムに帰されてしまった。そうなると、魂は脊髄より上の、脳のどこかに宿っていることとなってしまう。［Kussmaul: 103f.］

しかし、そもそも我々は己れの身体内部で起こる事象すべてについて、知りうるものであろうか。身体内部では、いたるところで外界からのさまざまな諸力の作用が「刺激」として感受されている。刺激の強度の程度によって、その感受の自覚にもさまざまな度合いが生じる。ならば、そのように自覚する主体を、「魂」そのものと区別することは可能だろうか。

> 通常、意識として理解されるものは、意識性が明るみに出る際にまとう特定の形式にすぎない。〔……〕一つの感覚、一つの判断は我々にとって、それがこの自我意識の閾値を踏み越えたときにのみ、意識されたとみなされるのである。しかし日々の経験が我々に教えるところによれば、こうした閾下においても、絶え間なく感覚や判断が遂行されていることは充分に分かる。〔……〕かくなる理由で、そしてまた感覚と判断とを、意識されない出来事として考えることはできないという理由で、我々は、自我の射程内に入ったときに初めて明らかな現象となる潜在的な意識というものを仮定せざるをえないのである。したがって、我々が意識されない感覚や判断と呼ぶものは、比較的意識されないというだけで魂の出来事であり、自我には気づかれないままに遂行されるという点において、意識されたものと区別されるのである。〔Kussmaul: 104f.〕

自我によっては意識されない、意識されえない事象が、他ならぬ身体内部で起こっている。それはただ、神経興奮の増減によってのみ示されるものであるが、その事象について、自我は知る術をもたない。その事象について自我が知らない理由が、「自我がそれらに注意を向けないからであろうと、それらがそもそも自我の管轄からは逃れ続けるものであるからであろうと、それは問題とならない」。しかしまた、意識されてはいないさまざまな度合いの意識性を想定し、その上で、「人間にのみふさわしい、意識性の潜在力が最高度に高められたもの」として、「自己意識 *Selbstbewusstsein*」を認めなくてはならないだろう。「我々は己れの意識性を意識して、この意識を概念的な抽象物へと高める。このような理性的な抽象化が行われるのは、思考において抜きん出ている人間の大脳皮質においてのみなのである」〔Kussmaul: 105〕。

このように、事象を力の増減の変化として捉え、また力を「原動力と潜在力」として捉える発想は、既にブリュッケの生物物理学において示されていた。クスマウルにとって、「機械的な諸力の外化／表現も心の諸力の外化／表現も共に、興奮させられた神経物質から生じる」現象の二つの側面にすぎない〔Kussmaul: 103〕。そして感覚は、度合いの差はあれ、必ず意識性と分かちがたく結びついている——この点については、『失語論』においてフロイトが、連合から切り離された感覚はありえないと言っていることが参照される——。だからこそ、脊髄において感覚が起こっている以上、必ずや意識性が問題となる。興奮がある閾値に達したとき、自我はそれを意識するにすぎない。皮質は抽象を行うことができる最高度の器官であるが、その皮質を含めた神経系全体が「機械的な装置であると同時に魂の器官なのである」〔Kussmaul: 108〕。

ここでクスマウルが引き合いに出すプフリューガーの「脊髄魂の存在証明 die Existenz einer *Rückenmarksseele*」〔Kussmaul: 105〕は、先のマイネルトの、「どんな神経細胞でも意識へと格上げされることになりかねない」という記述に対する婉曲的な応酬になっている。自我には気づかれないままに遂行される脊髄の反射から「潜在的な意識」を導き出したクスマウルは、「魂は、とどのつまり己れ自身を、一つの統一性をもった自己意識を持ったものとして感じ捉えているが、しかし実際には合成された存在 ein zusammengesetztes Wesen なのである」〔Kussmaul: 108〕という考えに辿り着く。つまり、クスマウルにおいては、自我によって意識された部分と意識されない潜在的な部分（脊髄反射に始まって皮質下で起こることまで、つまり興奮が閾値を超えて意識されるまでを含む）とが「合成された」ものとして、魂が捉えられることになる。

但し、クスマウルにおいてこうした意識されない運動とは、あくまでも脊髄の反射メカニズムのように、機械的なものである。クスマウルにとって、「感情」とか「表象」といったものは、「神経系の組織的な基盤において生ずる物質的な事象の、精神的な表現にすぎない」。だからこそクスマウルは、神経物質が「どこでどうやって発話を生み出すことができるのか」という問いを立てた。このように、発話の仕組みを生理学的に解明しうるという立場から、そのための試みがなされる中で「言語装置」という発想のモデルが生まれたのだが[122]、まさにこの問いの立て方に、グリンバーグはクスマウルとフロイトとの分岐点を見た。そしてまたこの点において、バスティアンもまたクスマウルと同様、神経学の側に立つ[123]。

一つの感覚ないしは何らかの意味内容が「閾値を踏みこえたときにのみ、意識される」という捉え方は、『ヒステリー研究』中のブロイアーが執筆した第三章「理論的考察」にある「意識に参入できない bewußtseinsunfähig」という用語に、その後継を見ることができる。この表現をフロイトはブロイアーから借用して、「ヒステリーの病因論について」〔一八九六年〕や「無意識」〔一九一五年〕において使用している。ブロイアー自身は、この用語には不満が残るが、「宮中に参内資格のある hoffähig」という語との類似性を考慮した造語であると説明している。また、「意識とは、意識性が明るみに出る際にまとう形式である」という考えに似たものとして、一九七〇年代後半から提唱された「サーチライト仮説」(Treisman, Crick)がある。これは暗闇でサーチライトを動かすように、視覚対象への注意が逐次的にシフトするという仮説である。フロイト自身は『失語論』において「脊髄魂」について言及することはない。しかし第五章でフロイトがマイネルトにおける脳と身体との関係、脳における身体像の形成のされ方を批判する際、フロイトは、「私はこの際、ヘンレ〔一八七一年〕がこの問題を考察する中で重視したある一つの観点から出発しようと思う」〔*Aphasien* V: 92〕と述べてヘンレを参照させている。その際フロイト自身はヘンレから直接引用することはないが、その「ある一つの観点」とは、シュティリングによる神経線維の数の比較というデータである。ヘンレは、そのデータを参照する直前に、「脊髄魂」に関する論議について言及しているのである。

私はここでは、脊髄の心的機能に関する議論には立ち入らない。頭部切断のあとにも皮膚刺激は反応を引き起こし、その反応が、手段の選択が為されていること、つまり朧気ではあるにしても意識の存在を証明するものであるとはいっても、こうしたことは変温性の脊椎動物を対象としてしか問題とならない。無頭の状態で長く生存し続けることからして既に、これら変温性の脊椎動物にあっては、脊髄と大脳の関係は、より高等の脊椎動物や人間におけるのとは違うことが示されている。［Henle: 81］

変温性動物であれば、脳を切除されてもなおしばらく生きていることができるが、高等動物においては脳の切除は、そのまま死を意味する。このようにヘンレは、蛙が頭部を切断された状態でなお生きていたこと自体が、これらの下等動物における脊髄と脳との関係は、人間における脊髄と脳との関係とは違うことを示しているのだと指摘した。そもそも変温性動物には皮質がない。したがって、これら下等動物からは類推できないような、末梢と皮質との関係が考察されなくてはならないのである。

c．ジャクソンの階層構造

フロイトは『失語論』の中で、ヴェルニケやマイネルトの論に対する批判をひとしきり展開した後、いよいよ自説を開陳する段になって、「私がこれまでに述べた注釈のほとんどすべては、この研究者［ジャクソン］の見解に依拠する」［*Aphasien* V: 105］と述べている。それを証するかのように、『失語論』の本論は、ジャクソンの言葉をそのまま、とはつまり英語のまま引用して締め括られている。

「神経配列が破壊されるとき、それは、人が異なれば、異なった部位が異なった規模で破壊されるのであり、破壊が生ずる速度もまた異なっている」。[*Aphasien* VI: 145]

この言葉は、『ブレイン』に最初に掲載された論文にある。その見解の根幹を成すのは「解体 Dissolution」説である。ここでは、フロイトの『失語論』の論理的支柱となったジャクソンの解体説、バスティアンの機能修正説、そしてクスマウルらに先取りされた「皮質の機能上のネットワーク」という発想を順次追ってゆく。

シュテンゲルは、『失語論』英訳の前書きやその論文において、ジャクソンがフロイトに与えた影響を指摘した。さらに別の論考「精神医学におけるヒューリングス・ジャクソンの影響」（一九六三年）では、一九一七年の段階でほとんど知られていなかったジャクソンが、にもかかわらず精神医学に寄与しえたのは、フロイトのおかげだと説明している。ジャクソンに対するこのような評価は、それ以降現在に至るまで、また日本においても、影響を及ぼし続けている。グリンバーグは、シュテンゲルのこの論を「先駆的」と評価しながらも、シュテンゲルが当時のジャクソンの知名度やその研究の影響をこのように低く見積もったことに対して、「歴史的な誤りをおかした」と断じている [Greenberg: 135, Anm. 24/315]。[124]

実際シュテンゲルは一九一七年の段階ではほとんど知られていなかったと述べているが、ジャクソンの一連の著作は一九一五年に一括して雑誌『ブレイン』に再録されている。フロイトが『失語論』において引用するのはもっぱらこれらの論文のオリジナルからであるが、同じくジャクソンの『神経系の進化と解体に関する講義』（いわゆる『クローニアン講義』（一八八四年））は、これらの論文を簡潔にまとめたものであり、ここでは「解体」の定義もより明確に、簡潔になされている。

『講義』における定義によれば「解体」とは、「進化の過程の逆行 the reverse of the process of Evolution」である［Jackson (1884): 45］。その際、何よりも重要なのはジャクソンが、「解体」という現象を、段階的、局所的なものとして捉えたことである。「もしも解体が全面的なものであれば、その結果は死である。私はこの講義で全面的な解体について言うべきことは何もない」［Jackson (1884): 46］。「解体」とは、「組織化の度合いが最小限である状態、最も複雑で『最も随意的 most voluntary』なものから、最大限組織化された状態へ、最も単純で、最も自動的なものへ」の移行である。基本的な運動ほど自動的に遂行されるよう組織化されている。それに対して運動が複雑になるほど、多くの判断を必要とするために、組織化の度合いは低く、「随意性」の余地が大きくなる。その場合にも、「神経系全体が比較的均等に逆行する」「均一的な解体 Uniform dissolution」と「局所的な解体 Local dissolution」との二通りを想定することができる。後者において、「神経系の一部分の疾患が、進化全体の逆行であることはありえない」［Jackson (1884): 47］。

こうした段階的、局所的な解体という考えは、神経系を階層構造として捉えることと不可分の関係にある。「進化は完全に逆行されるのではなく、進化した層のうち残る層もある」［Jackson (1884): 46］。つまり最も高次の層が破壊されるということは、第二の層が顕在化することを意味する。それをジャクソンは、ポジティブ・コンディション（陽性症状／陽性条件）とネガティブ・コンディション（陰性症状／陰性条件）という言葉で説明する。最も複雑で、最小限しか組織化されておらず、したがって最も随意的な層、つまり健常であれば最も高次と言われる層が、神経配列が均等に解体することによって破壊されたとき（ネガティブ・コンディション）、「解体の原理」によって、とはつまり、「最適な状態の生き残り survivals of the fittest states」という原理（この場合、最適であることは最善であることを意味しないとジャクソンは注記している）によって、それまで低次のものであった層が前面に出る（ポジティブ・コンディション）。つまり疾患は、よく言われるように、精神異常の症状を引き起こす原因なのではなく、このような解体に対応して、ネガティブな心的症状を生み出すにすぎない［Jackson (1884): 46］のである。

最低次の中枢は最も単純で、最も組織化された中枢です。各中枢は身体の限られた部位を間接的に代表しますが、しかし、最低次の運動中枢は概ね直接的です。ですから、最低次の運動中枢は呈示的 represent です。中間の運動中枢はフェリアー Ferrier の運動領域を構成する脳回と線条体の神経核です。これらはより複雑、より少なく組織的で、身体の広い範囲を二重、かつ間接的に代理します。ですから、それらは再‐呈示［代理］的 re-representative です。［……］最高次の運動中枢は最も複雑で組織化の最も少ない中枢で、最も広い領域の運動（身体のすべての領域の運動）を、三重に間接的に呈示します。それらは再々呈示［代理］的 re-re-representative です。中間の運動中枢が低次運動中枢の代理した represent すべてのものを代理することは議論の余地がないでしょう。私はさらに進んで最高次の運動中枢（前頭葉）は一層複雑な組み合わせで中間運動中枢の代理しているものを代理すると考えます。要するに、複雑さがいっそう強まり、代理の錯綜 intricacy of representation が著しくなり、究極的には最高次の運動中枢が身体のすべての部分の運動をこの上なく特異で且つ複雑な仕方で結合させせつつ代理する、換言すれば、調整する coordinate のです。［Jackson (1884): 53f.］

ジャクソンによれば身体のそれぞれの部位は、脳に至るまでに三つの中枢を経て伝えられる。その中枢には段階があり、最低次のもの、中間層のもの、そして最高次のものである。低次のものであるほど、受け取った情報を忠実にそのまま次へと伝える。最高次の中枢は、しかし、身体を三重に間接的に、つまり二重に代理的に呈示する。（ジャクソンにおいて、そもそも represent の re- を既に「再」として捉えるべきかどうかは一概に言うことはできない。）しかもその際高次の中枢は、伝達された情報を、「この上なく特異で且つ複雑な仕方で結合させせつつ代理する」のである。こうした捉え方は、マイネルトにおいて、身体は一点対一点が対応した形で脳内に投影されると考えられたことと好対照を成す。

ジャクソンが構想する三層構造の中枢は、バスティアンの機能修正説と同様、常に機能的である。とはつまり、状況に応じてその役割と機能を変化させることができる。解体によって最高次の中枢が破壊されたとき、二番目に高次である中間層の中枢はもはやそれまでのものとは異なるものとなって、新たな環境に適応した最適のものとなるのである。そしてそのとき、この中枢はそれまでとは異なる機能を果たし始める。とはいえ、中間層の中枢に、高次の中枢が遂行していたとおりの機能を遂行することができるわけではない。この中枢が能力的にも「最高次」のものに「進化」するわけではない。それは、あくまでも、与えられた新しい状況においては「最適」というにすぎないのであって、したがって、自ずと高次のものとは違ったふうに、おそらくは不充分な仕方で機能を遂行することになる。だからこそ、損傷を受けた部位に応じた違いが生まれ、個人差が生じるのである。[125]

> 発話とは二次的な再生であるのだが、その再生以前に、単語は無意識的、もしくは意識下において再生されている。知覚は既に、関係づけられたイメージの再生であるのだが、その再生よりも前に、イメージ同士の関係が無意識的に、ないしは意識下において再生されている。［Jackson (1878-79): 319f.］

神経系の階層構造という捉え方が、解体という現象によって引き起こされる層と層との代替わりというドラマを可能にする。一部の神経要素が破壊されて生じた新しい環境に応じて最適となったものは、それまでは「意識されないもの unconscious」であり「意識下 subconscious」に潜んでいたものなのである。「客体意識 object consciousness の障害によって、ちょうど夢を見つつ眠っているときのように、主体意識 subject consciousness が増大する」[Jackson (1878-79): 326]。こうした事態は、第一論文では、「無意識的であったもの、もしくは意識下にあったものの再生」と言われ、また、最上層にあったものが「戦闘不能状態」に陥ることによって、健常時には「無意識的であったもの、もしくは意識下にあったもの」が「再生」されると説明された。第二論文まではこのように「再生 revival」として説明されていたものが、第三論文では新しい環境に対応した「生き残り survival」として展開される。

我々の中に生じたイメージは、提示されているブロックが我々の中に呼び起こしたもの同士が繰り広げる闘争の終局において、生き残った最適のイメージである。それは主観的な位相の終結点である。それ以上の位相、もしくは第二の位相は、客観的なものである。それは既に我々の中で引き起こされたイメージが、アクチュアルな環境であれ観念的な環境であれ、その環境に対応したものなのである。[Jackson (1879-80): 328]

ジャクソンはここで、我々がブロックを見てそれを知覚する際のことを例にとって説明する。イメージが「主観的な位相」から「客観的な位相」へと浮上するにつれて、環境は「観念的」なものから「アクチュアル」なものとなる。クスマウルが意識を「意識性の度合い」から説明し、意識されないとは比較的意識されないというだけであり、閾値を超えたものが明るみに出て意識に参入すると述べたとき、この踏み越えはあくまでも段階的なものであり、閾値を踏み越えるか否かは程度の差にすぎなかった。それに対してジャクソンは、第二の位相への到達を闘争として理解する。既に知覚はイメージである。そのイメージは、類推によって穏やかに混在しているのではなく、その再生は、新しい環境における「適者生存」の原理から説明されるのだが（the survival of the fittest image）［Jackson (1879-80): 328］、環境が変わるに応じて、神経配列が組み替えられ、その中で何が最適であるかもまた変化する。知覚によって呼び起こされた幾つものイメージのうち、我々の意識にのぼるのは、イメージ相互の闘争をくぐり抜けて生き残った「最適のイメージ」のみなのである。クスマウルは、感覚的な直観と語心像との間には「広くて知的な作業領野」があるとするが（本書二四五頁）、ジャクソンにおいてその「作業領野」は、イメージ同士がサバイバル・ゲームを繰り広げる場となる。生き残るためにイメージは位相を跨がなくてはならないのだが、この第二の位相への到達をジャクソンが「再生」ではなく「闘争」として捉え直すとき、それは段階的な移行ではなくなって、位相と位相との間には一つの「断裂」が想定されることとなる。そして、これを跨ぐとは、「質的に大きな飛躍」を意味するのである［兼本：165］。この「飛躍」に失敗し臨界の手前で滞留するものの行き場はない。こうした「イメージの生き残り」という発想を援用してフロイトは、『失語論』において初めて、「代理」と「組み替え」という考えを用いるのである。

しかし、位相間の「断裂」について、『失語論』のフロイトは黙して語らない。禁欲的と思われるほどに、フロイトの論の流れは、ジャクソンの「無意識」「意識下」についての記述を注意深く迂回している。しかし三層構造という発想は、『失語論』以後、精神分析家としてのフロイトの中で育まれ展開してゆく。『ヒステリー研究』の第三章「ヒステリーの心理療法のために」（一八九五年）に曰く、「ヒステリーの心的素材は少なくとも三層からなる多次元的な形成物 ein mehrdimensionales Gebilde von mindestens *dreifacher Schichtung* である」［Freud (1895): 305/（下）177］と。さらに『精神分析入門（続）』（一九三三年）の中でフロイトはこれを、意識性の三つの質と、心の三つの領域として定式化する。意識-前意識-無意識という三つの意識性と、超自我-自我-エスという心の三つの領域を提示する――但し、これらはそれぞれに相呼応して三つの対を成すものではないとフロイトは断っている――。この三層のうち一番上層部、すなわち「心の最上層部」には「知覚-意識体系 das System W-Bw」があって、外界に向けられ、外界についての知覚を媒介する。そのようにこの体系（システム）の機能が作用している間、「意識という現象が成立する」と［Freud (1933): 292］[126]。

「解体」という現象に関する考察を、別の仕方で展開させたものに、ベルクソンの『物質と記憶』がある。ジャクソンは『講義』において、「解体」の現象である位相の移行を説明するために、看護婦を自分の妻と想像する患者の例を挙げていた。この患者は自分が病院にいるのを知ることを止め、看護婦を看護婦として認知することを止める、「つまり、この患者はネガティブな観点から言えば、最も遅く発達した最高次の、したがって最小限しか組織化されていない神経配列が機能を失うことによって、自分の現在の『現実の』環境 his present "real" surroundings を失い、ポジティブな観点から言えば、この患者は、それより以前の『観念的』な環境 some former "ideal" surroundings に適応しているかのように話し、行動する」［Jackson (1884): 50］。同じように妻子が分からなくなってしまった男性患者についてベルクソンは以下のように述べている。

彼はもはや妻子がそれとは分からなかった。しかし彼らを知覚して、それが女性であるとか子供であるとかは述べることはできた。言葉どおり絶対的な意味で精神盲が起こっていたのならば、こうしたことはすべて不可能だったはずである。消滅していたのは、だから、私たちがこれから分析する必要のある或る種の再認なのであって、再認能力一般ではなかったのである。［Bergson: 92/107-108］

看護婦を妻と間違えたジャクソンの患者にしても、その看護婦が人間であり女性であることまでは見誤ることはなかった。つまり再認一般の能力が失われたわけではなかったのである。そこからベルクソンは、記憶の二重構造を導き出す。記憶は、日々の生活の中で反復され自動化された運動性のものと、その都度判断を必要とする随意的なものとに分けられる。前者は日々の生活の遂行において欠かせない基礎的なものである一方で、後者は、一回限りの出来事に関わる想起性のものである。日常において両者の区別が意識されることはないが、部分的な破壊をこうむったとき、失われやすい機能と失われずに維持される機能とに分離されて両者の差が顕在化する。そしていかなる場合にも、自動化された運動性の記憶よりも先に、より高次で複雑な随意性の記憶が失われるのである。

ジャクソンの階層構造は、神経学に限らず多くの関心を引くものであったが、しかし一つの誤りを含んでいると、スーザン・グリーンフィールドは言う。「階層という概念では、何かが頂点になければならない」［グリーンフィールド：024］。つまりすべての作用を制御する上位概念としての、いわば「脳の中の脳」を想定することになるが、しかしそのようなものは、精神医学や倫理学では理解されても、身体に対応する部位を持たないと。この批判は「概念中枢」を、中枢に対するさらに上位の中枢として構想し、その局在に失敗したリヒトハイムの図譜にこそ当てはまる。グリーンフィールドはこの批判をフロイトにも向けるが、しかしジャクソンの三層構造を対応させることができるのは、フロイトの意識―前意識―無意識という三つの意識性に対してであって、超自我―自我―エスという心の三つの領域に対応させることはできない。ここに神経学と精神分析との分岐点があり、ジャクソンとフロイトとの分岐点もあるのであって、フロイト自身が三つの意識性と心の三領域とを分けて考えたことも改めて確認されるべきである。

今日、こうした階層構造とコンディションとの関係に関する考察はさらに緻密なデータに基づいて、「退化」という言葉を用いずとも説明されるものとなった。環境と意識との関係についての大平英樹の論考はその一つの好例を示している。大平が論拠とするのは、意識の発生を、生物が海中から地上へ進出したことから説明するミシェル・カバナックの論考（1999, 2009）[127]である。均質な海中に比べて地上は局所的な変動が大きくはるかに複雑な環境である。その環境に適応するには、「膨大な情報や選択肢を単一の心的空間に変換して、迅速かつ効率的に意思決定を行って行動する必要があった」［大平：5］。事実、脳と神経の比較解剖学的な知見によれば、「水棲の魚類及び両生類と、陸棲の爬虫類、哺乳類、鳥類との間には、脳重量と体重の比を比較した場合、およそ十倍の差がある。また陸棲動物では、脳の皮質が顕著に発達しているという特徴がある」［大平：6］。さらにいえば、報酬を符号化し、対象の重要性を簡潔に表現する役割を担う神経伝達物質ドーパミンのシステムの発達は、水棲動物と陸棲動物では顕著な差異がある。これらのデータはいずれも、陸棲の動物が、「さまざまな環境や、そこにおける自己の状態を、快-不快という単位の尺度により評価できるようになったことを示唆」している［大平：6］。とはつまり、場所ごとに気温も湿度も地形も異なる地上において、理解しがたい初めての情況に陥ったとき、瞬時に対応できるよう、「複雑な多次元的な情報を、低次元化することで単純化し、意思決定すると共に行動を制御する」ことこそが、意識の発生へと繋がっていったということである。

　興味深いのは、大平がここで、陸に上がった生き物を「羊膜類 Amniota」と表現していることである。海中から陸に上がった生き物は、乾燥に耐えられるよう卵殻で囲まれた閉鎖卵を生む動物なのである［大平：6］。このように言われるとき、卵は、ドアを持たないといわれたモナドを連想させはしないだろうか。では生き物は、海を出るために、膨大な情報にさらされてもなお的確に取捨選択をし生き残ることができるよう、まずは自らを閉ざす必要があったことになる。気息に満たされて、宇宙の片隅で起こったどんな出来事も気息の変化によって必ず伝えられるという宇宙的共感は、海中という空間においてこそ、より明瞭なイメージを得ることができる。その海中から出て、皮膚を空気にさらすとは、海中を伝って届けられるよりもはるかに多くの情報に身をさらすことを意味したのだろう。そのため生き物は、自ら情報を集めるために視覚を発達させて視覚情報を得、触覚を発達させて触覚情報を得、細分化された多次元の情報に惑わされることとなったのだろうか。

第三節　神経線維の機能上の意味の変遷

ジャクソンと並んでフロイトの『失語論』の論理的支柱となったのが、当時失語研究の第一人者とされたバスティアンの「機能修正／様態変化」という考え方である。フロイトは自分の失語理論はジャクソンの解体説に基づいていると言うが、『失語論』で頻繁に引用されるのはジャクソンよりもむしろバスティアンであり、彼の機能修正の考えは、一貫して肯定的に引用されている。フロイトは「バスティアンの機能修正」説を、『失語論』の論理的展開の中、要所要所で参照させている。実際、状況に応じて機能が修正されるという発想は、高度の中枢が破壊された場合、それによって生じた新しい状況に応じて二番目の中枢が「最適」のものとなって破壊された中枢が担っていた役割を代わって引き受けるというジャクソンの解体説と不可分の関係にある。

動物としての我々の細胞がこれほど多様な機能修正に最後まで堪え、さらに機能修正相互を区別するという離れ業をいかにして成し遂げるのか、我々にはもちろん皆目見当もつかない。しかし動物としての我々の組織にその能力が備わっていることは、精子の例が証明している。精子の中には、こうした機能修正のきわめて多様できわめて精妙な潜在態がその後の展開を待って用意されている。［*Aphasien* V: 100］

「動物としての我々の細胞 die tierische Substanz」は、そのまま訳せば「動物としての実体」となるが、マイネルトの「動物細胞 die thierische Zelle」という表現と同様、神経細胞を示す（本書一一八頁）。マイネルトにとって、皮質以外の神経細胞は、機械的な原理によって動かされる物質であり、皮質細胞のみが、物質的でない何か、計量できない何か、つまり意識とか魂に関わるものを具えているとみなしうる。神経細胞の様態変化／機能修正 Modifikationen の軌跡に際会して、それが発生以来辿ってきた長い歴史とそれについて人間が考察をめぐらしてきた歴史の長さとに対するフロイトの率直な驚嘆がここにある。

フーコーは、心理学の第二のモデルとして「有機体モデル」を挙げるが、その代表の一人としてヴントの名を挙げ、心的装置は機械ではなく一個の有機的全体として捉えられるべきだという主張を紹介している。ヴントの唱えた「精神エネルギー」という発想の下、この原理を捉えるために、「感覚の絶対閾および弁別圏についての実験的研究や、反応時間および反射行動に関する研究」が十九世紀末に盛んだったのは、心的装置が有機体に属することを示そうとしたためであると［フーコー(1957)：152-153］。このことはヴントに代表される「神経支配感覚」理論や、「脊髄魂」の存在証明をめぐる議論において顕著に示されている。或いはまたこの問題は、今日では、自己の身体に由来しない感覚が視覚などに惑わされて、誤って自己に由来すると錯覚するという、身体感覚の誤帰属の問題（身体感覚のオーナーシップの問題）として問われている。[128]また エレンベルガーは、ブリュッケは心理学を生理学に還元したとする。ブリュッケは、神経系の機能全体を「反射の組み合わせ eine Kombination von Reflexen」として捉え、感覚器の刺激が興奮の量を決定するとした、と〔Ellenberger: 657〕。フロイトに影響を与えたブリュッケ、マイネルト、エクスナーの三人ともが、物理学の術語と心理学の術語を交えて心的過程を記述していた〔Ellenberger: 657〕。そうした系譜の中に、感覚の閾値について論じたフェヒナーの『美学論』*Vorschüle der Ästhetik* (1876) があり、また有機体として精神の器官を捉えるバスティアンの『精神の器官としての脳』*The Brain as an Organ of Mind* (1880) があり、さらには心の哲学を拓いたベルクソンの『精神のエネルギー』*L'energie spirituelle* (1919) があるのである。

第一項　バスティアンの機能修正説 Bastianische Modifikationen

フロイトがこの定義を最初に紹介するのは、第三章で「いわゆる超皮質性運動失語」について論じる際である。リヒトハイムが自分の作り出した図式から導き出した「超皮質性運動失語」が実際にありうるかどうかが、ヴェルニケ＝リヒトハイムの図式の妥当性を否定する手がかりとなった。

チャールトン・バスティアンは、リヒトハイムの、いわゆる超皮質性運動失語について我々と同様の説明をしている。バスティアンは、中枢の興奮性〔Erregbarkeit〕が低下する状態を三段階に区別する。そのうち低下が最も軽微な状態でも、当該中枢は、もはや「随意的な」刺激には反応しない。しかし、連合という方法で別の中枢から送られてきた〈自生／内生的〉刺激〔Anregung〕や直接感覚器官に与えられた〈外生的〉刺激〔Reiz〕にはなお反応する。機能的傷害がさらに強まると、直接的な〈外生的〉感覚刺激に対してのみ、かろうじて反応するようになる。最後に、きわめて重度の段階になると、運動中枢はこうした感覚刺激に対してさえも反応しなくなる。以上から、超皮質性運動失語に関する次のような仮説へと導かれる。運動中枢は、直接感覚器官に与えられた興奮にはなお反応して活性化されうるが、「随意的な」刺激はこのように運動中枢を活性化することがもはやできない。そしてこの運動中枢は、常に聴覚という感覚中枢との連合を通して刺激を受けるが故に、興奮性が変化する原因は運動中枢自体であることもあれば、感覚中枢にあることもあるのである、と。［*Aphasien* III: 68f.］

「リヒトハイムの、いわゆる超皮質性運動失語」という型を示すものとしてリヒトハイムが挙げた症例を検証するためにフロイトが依拠するのが、バスティアンの機能修正説である。フロイトが原典として挙げるのは、バスティアンの一八八七年の論文「失語のさまざまな種類について」である。リヒトハイムらのような局在論に基づいた「言語中枢論」に対する批判が本格化するのは第五章においてであるが、既にこの上記引用個所において、フロイトは、バスティアンの説を紹介しつつ、「中枢」とはその機能性でもって測られる以外の何ものでないことを示している。そして機能性とは、刺激に対する反応の精度に他ならない。逆に言うならば刺激は、中枢を賦活することができる度合いに応じて、三段階に区別される。[129]

一、随意的な刺激には反応しないが、連合による自生刺激や直接的な外生刺激には反応する。
二、直接的な外生刺激にのみ反応する。
三、直接的な外生刺激に対してさえ反応しない。

この三段階は、フロイトが二度目にバスティアンの機能修正を引く際には「興奮性の低下 Unerregbarkeit」の度合いの三段階として示される。その際挙げられる順序が逆となるが、右に挙げた三は、ある中枢が「そもそもまったく機能しない場合」であり、二は「感覚的な刺激に対してのみ機能する場合」であり、一は、

「別の中枢と連合すればなお機能しうる場合」である（[*Aphasien* IV: 85]）。つまり中枢の機能とは、刺激に対する敏感さであり興奮のしやすさによって示されるものなのである。そして損傷がもっとも軽微である場合、失われるのは随意的な刺激に対する反応である。これをジャクソンの三階層に対応させるならば、一は、最高次の中枢が破壊された状態に対応する。随意的であるとは、連合によらず反応しうるということであり、それが最も高次な機能となる。そして二段階目には、当該の中枢が単独で「随意的に」反応することはないが、他の中枢の助けを借りて連合が成立した場合には反応が可能であるような状態であり、一と二のいずれの場合にも最も基本的な刺激、外部から与えられる直接的な刺激には反応する。それは組織化の度合いが高いために失われにくく、また自動化されているからである。この機能は、生命維持に関わるがゆえに、「随意性」に依存する度合いが最も低いものである。

『失語論』の第四章においてバスティアンの機能修正説は、グラースハイの症例検証から導き出された。この症例にグラースハイが与えた解釈に関してフロイトが注目したのは、機能性という観点の導入である。ジャクソンは機能性を、神経興奮の増減によって測られるものとした。そして中枢は、状況に応じて、それまでとは違う機能を代替して担うことができるほどに、可変性をもつものであった。バスティアンの機能修正説はそれを継承したものであり、機能は、するかしないかの二者択一ではなく、段階ごとに低下するが故に、刺激の種類に応じて失われた機能を特定し、それによって損傷による破壊の度合いを測ることができたのである。ちなみに、脳内にわずかな電流が発見されたのは、一八七五年のイギリスの生理学者リチャード・ケイトンによってである。当時この発見はほとんど注目されなかったが、十五年後に脳内の電気活動の発見について議論が起こって知られるところとなった。しかしこの発見の臨床的意味が理解されたのは、さらに五十年後の一九二九年になってからであり、以後、脳波の測定への道が開かれた［グリーンフィールド：

084-085」)。グリーンフィールドは、一九七〇年代には、脳内の活動を興奮の増減から説明する試みの極端な例として、脳内のすべての機能は興奮と抑制（つまり、活動電位の高低）という基本的な過程から生じるのであり、化学物質の種類が増えることはまったく余計なことであるという主張がなされたことを紹介している（「グリーンフィールド：218」）。先の大平の論考に見られるような、神経伝達物質の複雑な働きが正当に評価されたのはそののちであり、神経伝達の仕方に微細な影響を与える神経修飾物質という概念は、神経伝達物質の概念よりさらに新しい。バスティアンの言う「機能修正 modificationen」には、こうした化学物質の働きについての考察は、まだない。

バスティアンの機能修正とは別に、ジャクソンの三層構造の捉え方や解体説の継承を示すもう一つの例として、ロスの「解体の法則」がある。

さて、個人や種族の経験においてしばしば反復される活動を調整する神経インパルスは、反復されるたびに尾状の付属部分をもった皮質細胞をますます通過しやすくなる傾向がある。そしてこれらの細胞は、先に見たように、お互いに決定的に連絡しているので、神経インパルスは、さほど多くの抵抗に遭わずにそれらの細胞を通過する。そしてインパルスの通過に抵抗が与えられるのが少なければ少ないほど、その結果起こる活動は意識を伴うことがますます少なくなる。このような活動は自動的と呼ばれることもあれば、脳の反射作用と呼ばれることもある。しかしこのような活動は、実際には無意識的に生じる心理的な活動である。しかし慣れない活動を調整するインパルスは、使われないチャンネルを通過するに違いない。或いは、言い換えると、お互いと決定的な連絡を形成しなかった皮質の表層近くの円形細胞を通過するに違いない。これらの細胞を通過する際、インパルスは、莫大な抵抗に遭い、発生した力の多くは、望んだ活動を起こすのに消費されず、皮質の円形細胞の中に新しい機構を生み出すのに消費される。そしてこれが、意識と相関関係がある過程である。［Ross: 102］[130]

興奮が、皮質下において抵抗に遭うという考えはマイネルトにもあった。しかしマイネルトはこれらの興奮が意識を伴うことはないと考えた。外部より入力された刺激が引き起こす興奮は、一体どの時点から意識を伴うのかという問題は、今日においても依然として答えられぬままにある。ここでロスの言う「皮質の内側の層の細胞」はのちに言うニューロンを指す。ニューロンには数え切れないほどの突起があり、それらを通して、刺激に応じて連絡が形成される。このように神経細胞は可塑性を持ち、入力される刺激は新たなチャンネルを開通し、その通過は反復によって通過しやすくなるという傾向をもつ。そしてチャンネルの開通という記述は、ロックが観念の連合について述べた際の言葉遣いに不思議なほど類似している。反復によって習慣化され自動化された刺激の通過は、やがて意識化される度合いが減じてゆく。大きな違い、そして決定的な違いは、ロスがこうした自動化のプロセスを「個人や種族の経験」として捉えている点である。この反復を個人に限定せず、「種族の経験」にまで拡大した点に、グリンバーグは、「十九世紀中期から後期のイギリス人とその階級構造とその帝国主義的必然性の産物」［Greenberg: 82/121］を見ている。

インパルスによるチャンネルの開通、皮質下における抵抗、そして反復による自動化というプロセスは、今日では、長期増強（long term potentiation: LTP）と呼ばれるものであり、当時はまだ発見されていなかったが、シナプス機能を先取りしたものと言える。[131] しかしこのロスよりも早くに医学生であったフロイトが、一八七九年から一八八一年にかけての研究のなかで、「神経線維の軸索突起は例外なく原線維状の構造をしているという決定的な結論に到達した He reached the definite conclusion that the axis cylinders of nerve fibres are without exception fibrillary in structure」［Jones: 67/ 52］とジョーンズは報告している。「神経節は二つの物質から構成されること、そのうちの一つは網状をなしており神経突起の起源であることを認めていた」と。このような、「神経細胞と神経突起がまとまった一単位をなすという考え」は、「その後のニューロン説の骨子 the essence of the future neurone theory」となるものであるが、当時これらの発言には注意が払われることはなかった［Jones: 67ff./ 52–53］[132]。

第二項　機能のネットワークという発想

ロスは、大脳皮質においては表面に近い部分の細胞は突起を欠いており、それゆえお互いに連絡を形成しないだろうと考えていた［Ross: 102］。皮質上の部位相互の連絡の仕方については『失語論』のなかでも議論の対象となり、フロイトがマイネルトを批判する一つのポイントとなっている。マイネルトが近代解剖学の中で、「連合」という言葉を導入し、皮質のメカニズムを「連合システム」と名づけたことは既に見た。しかしそれはあくまでも脳の半球が互いに連絡しあうシステムを言う。一方でマイネルトは、皮質のそれぞれの部位同士が「連帯して反応する」という捉え方を否定していた。

> どの脊髄横断像も、灰白質の全体を包括している一方で、皮質の横断像は、常にただ皮質を構成する物質 Rindensubstanz のごくわずかな関与を捉えうるにすぎない。灰白質のこうした状況から分かるのは、大脳皮質は、皮質の広がり全体にわたって連帯してその活動に関与することは妨げられているということ、それとは対照的に、皮質の分割されたテリトリーが孤立して活動することが促進されているようだということである。
> ［Meynert (*Psychiatrie*): 128］[133]

皮質が連帯して機能する器官であるとは、マイネルトは考えない。マイネルトがここで依拠するのは一連の横断像の分析結果であり、当時主流だった手法である。そしてそこから導き出されるのは脳の分散処理という発想である。この発想をマイネルトは、たとえばいかにして我々は空間把握をなしうるかということを説明するための論拠としている。空間のイメージは、互いに離れた、もしくは明瞭に区別された個々の個所が集まって形成するのだが、個々の神経細胞にはこれらを一つの連続体へと関連づけることはできない。つまり別々に機能するならば、空間を連続体として捉えることができないことになる。したがって、もしも大脳メカニズムが、感覚を受容する細胞と投射線維だけから成るのであれば、空間を知覚することはできないだろう。

たとえ大脳メカニズムに関する我々の知識を、実際には皮質の細胞は一種の網状の組織 eine Art Netzwerk によって互いに結び付いているのだというふうにまで押し広げたとしても、そのような脳皮質には所与の空間イメージを知覚することはできないだろう。この網状の組織が、個々の細胞すべての興奮を機能的に互いに結びつけるのだとしたら、その場合には、区別されていた各々の個所は消え去ってしまうだろうが、実際のところ、連続体としての空間はこれら区別された個々の部分に解消されうるものなのである。個別の印象を知覚するために、投射システムを担う線維におけるよりもはるかに大きな伝導抵抗が、この網状の組織においては優勢であると仮定するのも、生理学的にはやむをえない。［Meynert (*Zur Mechanik*, 1872): 27］

当時はまだ皮質上は、網目状に連続した神経細胞によって機能しているのか、もしくは神経細胞同士は直接繋がっているのではなく、シナプスによって連絡し合うのかについての議論が決着していなかった。マイネルトは、投射システムにおいては末端の印象は皮質に伝導されるまで一点対一点が忠実に反映されると考えていた。末端の感覚器官は、それぞれ特定の性質の刺激を受容するように特化されており、感覚の内容がそれに合致した刺激だけを受容するからである。しかしこうした単一の刺激内容に特化された感覚の受容器官は、受容した刺激を、他の刺激内容と比較することができない。組み合わせることもできない。こうしたことを為すためにはまったく別の機能を担った、質的に異なる器官が必要となる。それはちょうどコンディヤックが、「共通感覚の器官 *sensorium commune*」を想定したのと同じ論理である。仮に皮質の神経細胞が、個々の感官器官に由来するそれぞれの刺激興奮を機能的に結びつけるために網状の組織構造であるならば、その網状の組織の内部においては、個別の印象を区別することはできなくなってしまう。さらに言うならば、観念同士の「正しくない」連合や「自然的でない」連合もまた、組織上の、とはつまり器質性の理由によってしか説明できなくなってしまう。しかし実際のところ空間は所与の対象ではなく、空虚としてしか知覚されないものであり、空間表象は、結局大脳において「推論」によって形成されるものなのである。マイネルトはそのように述べた次のパラグラフで、皮質の離れた部位同士を結ぶ線維束を連合線維と命名し、この線維束が遂行する機能を、投射システムとは区別して連合システムと命名したのである（第一章第一節参照）。「機能的に互いを結びつける網状の組織」の代わりにマイネルトが採用するのは、したがって、「推論装置」である。皮質の仕組みを連合システムと名づけた後、マイネルトは続けて、大脳メカニズムには「推論の操作 Schlussprocesse」を為す能力があるとする。脳の半球において、互いに離れて位置する様々な投射線維束同士の連絡は連合弓によって構造を新たにされるため、脳の半球はいわば、「いたるところで作用する推論装置のシステム ein System allorts wirksamer Schlussapparate」であると［Meinert (*Zur Mechanik*, 1872): 29］[134]。そして伝導抵抗は、推論装置が網状の組織であるがゆえに、ここでは投射システムにおけるよりもはるかに大きくなると考えられたのだった。

一方グリンバーグは、クスマウルが「皮質上の巨大な連合野」について述べるとき、一種の「機能上の巨大なネットワーク」を想定していたのではないかと指摘している。

言葉には、[……]皮質に巨大な連合野が割り当てられている。というのは、言葉は表象野全体と連絡していなければならず、この表象野は皮質野全体に張り巡らされているからである。[……]こうした局在化を我々は、一つの表象がたった一つの点に固定されていて、別の表象は別の点に固定されているというふうに考えてはならない。或いは、一つの神経細胞がある表象にのみ用いられ、別の表象には用いられないというふうに考えてはならない。機能上の連絡が広い領野にわたって伸びており、その連絡の興奮が、あれやこれやの性質の表象へと変換／翻訳される umgesetzt のだと考えてよかろう。というのも、どんなに単純な抽象でさえも、無数の感覚的な直観や動きや判断と連絡しているからである。さらには同じ一つの神経細胞が、非常にさまざまな連絡をもって、さまざまな表象が形成される際に共に作用している mit wirken ということは、大いに確かなのである。[Kussmaul: 127]

クスマウルは機能上のネットワークを構想しつつ、同時に、局在を否定する。一つの表象は、皮質上のある一点に固定されうるものではない。また、一つの神経細胞は、状況に応じてあれやこれやの表象に従事する。だからこそ、ネットワーク的な機能が可能となるのであり、ジャクソンの言うように、一つの神経要素が「戦闘不能」となったとき、別の神経要素がその機能を代行するという現象が可能となるのである。

『失語論』においてフロイトは、直接に「ネットワーク」という言葉を用いるわけではない。フロイトはしばしば、「皮質の部位がそれぞれ連帯して応答する solidarisch antworten」という表現を用いるのだが、つまり「連帯して応答する」という現象が起こるのは、「完全には破壊しない損傷」が起こった場合なのである。軽微な損傷を被った場合、皮質の各部位は連帯して反応する。即ち、機能不全となった中枢に代わって、別の部位がその機能を引き受ける、ないしは、別の中枢との連合を経由して反応する。それが、バスティアンの言う機能修正だった。

私自身は、脳半球にいくつかの感覚、ないしは知覚の中枢があってそれを完全に場所的に区別できるものと信ずるわけではないが、しかし、皮質には構造上緩やかに関連した細胞や線維のメカニズムがあるに違いないのは明らかであるように思う。それらの活動は、感覚性の性質を持ったいくつかの種類のうち、あれやこれやのものと連合する。このように漠然とした、しかし機能上統一された神経のネットワーク Such diffuse but functionally unified nervous networks は、手際よく「中枢」だと定義されるような共通の概念とはまったく異なったものであろう。簡潔にするためにいうならば、この言葉を活かしつつ、こうしたネットワークを表すために用いるならば、非常に多くの「中枢」と呼ぶのがよいだろう。〔Bastian (1887): 933〕

バスティアンはここで networks という言葉を、解剖学的な網目状の組織としてではなく、機能的な回路として捉えている。「中枢」を単数形で表せば、あたかも皮質のどこか一個所に同じ由来を持つ心像が貯えられていると考えたヴェルニケやマイネルトの局在論と混同されてしまう。しかし心像の貯蔵場所を、心像の種類（心像が由来する感覚の種類）ごとにそれぞれ特定することはできない。そうではなく、中枢は機能上統一された神経回路の集合であり、その集合体がいくつもあって互いに関連し合っている。その結びつきが緩やかであることによって、連絡の形成は造形的なものとなり連合は状況に応じたものでありうる。そのような緩やかなネットワークが成立する際には、局所解剖学的な要素は決定的なものとはならない。その機能は、「非常に多くの中枢」によって支えられており、中枢同士は互いに補い合うからである。

> 脳には、単純な「言語中枢」、「言語の座」などというものは存在しない。同様に、どんな単純な中枢の中にも「魂の座」などというものは存在しない。むしろ、空間的には離れているが無数の経路によって互いに結びついた、精神的な機能や感覚性の機能、そして運動性の機能を遂行する神経節からなる沢山の装置から、言語の中心的／中枢的な器官が構成されるのである。［Kussmaul: 32f.］

そもそも「中枢」と言うからには「単純な中枢」などというものは存在しない。それは既に無数の装置が複雑に絡み合った、複雑で巨大な中枢なのである。それらは同じ皮質上にあって、互いに離れていても無数の経路によって結びつけられている。しかもその経路を、解剖学的に特定することはできない。また、これら無数の装置のうち、どれ一つとして言語という目的にのみ従事しているわけでもないだろう。神経要素はどれも、たった一つの目的にのみ従事しうるのではなく、刺激に応じてさまざまな連絡路が開通され、反復や習熟によってそれらは自動化されてゆく。それに伴って新たな学習がなされうる。「それによってより狭い意味における言語が、我々の思考や感情を表現する他のあらゆる無数の手段と同様、可能となるのである。このような意味において言語の中枢器官は、言語自身によって初めて、徐々に脳内に育成されるのであり、或いはこう言ってよければ、創造されるのである」［Kussmaul: 32f.］。言語の中枢器官は初めから完成したものとして具わっているのではない。それが脳内に「創造」されるまでには、それに先立ってさまざまな学習があり反復がある。こうした点に、そもそも言語とは何かという問題に関知しようとしなかった医学者たちとクスマウルとを峻別するメルクマールがある。そしてグリンバーグは、クスマウルの言語に関する考察を、「言語の使用がどの程度これらの機能を形作るのかという問題［……］いいかえると、脳はどの程度文化の産物なのか」［Greenberg: 51/77］という問題提起として受け止める。既に我々はジャクソンの階層構造という捉え方に、言語の中枢器官は、単純な機能の積み重ねの上に成り立つものなのか、つまり、最低次の中枢から最高次の中枢までは連続的な発達としてあるのか、それとも、それぞれの層の間には質的な飛躍があるのかという問題が提起されていることを確認したのだった。

第三項　脊髄と脳、もしくは身体と脳との「別なる」関係

第一章よりリヒトハイム＝ヴェルニケの失語図譜を批判してきたフロイトは、第五章に入っていよいよ、それらの根底にあるマイネルト学説の修正を迫る論を展開する。

脳の解剖学を通して最近得られた知見によれば、マイネルト流の脳の構造の捉え方は、本質的な部分において修正を加えられており、それに伴って、大脳皮質が果たすとマイネルトが考えた役割は疑問に付されるようになっている。これらの修正はまさに、大脳皮質から身体の筋肉へと到る経路の中で、きわめて重要で最もよく知られた経路に関わっている。第一に、線条体が、運動路を中継する神経節であるとする捉え方は斥けられた。シャルコーを筆頭とする臨床医の経験から、線条体の損傷が運動性に影響を与えるのは、いわゆる内包と隣接しているからにすぎないことが判明した。［……］その後ヴェルニケは、このいわゆる大脳脚神

経節と大脳皮質との間には、あまり充分な線維連絡がないことを立証した。したがって、マイネルトの言う投射経路〔皮質から末梢へ到る、三区間から成る運動路〕の進路のうち、最初の区間は、脱落することとなったのである。髄鞘の形成の時間的なずれに関する研究は、こうした捉え方を裏付けるものであり、マイネルト的な脳の構造の捉え方に新しい不備／隙間を見出すものであった。[*Aphasien* V: 90]

ここでフロイトが参照するのは、シャルコーら臨床医が明らかにした知見であり、ヴェルニケの立証であり、フレクシヒによる髄鞘の形成の時間的なずれに関する研究である。失語研究に拍車をかけたヴェルニケの『失語症候複合』は、マイネルト解剖学の応用を目指したものだったが、一八九三年にこの書を再録する際ヴェルニケ自身が、自分は当時（一八七四年）マイネルトの言うように、線条体が運動路を中継すると考えていたが、その後この考えを自ら否定したと注釈している。[135] そしてフレクシヒの髄鞘形成に関する研究は、脳は部位ごとに発達の時期が異なることを明らかにした。そこから、「線条体から大脳脚足部へと到る線維は、髄鞘形成の発達が教えるところによれば、確かに、錐体路には繋がってゆかない」[Flechsig: 41]と判明したのである。元々、フロイト自身が幼児の脳に関する研究に熱心だった。既に述べたようにシャルコーのもとに留学している間にも幼児の脳に関する研究に携わり、一八八八年に幼児の脳に関する論文を発表、『失語論』と同年の一八九一年にはオスカー・リーとの共著で幼児の脳に関する本を出版している。これらの研究からフロイトは、マイネルト自身が発展させた脳解剖学や精神医学において、マイネルト的な脳の捉え方は既に修正が迫られているとみなす論拠を自ら確認していっただろう。[136] フレクシヒが「マイネルトの偉大なライバル」[Jones: 187/ 147]であることは、フロイトの学問的関心の行方を方向づける点においてもあてはまる。[137] そしてフロイトのパリ留学以後、フロイトとマイネルトの関係は、フロイトのヒステリー研究をめぐって急速に悪化した。マイネルトがフロイトに向けた敵意の多くは、フロイトとシャルコーとの交わりと結び付いていたことは明らかだとジョーンズは報告している［Jones: 208/163］。マイネルトとの訣別は、マイネルト学説との訣別であり、それを促したのがフレクシヒやシャルコーの研究だったのであり、それは単に個人的な人間関係の問題にとどまらない。この変化はフロイトの関心が、神経病理学からヒステリー研究へと比重を移していったことと同期している。その移行期に、この『失語論』があり、『失語論』におけるマイネルト的「脳神話学」に対する反論があるのである。

さて、こうした経路を通って末梢と結びついている大脳皮質において、身体の投影図はどう形成されるのだろうか。マイネルトはこの投影図を「投射 Projection」と呼んだ。彼の注釈のいくつかの個所からは、彼が、身体の投

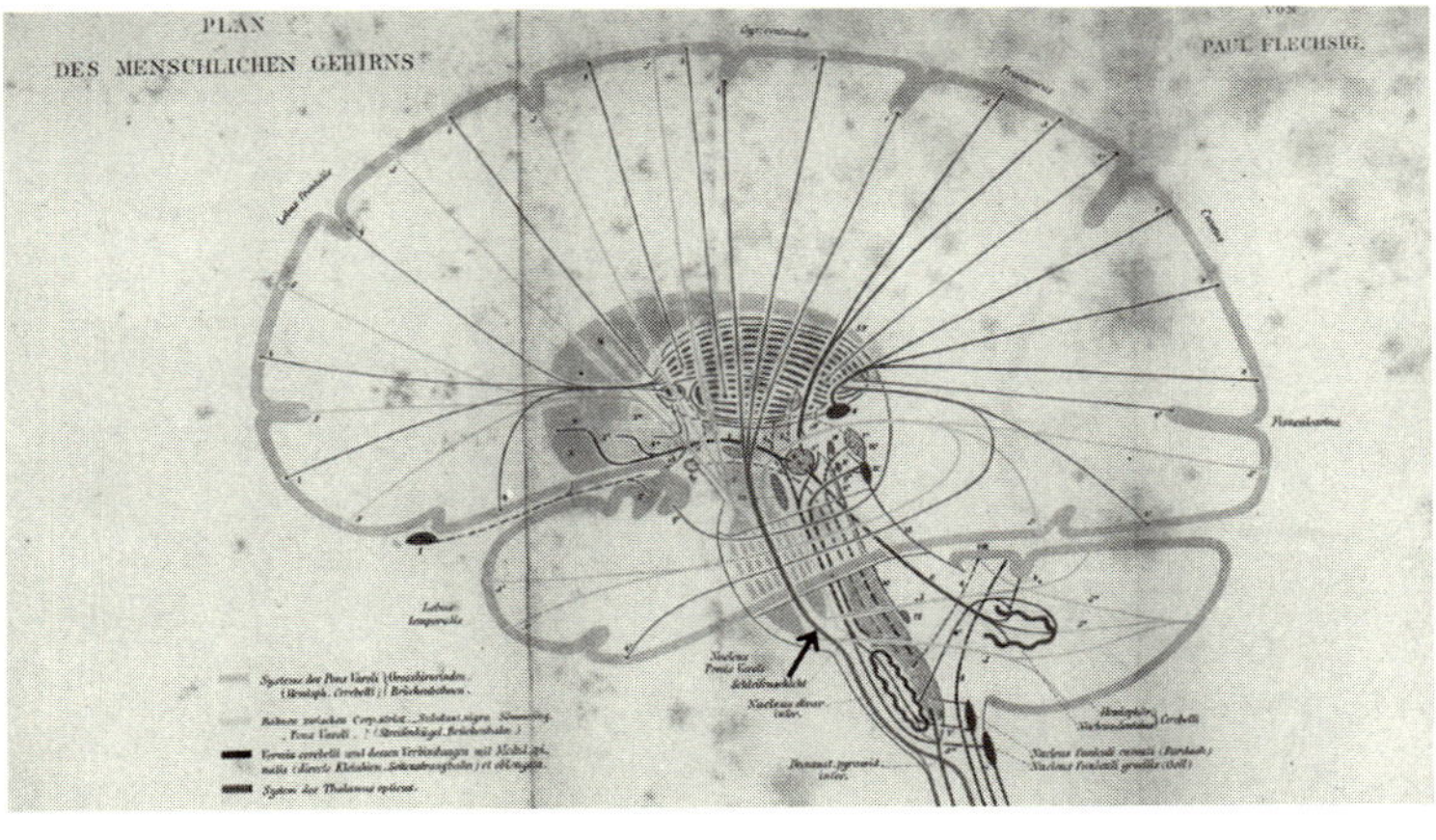

図　Flechsig: *Plan des menschlichen Gehirns*, 1888 より。

矢印を付したラインが「錐体路」を示している。このラインが小脳には接していないことが、マイネルトの「不備」を示す論拠となった。

射、つまり身体の投影図は、大脳皮質の中に実際に一点対一点が対応する仕方で形成されると仮定していたことが窺われる。〔*Aphasien* V: 89〕

マイネルトは、身体は脳において一点対一点という仕方で対応して投影されると考えていた。そうした考えの背景には、神経線維は、末端から皮質に至るまで、同じ機能をもったものであるという捉え方がある。こうした神経線維の捉え方は、ヴェルニケによれば、マイネルトの脳解剖学の核となっている。その「神経線維説」を批判するためにフロイトが論拠としたのは、同じ解剖学者であるヘンレが提示した一つの観点だった〔*Aphasien* V: 92〕。それをフロイトは直接引用することはないが、ヘンレ自身の言葉は以下の通りである。

〔脊髄と比べて〕延髄近傍の方が神経線維の数が圧倒的に多ければ、独特の脊髄線維のシステムが存在することが示されることになる。神経根線維の側の方が多ければ、一本の脊髄線維は、脳内の複数の神経根線維を代表しうる repräsenti[e]ren kann ことになるだろう。〔Henle: 82〕

末端から皮質に至るまで、神経線維の機能が同じであるならば、皮質側には末端よりも圧倒的に多くの線維があるのでなくてはならない。何となれば、皮質においては末端におけるよりも遙かに複雑な行程が遂行されているからである。ヘンレの右の言葉は、脊髄魂を人間に当てはめることを拒絶した後に述べられたものであり、同じく、上記の脊髄と脳との関係をめぐる考察の一環である。ここでヘンレが使う repräsentieren という言葉は、たとえばリヒトハイムやヴェルニケが図を説明する際、点Bは概念中枢を表す repräsentieren というように一般に用いられるものであり、ヘンレの使い方もその例外ではない。何となれば、ヘンレはここで、延髄の線維数の方が多いという仮定から出発しているからである。しかし事実は逆で、中枢を一つの中継点として見た場合、この中継点を経るごとに、線維の数が減少する。そうであれば、末端で受容された刺激がそのまま高次の中枢にまで伝達されるということはありえない。線維の数が減少した分だけ、伝達される情報もまた減少するはずである。それもまた事実ではないならば、まったく別の仮定へと促されることになる。

> もしも一つの感覚（求心性の）経路を、我々に分かっている限り辿ったとして、その結果この経路の主たる性質が、灰白質の中で極めて頻繁に起こる中断と灰白質経由後の分岐であると分かった場合、神経線維は大脳へと到る道筋において、灰白質を新たに経由する度に、その機能上の意味を変えてゆくという考えをとらざるをえないだろう。［*Aphasien* V: 94f.］

末梢から延髄に至るまで、一本の神経線維が担う情報の量が一貫して一定であるならば、末梢から発せられた情報の多くは、延髄以後皮質に達することなく消滅する。単純に線維数の比から類推するならば、末梢で受容された印象のうち、皮質まで達するのはほんの一部にすぎない。しかし、ヘンレが仮定した一本の神経線維対多数の神経線維との連絡という発想を応用するならば、別の捉え方が可能となる。それによって同時に、神経線維の性質そのものを捉え直すことになるのだが、このことは、マイネルト解剖学そのものの根底を揺るがすことでもあったのである。フロイトはここでマイネルトの論理的な不備について、マイネルト自身の「機能上の隙間」という言葉をもじって「新しい隙間 eine neue Lücke」という表現を用いている。これは、単に痛烈な批判であるにとどまらず、マイネルトが使ったとおりの意味において、つまり、新しい

「心像」が入力されるまで「空白」であるという皮質細胞の捉え方にちなんで、マイネルトの学説は「埋め合わされるべく待機しているもの」であったということである。

それにしても、いかに神経線維が機能上の意味を変えるとはいえ、はるかに複雑な役割を担った皮質側の神経線維が、末梢側の神経線維の何本分もの情報をどのようにして処理するのだろうか。フロイトの『失語論』以後、ニューロン説が現れ、シナプス機能が発見されるに及んで、脳は化学的構成物と見なされるようになった。ニューロン同士は互いに網目状に繋がっているのではなく、間に隙間を持っている。この構造のゆえにニューロン同士の間では、神経興奮という直接的な電気的情報ではなく、化学的情報が交換される。電気的な信号であれば、伝導速度は速くエネルギーもあまり消費しないが、変化に乏しく多様性がない。しかも接触していることが条件となる。したがって、ニューロンから別のニューロンへとその信号が伝えられるとき、電気的な信号はいったん化学物質の合成に費やされることを通して、化学的な信号に変換される。それがシナプスの間隙を拡散して、神経伝達物質の種類に応じた受容体を持つ別のニューロンへと達したとき、この受容体と結合して再び電気的信号に変換されるのだが、入力される活動電位の度合いによって、放出される神経伝達物質の量は変わる。ある種の神経伝達物質は、少し離れた部位に拡散して、選択的に、標的となるニューロンへと向かう。或いは、それ自身は信号を伝えるわけではないが、神経伝達に影響を与える神経修飾物質の働き、神経調節という働きがある。そしてどのシナプスもどの神経伝達物質も、それぞれ一つの機能にのみ従事するということはなく、それらと機能とは一対一の対応をしていない。これらさまざまな神経伝達物質や神経修飾物質の働くおかげで、脳内の反応の多様性は飛躍的に増すのである（[グリーンフィールド：121-127]）。

このように、今日では脳機能は、神経興奮（活動電位の変化）の増減だけでは捉えられなくなった。脳機能のこうした化学的特性が、非侵襲的脳機能画像技術を可能にし、脳機能に関する研究を飛躍的に促進させた一方で、コンピューターで脳のモデルをつくろうとする試みの難関となっている。脳内で起こる化学物質の作用に気づいた最初期の人は、グリーンフィールドによれば、クロード・ベルナールだった。ベルナールは、南米の先住民が獲物を狩るときに矢にクラーレという液物を塗り、そのために射られた獲物は体を動かすことができなくなる点に注目した［グリーンフィールド：114-115］。そしてカエルを使った実験で、クラーレが脳内で神経伝達を遮断することを発見した。『失語論』の中ではこうした脳機能の化学的側面が直接言及されることはないが、しかしフロイトはコカの研究に従事していたと同時に、麻痺についての研究を行っていた。そしてマイネルトの言語中枢に関する規定、「機能している言語の諸中枢は「機能のない隙間」によって隔てられているという規定」［*Aphasien* V: 102］を参照する際、この規定は、一見疑いえないものに思われるが、しかし、「病理学的な解剖学によってはこの問題は解決できない」としてフロイトは、「遠隔作用」の可能性に言及する。「別の個所に起こった損傷が言語中枢に対して及ぼす単なる遠隔作用だけで、言語障害が引き起こされるということもありうるかもしれない」［*Aphasien* V: 102］と。「機能のない隙間」、つまり損傷に近接していても言語に関する機能を割り当てられていない部位を越えて、離れてはいるが言語に関する部位へと作用するということが起こりうるのであり、このような「遠隔作用」が可能となるのは、まさに化学物質の働きによってなのである。

脳の解剖学的構造が、脳の化学的組成と直接一致しているわけではない。一つの化学物質が脳の一領域だけにしかかかわらないということはない。一つの化学物質が脳のたくさんの領域に存在するとともに、各領域は多くの異なった脳内化学物質を生成し、利用している。そのため、脳が損傷されたとき何がいちばん問題かを決めるのはむずかしい。損傷の起こった領域か、脳内の化学物質のバランスの変化か、そのどちらかが問題になるからである。［グリーンフィールド：040］

心的な要素を論ずるときに初めて、「解剖学によっては解決できない」問題に直面するのではない。フロイトは全面的な局在を否定したのであって、局在を全面的に否定したわけではなかった。局在によっては説明しきれずに残るのは、心的な要素以外にもある。そして解剖学を補完するためにただちに精神物理学や力動精神医学が導入されるわけでもない。脳は化学的組成を持つがゆえに、神経興奮は脳機能を説明する唯一の手段ではなくなったが、脳内反応を調べる道筋は幾重にも開かれている。一八九三年にフランス語で書かれた論文「器質性運動麻痺とヒステリー性運動麻痺の比較研究のための二、三の考察」においてもフロイトは同様に「遠隔作用」について述べている。「皮質上の諸運動中枢は中立地帯を介して互いに明確に隔てられていない」、つまり「なんらかの遠隔作用が働いて、諸中枢の截然とした分離の効果を取り消してしまうのであると［Freud (1893b): 369］。さらに『ヒステリー研究』のブロイアーの「理論的考察」にも、それを窺わせる記述があるが、内科医であったブロイアーは脳に関する知識のかなりの部分をフロイトから得ていた。この点については第三章に譲ることとして、『失語論』に戻ろう。

そうした知見の蓄積の結果として、大脳皮質の支配的な位置づけが揺らぎ始め、これまで皮質下で起こると見なされてきたいくつかの過程を大脳皮質自体へと割り当て直す必要が生じてくるのだが、その場合、翻って、大脳皮質ではいったいどのように身体は映し出されているのかという問題が答えるべき問いとして浮上する。思うに、身体が皮質に投射されるという仮説は、この言葉の文字通りの意味において、すなわち、局所解剖学的に見て実際の身体と完全な相同性を持った投影という意味で理解されるならば、斥けることができる。[138] [*Aphasien* V: 91f.]

皮質で起こる事象と皮質より下位の部位で起こる事象との役割を捉え直そうという企ては、心的な領域で起こる事象を捉えようとする試み自体が、まったく別の方法を模索しなくてはならないという判断へと繋がってゆく。[139] ここでフロイトは、脳内における身体表象のあり方を問題とするが、この問題は今日においても変わらず重要でありつづけている。何となれば、自己の身体の統一感を構成しうる能力は、自己構造のあり方の根幹に深く関わると見なされているからである。

今日、身体からの信号が脳へと中継される際に重要な役割を果たしていると見なされているのは、島《とう》である。この島という部位については『失語論』でも冒頭で言及されていた、曰く、「この連合路をヴェルニケは、解剖学上の研究や臨床の場における観察から得られた成果に基づいて、島が位置する部位に想定した。ヴェルニケがこの連合を、もっぱら白質線維を通じてのみ起こるものと考えていたのか、それとも島の灰白質も仲立ちして起こる場合もあると考えたのかを、明確に推し量ることはできない」[*Aphasien* I: 42] と。現在では島は、前頭葉と側頭葉の両側境界に位置する発生学的に古い起源を持つ大脳皮質であり、ゆえに島は、延髄、中脳、辺縁系などの皮質下脳領域との双方向的な神経連絡を密に有することが分かっている。こうした神経解剖学的な構造を背景として、島は、末梢身体のさまざまなシステムから上向する信号が最終的に投射され、その状態が表象される脳部位であると考えられている——さらにいうならば、身体からの信号に直接相関関係を示すのは扁桃体と前部帯状皮質であり、島にはこれらの部位を経由して信号が伝えられるため、島で起こるのは、正確には〈メタ表象〉であることになる——。こうした身体信号は、島の中でも後部から前部へと、より統合されてゆく。それゆえ島の最前部には、〈身体的現在〉ともいうべき自己の姿が表象されているという主張もなされている。近年、こうした機能を背景に、島には心拍などの身体リズムさえも表象され、それが時間の知覚の起源になっているとも主張されるようになった。いずれにしても島はこうした機能により、身体からの末梢的信号を基盤にして、意識を構成する重要な役割を果たしていると考えられるのである［大平：78-79］[140]。

脳の中でも発生学的には部位ごとに形成される時期が違う。信号はいくつかの神経核によって中継されるのだが、その中でも後部島 posterior insula から前部島 anterior insula への経路は、霊長類の中でも、ヒトだけが有するという［大平：79］。こうした説明の中に我々は、ヴェルニケ＝マイネルト説を修正した『失語論』以後、同じ問題が今日、どのような術語で語られるようになったかその展開を見ることができる。島の最前部に「身体的現在」が表象されているのであれば、そこに「身体的な自我」の座はおかれるだろうか。この島はまた、「時間の知覚の起源」でもあるという。大平はクレイグの論を敷衍して言う、「前部島は意思決定において重要な役割を果たす前頭前野や前部帯状皮質（anterior cingulate cortex）に直接的な神経投射を有し、これがソマティック・マーカー機能を可能にする」［大平：79］[141]と。大平がここで述べているような、身体的現在という表象を作り出す部位である島で行われる「皮質と皮質下脳領域との双方向的な神経連絡」という考えは、『失語論』以後のフロイトにおいても、また同時代人であるベルクソンにおいても独自の見解をもたらしていた。

最後に、言葉をかえて言えば、要素的感覚が生まれる諸中枢は、いわば異なった二つの側、すなわち前方からと後方から作動させられる。それらは前方から感覚器官、したがってまた現実的対象の印象を受け入れる。後方からは、媒介に媒介を重ねつつ、潜在的対象の影響をこうむる。心像の中枢は、もし存在するとすれば、この感覚中枢との関係において、感覚器官と対称的な器官でしかありえない。それらが純粋記憶すなわち潜在的対象の保管場所でないことは、感覚器官が現実的対象の保管場所でないのと同様である。［Bergson: 139／148］

ベルクソンはここで、諸中枢を軸として、一方に感覚器官（つまり末梢）、もう一方に心像の中枢を置いて、感覚器官と心像の中枢とは対称関係にあるとする。諸中枢は皮質上にあり、感覚器官は末梢である。皮質を軸として、末梢と対照的な位置取りをするのは、皮質上のどこにも特定されない「超皮質」となる。皮質の諸中枢は、「前方からと後方から」作動させられる。これをフロイトの言葉に当てはめるならば、諸中枢が後方から受ける「潜在的 virtuel 対象」の影響、「媒介に媒介を重ねた影響」とは、連合に連合を重ねる「上位連合」［*Aphasien* V: 104］にほかならない[142]。そしてベルクソンにとっても、「超皮質」はどこにも局在されうるものではなく、精神機能の局在は否定されるのだが、「前方からと後方から」作動させられるシステムを、フロイトもまた『心理学草案』において構想している[143]。そしてそれはさらに時を経て、『快原理の彼岸』（一九二〇年）において「意識の座」を説明するものとなる。

意識は本質的に、外界からくる興奮の知覚と、心的装置の内部だけから発生する快と不快の感情を供給するものであり、知覚―意識（W-Bw）システムには、一つの空間的な位置を定めることができる。このシステムは外部と内部の境界に位置していて、外界に向いていると同時に、他の心的なシステムを包み込んでいるはずである。しかしこの仮定は、特に目新しい見解ではなく、局所論的な脳解剖学と同じことを主張するものである。脳解剖学では、意識の「座」は脳皮質、すなわち中枢器官のもっとも外側を包む層にあると考えている。解剖学という学問の性質のため、脳解剖学は、意識がもっとも内側の場所に大切にしまい込まれているのではなく、脳の表面に宿っていることを疑問に思うことはない。精神分析こそが、知覚—意識（W-Bw）システムについて考察しながら、意識がこのような位置にある理由をさらに解明することができるはずである。［Freud (1920): 141］

ここに、脳解剖学と精神分析との分岐点がある。この書でフロイトは初めて、エロスとタナトスという「新しい二分法」（ストレイチー）を提示した。この二分法は同時に、脳解剖学とそれを土台としてさらに先へと歩を進めるフロイトとの分岐点を画している。脳解剖学は、神経細胞の最高度に発達した皮質に、人間にのみ可能な精神生活、それも、精神生活の中でももっとも高等な部分を定位せざるをえない。それゆえに、もっとも「高度」な機能である「意識」の「座」を一番の表層に、外側に定位することになる。しかるに一片の生きた基質は、強烈なエネルギーに満ちた外界を漂っており、もしこれらの刺激からの保護がなければ打ち負かされてしまうだろう。

それが刺激保護を手に入れるのは、そのもっとも外部の表面が生命体としての構造を放棄して、ある程度無機的となり、特殊な皮膜ないし薄膜という形で刺激阻止的に働くことによってである。そうすることで外界のエネルギーは、その強度の一部分だけが、生命を保っている隣接層に伝達されてゆくことができるようになる。［Freud (1920): 79］

外界に接する一番外側の層は、外界から内部を保護する役割を持つ。それ自体は、生命体としては〈死ぬ〉。しかしそれによって内側の層を同様な死の運命から守っている。フロイトはこうも言う、生命体にとっては、刺激を受容することよりも、刺激から自らを保護することの方が重要であると［Freud (1920): 79］。

この感覚的皮質層がのちに意識系となったのだが、それはしかし、内部からくる興奮をも受け取る。そのため、外部と内部の間に挿まれた系の位置と、〔系に対し〕外部から働きかけるのか内部から働きかけるのかという働きかけの相違とが、系、ひいては心の装置全体の営為にとって決定的となる。［Freud (1920): 81］

外部からの刺激受容器官が多様に分化していなければならないことは、既に「終末器官」という術語を検討する際に確認した。そのように受容された刺激は、単一の「エネルギー」に還元されるのだということも見た。流入する刺激は、庇護膜のおかげでごく一部だけが内部にまで達し作用することができる。それに対して内部からの刺激から保護することは不可能事である。かくして二つの結果が生じることになる。第一に、内部からの刺激の発生とその受容、つまり、「心的装置内部の出来事」にとって指標は快と不快の感覚であり、この指標が他のすべての刺激にもまして優位に立つ。その上でさらに内部からくる興奮に対する防衛手段が問題となる［Freud (1920): 81］。つまり、内部からくる興奮に対してもなんらかの「刺激保護」の役割を担う〈膜〉が必要となるのである。

生命にとって、ある程度均質な空間である海中を出て、場所的な条件や時間的な条件に左右されてほとんど無際限に多様である陸上へと上がるとき、膜によって庇護される必要があったということを既に我々は、大平を経由してカバナックの論考で見た。最高度に発達した細胞を表面に置く人間の脳構造は、その「内側」に何を大切にしまい込むためのものであったろう？　もっとも高度に発達したものを一番外部に〈庇護膜〉としておき、その〈死〉と引き換えに生き残るもの、外界とは遮断され、場所的条件からも時間的条件からも無縁であり続けるものとは、一体何であり、また何のために存在するものだったろうか。このような、「もっとも内側の場所に大切にしまい込まれているもの」を解明しようという試みが、フロイトをして、精神分析の理論の構築へと向かわせることになる。その方向を定めるために重要な契機となったのが、この身体と脳との関係であったことは、充分に強調されて然るべきであろう。何となればフロイトは、『自我とエス』（一九二三年）において、自我とエスを説明する際、「自らの身体」をその基盤に置くからである。そして、自我が誕生してエスから分化するには知覚系の影響とは異なる要因が働いている必要があり、身体は、「外的知覚と内的知覚が同時に発生することができる場所」であるからである。外界と内部という区別の根底には、自己の身体が、知覚世界において他の対象と異なる地位（時間的・空間的座標軸の中心）を確立することがまず必要なのであり、そのために、自己の身体についての表象をどのように得るのかが問題となるのである。自我とはとりわけ、「身体的自我」なのであって、単に表面に位置するものであるばかりでなく、それ自体が「表面の投射 die Projektion einer Oberfläche」となっているものなのである［Freud (1923): 253／20–21］。このように、投影も身体と自我との関係も、フロイトの思索活動の中で一つの基調として変奏されてゆくのであり、その最初の考察がここにあるのである。

第三章……失語研究から精神分析へ

　物質がそれ自体で、ある種の「力」を具えていることは早くから議論されていた。離れた物質同士が互いに力を及ぼし合う現象を端的に示すのが磁石である。しかしこの現象が「磁力」という概念によって説明されるのははるか後代になってからである。同様に、「慣性」の現象についても様々に論じられたが、それは、デカルトにおいては「静止しているものはその静止を保ち続ける力、したがって、この状態を変えうるあらゆるものに抵抗する力」であり、動いている物にあっては「その運動すなわち同じ速さと同じ方向を持つ運動をし続けようとする力」を意味した［デカルト『原理』II‐43、引用は山本による。山本：220］。こうした「慣性」の捉え方は、物質がそれ自体で有する「固有の力」なのか、もしくは、物質は質料である限りにおいてこうした「慣性」を有するが故に、そして質料であるということは有限であることにほかならないが故に、それは無限性の欠如としての「原罪」なのか、という議論へと引き継がれていったのだった。

物質概念に「生命の事実に直接関係する属性」をもたらすという試みと、心的なものは不可分であるという捉え方との間に生ずる矛盾は、モーペルテュイ（一七五六年）において以下のように説明された。

個々の要素は、他の要素と結合したとき、己れの意識を他の要素が持っていた意識と混ぜ合わせ、己れに特有の自己感 sein spezifisches Selbstgefühl を失うために、個別の要素がかつて置かれていた状態に関するいかなる記憶も我々には欠落している。そうして我々の起源 unser Ursprung は、我々からは完全に隠されたものであらざるをえないのである。〔Maupertuis: 172〕

どのモナドにもかつてあった状態に対する関係と未来に対する関係が含まれていた。ここにはモナドという言葉も単純な実体という言葉もなく、モナドに与えられていた「知覚と欲求」という二つの力に代わって「共感と反感」が、そして「最終根拠」に代わって「我々の起源」という言葉が登場するのを見る。また、ここでは最小の単位として「己れに特有の自己感」をもった要素が登場する。その要素は、互いに結びついて集合体を形成する。その結合の都度、個別の要素にあった「自己感」は失われ、個別であったときの記憶は剝落する。そして決して遡及できないものとして、完全に隠されたものとして「我々の起源」が語られるのだが、ライプニッツ自身は「最終根拠」を到達可能なものとして考えていた。しかしモーペルテュイにおいて問題になっているのは、はたしてモナドの集合体であり個々のモナドが映し出す宇宙全体であろうか。カッシーラーはこの要素という言葉に「分子」という言葉を当てはめる。そして言う、「物質はそれ自体として魂をそなえて／吹き込まれている」と。

各部分が他の部分と結びついてより大きな塊となるとき、だからといって個々の部分は、この自己感を放棄するわけではない。これら魂を吹き込まれた分子すべてが合流してようやく一個の新しい総合意識が生ずる。この総合意識には全体を構成するのに与った個々の要素が関与しており、この総合意識の中ではこれらの要素は互いに融合している。［Cassirer: 119/154］[144]

合成されてできたものは、合成以前に個々の部分が持っていた記憶をもはや保持していないとモーペルテュイは言ったが、カッシーラーはここで自ら参照したモーペルテュイの言葉を明らかにすり替えている。カッシーラーは、「魂が吹き込まれた」「物質」を「分子」と読み替えた。魂を吹き込まれた個々の分子が合成されて一個の総合的な自己を形成する、と。さらにカッシーラーは、モーペルテュイが「我々の起源は我々から完全に隠されている」としたのに対して、どの部分も「自己感」を放棄しないと述べ、要素の集合体である「総合意識」には、下位の要素が融合しあって保存されていると考えた。我々は、分子という捉え方に代わってさらに「神経細胞」という極小の単位がのちに登場したとき、この細胞がいかにして意識を獲得するかという問題設定の中に同じ問いの変奏を見た。

マイネルトは、皮質細胞を、末梢から皮質に至るまでの細胞から厳然と区別し、皮質細胞にのみ「表象生活への関与」を認めた。感覚器官で受容され末梢から皮質へと伝えられる求心性の刺激は、一次的なものであり、それに対して、皮質に起源を持つ刺激は二次的なものであり、皮質から末梢へと発せられる遠心性のインパルス（指令）は、精神的なものであるとした。皮質細胞を、それ以外の神経細胞から区別し、それぞれに異なる役割を充てるという発想は、「ゾーエー」と「ビオス」との区別の近代版と言えようか。こうした系譜の跡付けは動物としての神経細胞が経てきた進化の過程の膨大な道のりを辿ることであり、この問いが繰り返し問われてきたその歴史の長さを測ることである。結合を繰り返して形成されたものは、結合以前に各々「部分」がもっていた記憶を己れのどこかに何らかの形で保持しているのだろうか。失われた「自己感」の記憶の所在、「我々の起源」をめぐる問いは「脊髄魂」についての議論の中に、つまり、皮質をもたない下等生物における中枢の役割を、皮質をもつ高等生物における皮質以外の中枢（脊髄）に当てはめることができるかという問題設定の中に、その変種を見ることができる。そうしてフロイトの、「動物としての我々の細胞がこれほど多様な機能修正／様態変化に最後まで堪え、さらに機能修正相互を区別するという離れ業をいかにして成し遂げるのか、我々にはもちろんまったく見当もつかない」［*Aphasien V*: 100］という感嘆があったのである。

いかにして神経細胞は、魂をそなえるまでに発達しえたのかという問いは、尽きせぬ問いとして残り、同時に、その神経細胞の起源は、我々からは永遠に隠されたままであり続ける。フーコーは、心理学における進化論の意義を、次の事実を最初に示した点に見ている。すなわち、「心理的事実は、一つの未来と一つの過去との関係においてしか意味をもたないこと。また、心理的事実の現在的内容は、それに一個の歴史を負わせている、それ以前の諸構造の無言の土台の上に成り立つものであること。そしてまた、その内容は、将来に起こりうるかもしれないことがらに対しても開かれた地平を含むものである、ことである」［フーコー(1957): 154］。

> 人間には世界の外の、世界を超えた原理が認められなければならない。というのも、人間の中に、時間（時代）が始まる以前の原理があるのでなければ、いかにしてあらゆる被造物の中で人間だけが、現在から過去の最も深い夜に至るまでの発達の長い道のりをさかのぼってたどり、時間（時代）の始まりへと上って行く

ということがありうるだろう。事物の源泉から注がれつつ、源泉と同じ人間の魂は、創造について後ろめたさ／共犯者的知識［Mitwissenschaft］[145]を共有しているのだ。［Schelling (1811): 216］

いくら遡行しても辿り着けない起源、永遠に隠されたままであり続ける我々自身の起源を説明するためにシェリングは、人間には「世界の外の、世界を越えた原理」が付与されるべきであるとした。そのために、神による「自己啓示 Selbstoffenbarung」というトリックが必要となるのである。我々は、世界諸共、神による世界創造でもって始まった。しかし、神による世界創造以前の世界について問うことはできない。創造以前、世界はどうであったか、そもそも有ったのかどうかを問うことはできない。世界を創造した神を創造したのは誰かと問うこともできない。こうした問いは無限遡及／無限後退となるからである。したがって世界創造とは、必然的に神の「自己啓示」でなくてはならない。つまり神を生みだすものが神以外にあってはならず、そのために神は自分で自分を生んだのでなければならず、したがって神のうちにはこのような、己れ自身を生もうという欲求が「原初の憧憬」としてあったのであり［Schelling (1810): 67］、だからこそ人間の内奥にもまた憧憬があるのであり、こうした「創造」についての「後ろめたさ／共犯者的知識」を共有しつつ（誰と――?）、その時点を措定することによって、それ以上遡行することのできない限界点、すべての始まりの地点をおいたのである。

［……］我々が現に目撃している世界のうちでは、すべては、規則と秩序と形式なのであるが、しかし依然として根底には規則なきものが潜んでいて、あたかもそれがいつかふたたび突如として現れ出ることが可能であるかのようであり、どこにおいても、秩序や形式が根源的なものであるように思われることはない。逆

に、最初規則なきものであったものの方が［事後的に］秩序へともたらされたかのようである。最初規則なきものであったものこそが、諸事物において、実在性の捉え尽くしえざる基底であり、決して解消されることのない残余であり、いかに努力しようとも悟性へと解消されることができずに永遠に根底に残るところのものなのである。［Schelling (1809): 32/430］[146]

ここで言う「解消される Aufgehen」という言葉は、上がる、立ちのぼる、現れる、芽生えるという意味であり、結び目などが解ける、ゆるむ、花などが咲く、念頭に浮かぶ、明瞭になることであり、数学用語としては整除される、割り切れることを意味する。そのように、aufgehen したあとに残るものが我々の内部にはある。それは根底に潜むものであり、いつか突如として現れるという可能性をはらみつつ、なおも現れないままであり続けるものであり、根底から浮上して現れるということが決してないままにとどまるものである。この Aufgehen という言葉は、シュレーゲルがサンスクリット語を他の原始的な言語と区別する際に用いた鍵語でもあった[147]。

ドイツにおける十九世紀前半の思潮は「ドイツ・ロマン派」を抜きにして理解することはできない。シュレーゲルによってドイツ語圏にもたらされた「サンスクリットの発見」も、ドイツ・ロマン派によって目覚めさせられた「インドという太古の知恵に対する深い憧憬」あってこそである。この憧憬が、倦むことのない知識欲と相俟って、シュレーゲルをして「サンスクリットの発見」へと導いたのだとデルブリュックは言う［Delbrück (*Einleitung*): 41］[148]。そのシュレーゲルは「流出 Emanation」という出来事を、インド式に理解された「世界創造」として捉えた。「理性の自然な発展として見るならば、流出というインド的なシステムは、どうあっても説明しがたい。しかし、それが誤解された啓示であると見るならば、すべてが説明される」［Schlegel: 105］。そしてこの「原初的な啓示 ursprüngliche Offenbarung」という表現は、「内的感情の発生 Aufgehen des innern Gefühls」［Schlegel: 106］として理解されるべきであるとしたのである。

真なるものの感情がいったんそこにあったならば、造作もなく言葉や記号がたやすく見出されるのであり、この感情が深く偉大であればあるほど、言葉や記号はいっそう高貴で重要なものであるのである。［Schlegel: 105f.］

「真なるものの感情」さえあれば、それを表現するための言葉も記号も造作もなく見出される。ではそのような感情は、そもそもいかにして生じうるのか。このような感情が発生するということ自体が、ロマン派の人々にとっては、「内側から展開する法則」の証左となるだろう。発芽し生長し、やがて萎れてゆくように、種子は、生長し展開すべく潜在的な力を宿している。その様態変化には一定の共通した流れがある。しかし、個々の個体が置かれた状況やその都度の条件に応じて展開の仕方には差異が生じる。そのヴァリアント（変化態）を網羅して、変化のあらゆるプロセスを追跡できたとしても、或いはまたそのプロセスを逆に辿って、あらゆる展開の可能性を潜在的に内包した種子に逢着したとしても、何故そのような展開がそもそも可能になるのか、何故種子はしかるべき条件を得るとその力を発現させるのかを説明することはできない。いつか条件を得るときを期して、種子のままその力を保持し続けることができるのかを説明することはできない。条件に応じた変化の法則性を解き明かしたとしても、そのすべてを可能にする「内的力」の生じ来たる所以は捉えきれずに根底に残る。このように、いくら遡行しても辿り着けない起源、永遠に隠されたままであり続ける「我々自身の起源」という考えは、精神分析において、「幻想構築 a fantasy-construction」という仮設、すなわち「時間的現実の中では決して起こらないのに、時間的な過程の整合性を説明するためにはそれを仮説的に前提しなければならない」［Zizek: 19/ 42］ものとして形を与えられるのである。

第一節 「言語装置」

フロイトが『失語論』において構想した「言語装置」の構造を構想したことは、のちの「心的装置」という概念を形成する前段階となったというシュテンゲル的な見解は、『失語論』が再評価される一つのきっかけを作ったと言えるが、シュテンゲル自身は、あらためて一九五四年に「言語装置」という概念のもつ意義についてさらに詳しく説明している。

いわゆる言語装置は、のちに精神-分析理論において重要となってゆく器質的なものと心的なものとの境界線上にある一連の概念のうち、最初のものである。これは、言語に関与する神経構造とは、非常に相関してはいるが同一のものではない。それは、有機的基体をもち、諸機能を備えた階層的な構造体として記述されうるかもしれない。フロイトの後年のほとんどの研究は「心的装置」に関する仕事に捧げられたのだが、我々の認めるところによれば、［この言語装置という概念は］その「心的装置」の前身である。［Stengel (1954): 86］

人間の身体機構を精巧な「装置 der Apparat」として捉える傾向が早くからあったことは、とりわけラ・メトリの『人間機械論』（一七四七年）に示されている。ラ・メトリは、魂の存在を否定するためにことさら「機械machine」という語を用いたのだった。しかし他方で、ちょうど同時代のコンディヤックのように、心的な領域において、心的現象のメカニズムを解明しようとする試みもまたあった。フロイトの言語装置を構成するのは、人間の精神生活と記号、そしてその記号によって表現されるもの、という三者である[149]。

言葉と感情との関係を示すものとして、「語根」という概念があるが、これは、ヘブライ語の文法研究によって知られるようになった。早くには既にヘルダーが、言語起源論の中で「語根」について言及している。

「言語が古くかつ初源的であればあるほど、種々の感情もまた語根の中で交叉している!」［Herder: 752/ 89］

「ある言語が初源的であればあるほど、このような感情がその中で頻繁に交叉すればするほど、これらの感情相互の従属は精確でも論理的でもありえなくなってゆく。言語は同義語に富んでいる。それは本質的に乏しいにもかかわらず、不必要なまでに極めて過剰である。」［Herder: 755/ 94］

言葉は時間に晒されたものでありながら、言葉には初源的な核となるものがあり、それを中心としてさまざまな接尾辞が入れ替わり付着することによって、言葉は歴史的に変化するものとなり、豊かなものとなる。言語とそれに付随する感情との関係は不正確なものであり、非論理的なものであり、言語それ自身が本質的に貧しいものであるが故に、言語によって意味されるものには不必要なまでの過剰さがある。言語がその本来の性質よりして過剰であることは、既にコンディヤックにおいて指摘されている。コンディヤックにおいて過剰性は、意思の疎通が実現するまでの試行錯誤、一つの言葉がある意味内容をもつという約束事が成立するまでの試行錯誤によって説明された。しかしヘルダーは、言葉というものが本質的には貧しいものでありながら、不必要な要素をありあまるほど含んでいるという言語の過剰性、冗長性をもってして、言語の起源が神にではなく、人間にあることの論拠としたのである。

ヘルダー以後、サンスクリット学の輸入はさらに決定的にその後の言語思想を方向づけることとなった。それは第一には、進化論と共に比較的な考察を促した。デルブリュックがシュレーゲルの論考に植物的なイメージを嗅ぎとったことは第一章で既に述べたが、シュレーゲルにおける「有機的」対「機械的」という対立的な語法の中に、デルブリュックは、ドイツ・ロマン派と啓蒙主義者たちとの対立を見ている。[150]

第一項　signum ではなく character

麻生健は、ライプニッツ以前の記号論は、アウグスティヌスの『キリスト教の教えについて』*De doctorina christiana* にある以下の言葉に端的に示されるとする。

> 記号（signum）とは、そのありのままの感覚的な現象以外に、もう一つの考えを表示する（significare）ような事物（res）である。〔……〕記号には、自然のものと人工的なものとがある。自然の記号は意図を持たず、他の何かを〔自らは〕意味しようとせず、しかし煙が火を表示するように、それ自体のありのままの姿とは別の、他の何かを認識させるものである。（第二巻第一章）〔引用は麻生による。麻生：29〕

「記号」とはまず以て、自ら意味しようと意図することなく、それ自身以外の何か、それ自身のありのままの姿とは別の何かを認識させるものである。記号それ自体に「意図」がないにもかかわらず、こうした「表示作用」が成り立ち「認識」が生じるのは、その記号に記号としての表示機能を与える「われわれ」、観察者である「われわれ」があってこそである。

> スコラの記号論では、記号特に言語は〈概念〉の記号（〈概念〉を表示するもの）であり、さらに〈概念〉は事物の記号であるという図式が成り立つ。ただその場合、記号が事物を直接表示することはなく、記号はあくまで〈概念〉を媒介として事物を表示し、しかもその際、記号と概念の関係は〈恣意的〉であると考えられている。［麻生：30］

つまり、事物と記号があり、これら二者を媒介するものとして「概念」があり、さらにこの三者を「観察」する「われわれ」があって、この「われわれ」がそれぞれの間の表示作用を成立させている。そして「概念」と記号との関係は「恣意的」なものである一方で、「概念」と事物との関係は、前者は後者の「似姿 imago」として、自然な関係が想定される。このような自然な関係、「知性の事物への一致 adaequatio intellectus ad rem」を成立させるのが、「直観 intuitio」なのである。麻生は、記号と概念と事物の関係を、それぞれ一対一で対応させるのをスコラの特徴とし、「概念」が事物そのものから切り離されて自立性を帯びてゆく点に近世のドイツ哲学の特徴を見ている。そして、「概念」ないし「記号」が事物を「現前化する repraesentare」という表現は、スコラにおいては、一対一の対応という関係を表すものだったのである［麻生：30-31］。[151]

この「現前化する」という言葉は、スコラにおいてはあくまでも記号それ自体が持つ作用である。したがって、スコラにおける repraesantatio の re- には「再」という意味はまったくないと麻生は断っている［麻生：

32]。そして記号と「概念」とが一対一の対応関係から解放されることになった背景には、当時の哲学の基礎であり模範でもあった「数学上の記号」が大いに貢献している。数学上の記号は、我々の認識能力に対していかなる事物をも「現前化」しない。そのような「数学上の記号」は、スコラ的な考えからすれば、すべて単なる「理性による構成物」であり、「現実」との関係を持たないものとされてしまうが、しかし近世の哲学においては、こうした「理性による構成物」は「創造的な力に基づく」ものであり、それればかりか「現実」に根拠をもつものとみなされるようになってゆく。それはまた、repraesantatio がドイツ哲学においては Vorstellung と訳されると共に、記号そのものがもつ作用ではなく、意識ないしは精神が働く作用として考えられるようになることと軌を一にする。こうした営みの流れの中にライプニッツの哲学的営為があるのである［麻生：31-32］。

モナドは単純な実体であり、モナドには、何かがモナドへと出入りできるようなドアはない。しかしモナドは相互に没干渉であるのではない。「個体という概念は、それから排除されたものとしてそれに対峙する諸他の個体を要求する」がゆえに、「モナドは他の諸モナドが存在してのみ存在しうる」ものであるとシュヴェーグラー（一八四八年）は言う［シュヴェーグラー（下）：86］。「モナドの生活はさまざまな知覚の不断の連続、すなわち自分および他のすべてのものの諸状態にかんする・明暗の度を異にする諸表象の不断の連続」であると［シュヴェーグラー（下）：88］。モナドはそれぞれ自立的であり、他からの影響を受けないが、己れ自身がなす表現、representation/Vorstellung を経由してのみ、モナドは互いに関係し合う。だからこそその表現、表象を表現する記号が問題となるのである。まず、ライプニッツの場合、記号は signum ではなく character と呼ばれるようになったことによって、記号は significare という作用から、とはつまり、「一対一の対応で表示する」という作用から解放されることになる。スコラにおいては、記号は、感覚的な事物であると同時に、表示するという作用を備えた、いわば感覚的存在を超えた事物である。しかしライプニッツにおいては、記号と概念はほとんど等価として扱われることになり、「記号 character」という概念そのものが徹底して「機能」として捉えられることになる。『事物と言葉との間の結び付に関する対話』*Dialog über die Verknüpfung zwischen Dingen und Worten* (1677) では、「図形こそが何にもまして的確な記号であって、それに比べるならば十という数と10という記号との間には一体どんな類似性があるのか」という問いに対して、「記号の選択が的確である場合には、記号相互の間に関係もしくは秩序があって、それは事物相互の間の秩序に対応している」のだと答えている［Leibniz (*Dialog*): 19］。

というのも、記号それ自体が恣意的であったとしても、しかしこれらの記号を応用し結びつけるときに効力を発揮するもの自体はもはや恣意的ではないからである。つまり、記号と事物との間にある比例関係がそれであり、したがってまた、それら事物を表すのに用いられるさまざまな記号すべての相互に生ずる特定の関係のことである。そしてこの比例関係、この関係こそ、真理の基盤なのである。［Leibniz (*Dialog*): 20］

事物を表すために任意に選ばれたそれぞれの「記号」が、当該の事物そのものを表すのに最も適したものであるかどうかが問題なのではない。一つ一つは任意に選ばれた記号ではあっても、それらの間には自ずと何らかの関係、秩序が形成される。こうした記号相互の関係は必ず事物相互の「関係」に対応している。そのために、ある事物を表すための記号を、別のものとする場合、それに応じて、別の事物を表すための記号もまた変化する。その結果、どの組み合わせの記号を選ぼうとも、記号同士の関係によって表されるものは、事物相互の関係であるという点で変わりない。その際の対応関係は、記号と事物との間の恣意性にではなく、それらの間においてつねに一定である関係に基づいて生ずるからである。だからこそこうした関係が、真理の基盤となりうるのである。

ライプニッツは、この「記号」相互の比例関係としての秩序と、事物相互の比例関係としての秩序との間の対応を、「関数的」、もしくは「比論 analogia」的なものとして捉えた。このように「記号」を捉えるところから、「思考のアルファベット」という発想が生まれたのだった。

第二項　記号の恣意性

本来「二次的」であったものが「一次的」な原因として機能するという捉え方を、我々はすでにコンディヤックに見ることができる。ロックは、知覚に由来する単純観念と、心の作用である反省に由来する複雑な観念とに分けて、知覚に由来しない単純観念はなく、これら単純観念を組み合わせて作られたのではない複合観念はないとした。そしてコンディヤックは、外的対象に代わって反省の対象となる映像（イメージ）さえ、それ自体が既に知覚であるとしたのだった。とはつまり、複雑な観念は、その観念を構成する単純な観念が由来する元々の知覚がなくとも、その観念と結びついた名前・記号さえあれば、いくらでも随意に思い起こされうる。つまり、外的対象に依らない再生知覚があるのであって、そのように「再生される観念の鮮やかさが夢や狂気の原因になる」ことさえ起こりうるのである。このような観念と名前・記号との結びつきの恣意性を示唆した点において、コンディヤックの感覚論は、記号論の先駆けとされたのである。[152]

コンディヤックは「注意 attention」について述べる中で、統御という観点を強調する［Condillac: 116-120/(上) 47 - 59］。[153] 我々の身体は常に同時にさまざまな情報にさらされているが、それらを同時に同程度に感受することは不可能である。我々はある一点に対して選択的に注意を向ける。しかし注意がその一点に集中している間にも、身体は他の情報にさらされ続けている。そして注意がゆるんで、他のものにも注意が向けられると、これまで注意されていなかったものがまるで無から生じたかのように意識に上るように感じられるが、それらのものは、かすかにしか知覚されていなかっただけのことである。そしてそのかすかな知覚が消えると同時に忘れられてしまっていただけなのである。つまり意識は、我々がある物を知覚したという認識を与えるだけでなく、「その知覚が繰り返される場合、我々がかつてそれらの知覚を持ったことがあるということをも告げ知らせ、またそれらの知覚を、我々に属するものとして、さらにはそれら知覚の多様性や継起性を貫いて常に存在するこの「我々」という同一の［変わらない］存在に働きかけているものとして認識させもする」のであり、そのおかげで我々は、人生のどの瞬間もが、我々が存在しはじめる最初の時のように思われてしまうという事態を免れているのである。このような働きをコンディヤックは「想起 reminiscence」と名づけた［Condillac: 120/（上）57］。

コンディヤック自身はその際、「身体」という言葉を使わないが、しかしそのときどきの知覚が自分という同一の存在に働きかけているものであること、それら知覚の多様性や継起性を貫いて常に存在する自分というものの同一性を担保するものとして、身体は想定されている。コンディヤックが「延長」の概念について述べるとき、他の感覚よりもまして「触覚」を特権化すること［Condillac: 122/（上）63］、想像上の観念が、本当に目の前にあるかのように思いこんでしまうほど生き生きとした姿で立ち現れるのは、「想像を引き起こす物理的［生理的］な原因である身体の運動と、現前するものを知覚する際に生じる身体の運動とが非常に似ている」ということから説明しているのを見ても明らかである。この個所でコンディヤックは、ここで自分は「魂の物理的原因は神経の振動であると想定して議論している」と注釈している［Condillac: 123/（上）67］。或いはまた、別の個所でコンディヤックは、記憶という働きさえ得られるならば、外的事物が存在しなくても、想像力を発揮することができるようになり、それによって魂は、自らを刺激する外的対象に依存した状態から抜け出ることになると述べている［Condillac: 132/（上）90－91］。しかしそのことは、ヴィゴツキーとは違って、「身体に依存しない情動」を容認することへと展開してゆくわけではない。

たとえどれほど集中してある一つの考えに没頭しているときであっても、我々をとりまく様々の対象は我々の感官を刺激し続けている。そして、それらによって生じる様々の知覚は、それと結合した様々な別の知覚を思い浮かばせ、これが我々の身体の中に一定の運動を引き起こすのである。我々がある考えに没頭していて、それと比べて弱々しい仕方でしかこれら外界の事物が我々を刺激しないときには、それらの事物は我々をこの没頭状態から目覚めさせることができない。［Condillac: 130/（上）84］

いかに意識が外的事物とは無関係に何かに没頭していたとしても、その間にも身体は外的事物に取り囲まれて存在し続ける。その限り、身体は、外的事物から刺激を受けとり続ける。しかし逆に言えば、自分が何をしているかということについて反省しているわけでもないのに、十分考えて行動しているのと同じような仕方で我々が振舞うという事態も生じるのである。コンディヤックはこの節で、それを統制する自由が自分にはないような「想像力」について説明する。この想像力は、統制できないという点で、獣の中で生じているのと同じ働きであると。コンディヤックは、動物にも魂を認め想像力を認めるが、そのどちらも動物においては人間のそれよりも劣っている。そしてその決定的な相違は、統制の能力の有無にあると見ている。とはつまり、そこに生物としての人間と、精神的な存在としての人間との境目を見るのである。

記号の恣意性は、記号同士の関係と、それぞれの記号に対応する概念同士の関係が比例関係にあることによって、相殺される。しかしコンディヤックは、恣意性をむしろ強調した。『人間認識起源論』の第二章第四節「記号の使用が、想像、観想、記憶という働きを発展させる真の原因である」においてコンディヤックは、記号には三つの種類があることを説明している［Condillac: 128-131/（上）78‐89］。

一、偶然的な記号。すなわち一定の状況によって何らかの観念と結合された対象。
二、自然的な記号。すなわち喜び・悲しみ・苦しみなどの感情を表出するために自然が定めた叫び。
三、制度的な記号。すなわち、我々が自分自身で選んだ記号。観念とは恣意的な関係しか持たない。

このうち、偶然的な記号についてコンディヤックは、この種の記号しか持たない人間は、ある対象を目にするたびに、その対象と結びついた知覚を思い出すであろうが、目の前に対象がないとき、この知覚を自力で思い浮かべることができないと説明する。とはつまり、この場合、対象物そのものが記号なのであって、対象物が目の前にないということは記号の不在を意味する。したがってこの場合には、不在の対象を思い起こすための手段がないことになるのである。第二の自然的な記号とは、たとえばある感情に襲われて発せられた叫びがそれに該当するが、しかし最初に発せられた時点ではそれはまだ記号ではない。ある感情を繰り返し経験しその都度自然にその叫びを発するという経験が反復されることによって、想像の中でこの感情とその叫びが強く結びつけられる。そのような段階を経て、他人がその叫びを発するのを聞いたならば、その人は自分がその叫びに結びつけた感情を想像することができるようになる。このとき初めてこの叫びは記号となるのである。しかしそれも、たまたま他人がこの叫びを発するという状況に遭遇しなければ、自力でこの感情を思い浮かべることはできない。そしてこれが「自然的」といわれるのは、ある感情に襲われたときに自然に伴うと言われるように、自分で叫び方を選ぶことはできないからである。このように、偶然的な記号の場合にも自然的な記号の場合にも、対象が目の前に再びあるとか他の人がその叫びを発するのを聞くといった、外的な原因による、偶然的な経験に左右されるものであり、そこには想像力が働く余地がない。動物も叫び、仲間同士の間で合図を送り合うことはできても、不在のものを表象することはない。動物には想像力が皆無だというのではない。動物は、「全く記憶を持たず、自分では自由に制御することができないような想像力」しか持たない［Condillac: 129/（上）82］。その限り、自分を取り巻く状況に完全に従属している。

ここでコンディヤックが、「自由に統御することができないような想像力」に言及していることは注目すべきである。それをコンディヤックは動物に特徴的なものとして位置づけ、生物的な存在としての人間にも同様の想像力を認めた上で、さらに人間は、「精神的な存在であるがゆえに、「自由に統御できる想像力」をも持つのだとした。このような、いわば「動物的な想像力」はしかし、連合が起こる際に顕著にその働きを示すものである。なんとなれば連合は、本人が意図しないものまでも連想させ想起させるものだからである。「連合」において働く我々の想像力は、我々自身にとってさえ思いがけなかったものをも思い出させてくれることがある。記号が記号として機能しはじめる条件とは、最初にまず何ものかの知覚がなくてはならないが、しかしそれだけでは足りない。経験された知覚は、いったん忘れられなくてはならない。もしくは、いったん対象が目の前からなくならなくてはならない。知覚されたものが不在になったとき、不在のものを思い起こすために、記号が作動するのである。

現前する対象がたまたま知覚から外れたり、知覚が自ずとなくなったりする時に、想像の機能とともに、記号の空間が開かれることになる。（だが、二次的、非本来的［non originaire］であると想定されたこの時

［moment］は一つの時なのだろうか。時のこうしたカテゴリーをもたらす時間とは、知覚をなくするもの自体なのではなかろうか。）［デリダ：81］

対象が消滅し、対象の知覚が消滅するとき、初めてそのあとに想像が機能するための空間が開かれる。記号の空間が開かれる。シュレーゲルの言葉を思い出してみよう、「真なるものの感情がいったん有りさえすれば、それを表す記号はたやすく見いだされる」と。そして感情という言葉は、感受されたもの一切を意味しうるものであることはaffectusという言葉と同様である。何らかの作用をこうむった情態、それによって引き起こされる何ものかであり、それをしも心的状態といえようか。それをそれ自体としてつかむことは難しい。だからこそそれを表現するものが必要とされるのであり、表現のための場が拓かれるのである。

精神分析は、何か根源的に消え去ってしまったものを、その探求の基盤に置いている。それはおそらく、「生命」の名に値するものである。そうはいっても、我々が、それが初めから生命的なものであったということを直接に知っているというわけではない。むしろ、すでにそれが失われてしまった今となってはじめて、我々は、それが生命的なものであったと思念するようになるのだと言うべきであろう。言い換えれば、精神分析がその上に成立している根本的な事態とは、もし消え去っていなければ「生命」であったかもしれないような何ものかが、現に消え去っているということなのである。［新宮：65］

ルソーは、コンディヤックが、言語の使用に先だって、まず予め社会が成立していたのでなければならないと仮定したことを批判したが、この仮定があればこそ、社会の構成員相互の間に何らかの共通の理解が想定されることになり、言語の恣意性の度合いはより増すことになる。相互に了解しあえる基盤（コード）が成立しているならば、恣意的であるかどうかは相互了解の妨げにならないからである。デリダがここで述べるのは、記号の成立は、ある何ものかの直接的な知覚とその喪失のあとに初めて可能であるということ、記号はこの直接的な知覚に対する事後性に刻印されているということである。そしてこうした事後性は、フロイトの精神分析以降の思想に、決定的に刻印されているものでもある。

記憶《メモワール》という働きは、すでに我々が見たように、観念の記号、ないしはその観念に関わる状況を呼び起こす能力の中にしか存在しない。そしてこの能力は、我々が予め選んでおいた記号の類推と、諸観念の間に我々が設定しておいた序列とをとおして、思い出そうとする対象が我々のそのときの欲求の一つと繋がっている限りにおいて、はじめて発動するのである。［Condillac: 129/（上）81］

コンディヤックは、人間と動物との決定的な違いとして、記憶という働きを挙げた上で――想像力であれば、程度の違いこそあれ動物にも与えられていたが、記憶は全く欠如していると見なされていた――、この記憶を、「欲求」と結びつける。記憶さえあれば人間は、外的事物、外的状況に依存した状態を抜け出すことができると述べていることもすでに見た。記号が恣意的なものであること、対象の映像（イメージ）自体がすでに知覚であること、記憶さえあれば外的状況に依存しない魂の状況が確保されること、また注意によって、我々は自分を同じようにとりまいているもののうち、あるものに没頭し、他のあるものについてはその存在にすら気づかないということがあること、そしてこうした注意も記憶も、等しく欲求にしたがって、随意に統御されるものであること。これが、コンディヤックの記号の捉え方の意味するところであり、二十世紀後半になって読み直しが進められている所以なのである。

『ヒステリー研究』以後、精神分析は、「すべてを性的な要素に還元した」と受けとめられ、人間は単に性的存在であるにすぎないのではなく、人間はより高尚な、より高等な心の動きも知っているという抗議を受けてきた。それに対して、フロイトは『精神分析入門（続）』の中で、以下のように答えている。「人間はこれらのいちだんと高い心の動きを意識することによって勇気をえて、無意味なことを考えたり、事実を無視したりする権利をあえて行使することがしばしばある」と［Freud (1933): 269］。人間は、高度に知的な生き物であるからこそ、無意味なことと有意義なこととのあいだで、あえて前者を選択しうるのであり、これこそは人間以外のいかなる生き物にもなしえなかったことであったはずである。こうした主張は、ちょうどコンディヤックが「欲望」を、「人間的想像力」の「人間的」といわれる根拠としたのと同様であり、その「欲望」は合目的性だけで説明されうるものではないのである。

第三項　失語をめぐる議論

a.「内的発話」と「外的発話」

『失語論』第三章の冒頭で、フロイトは、ヴェルニケやリヒトハイムたち自身が、局在論に依るだけでは症状の多様性を説明しつくすことができずに「機能的な要因」を導入した点を衝く。第三章は以下のように始まる。

主張された言語中枢がもつ心的な意味を、臨床において言語障害が現れる際のどんな状況が証明するのか、という問いに対して、その答えを見つけだそうと我々は骨折ってきた。そしてそのために臨床の観点からヴエルニケの伝導失語に光を当ててきた。それによって我々は、本質的なところで局在の考えに立脚しているような図式がそもそも正しいのかどうか、疑念をかき立てるような事実にぶつかった。ヴェルニケ＝リヒトハイムの図式は、そういう図式であるといったところで不当ではなかろう。しかしその際に思い起こされるべきは、この二人の論者が言語障害を説明するために、何の躊躇もなく、機能的な要因までも引き合いに出したことである。〔*Aphasien* III: 57f.〕

「機能的な要因」を、フロイトは、『失語論』において「局所的な要因」に対して対比的に位置づける。ヴェルニケもリヒトハイムも局在論を、失語発症の仕組みを説明する唯一の論理的基盤としながら、それに対立するはずの機能的な要因を安易に持ち出したことは、フロイトからすれば局在論の破綻に他ならない。しかし当人たちはそのことに対して無自覚であることをフロイトは何よりも批判するのである。

リヒトハイムは自分の論を実証するために、「音節検査」という実験を考え出した。この実験をするに当たってリヒトハイムが立てた問いは、「運動性の失語である人が、いわゆる「内言語」を操作できるかどうか、つまり自分では発話できないような語を響かせることができるかどうか」〔*Aphasien* III: 58〕というものであった。リヒトハイムによればトゥルソーは、失語の場合語 words は忘れられてしまっていることを証明するために、ほとんどの症例においては「内言語 inner speech」は消えてしまっていることを示した〔Lichtheim (Englisch): 441〕。

そのためリヒトハイムは患者に、〔或る物を見せて、その物を表す〕語が含んでいる音節の数だけ自分の手を握るよう要求した。その結果、こうした仕方では患者には、自分がもっている語の知識を証明できないことを発見した。このようなデータは明らかに、言語事象についての我々の表象に浅からぬ影響を与えずにはいないだろう。というのも、この場合、〔感覚〕中枢Aはもちろん無傷で、〔感覚〕中枢Aとそれ以外の皮質との連絡にも破損がないからである。一つだけ損傷があるのだが、それは言語装置の感覚野の部分からははるかに離れて〔運動中枢〕Mの中に、つまり語運動表象の中枢にあるだけである。にもかかわらずこの患者には、第三前頭回〔ブローカ野、すなわち運動中枢のある部位〕に限局される損傷が存在するために、側頭葉〔感覚野〕に保持された語音を、第三前頭回以外の脳の活動によって（たとえば視覚による知覚〔この場合、物を見せられること〕によって）興奮させる〔響かせる〕ことができないからである。［*Aphasien* III: 58］

「たとえ知的能力が制限されていても、聴覚表象を失っていなければこれができる」はずだが、患者たちは、「聴覚的語表象の神経支配を賦活することができなかった」［Lichtheim (Englisch): 441］。フロイトは「内言語」を、「語を響かせること das Erklingenlassen der Worte」と言い換えているが、これは、リヒトハイムが「内言語」の有無を調べる際に基準とした「聴覚的語表象の神経支配を賦活すること」に対応する。リヒトハイムにとってこの音節検査は、「概念中枢」と聴覚中枢との間にのみ経路を想定したクスマウルの失語図に異論を唱え、「概念中枢」と運動中枢との間に直接的な経路を想定すべきであると主張する論拠となるはずのものだった。

あいにく私は、近年では純粋のブローカ失語の症例を観察していない。しかし、少なくともこの型が優位を占めている一連の混合症例、もしくは同種の型の純粋な例を見てきた。そしてどの症例においても、患者は聴覚的語表象の神経支配を失ってしまっていることに気づいた。これらの観察は、まちがいなくトゥルソーの症例に対応しており、結果私は、筋失調性の失語患者の通常の例においては、概念中枢から聴覚中枢への伝導路は遮断されていると確信した。ゆえに、クスマウルの図が正しいということはありえないし、経路ＢＡに損傷を仮定するだけでは何が起こったかを説明することはできない。というのもその場合には、ａＡＭｍという反射経路と、語を反復する力は無傷のままであり続けることになってしまうからである。それに対してブローカ失語においては、復唱能力は、随意的な言語能力と同様に障害を被っているからである。
[Lichtheim (Englisch): 441]

ここでリヒトハイムは、この音節検査をした当時、純粋のブローカ失語の症例を観察していないと述べているが、この点が、フロイトがリヒトハイムの説を崩してゆく手がかりとなる。フロイトは、リヒトハイムの説に対する直接の反論としては、「自発的に話すことはできながら、復唱することだけが損なわれる」という症例はかつてない、として、それ以上詳しい反論は、ヴュースマンに賛同すると述べるのみで、ヴュースマンから直接引用することもしていない。そのヴュースマンの反論は以下のとおりである。

一つの語の音節の数は、発話された言葉の中でこの語を形成する分離された音の量を示すにすぎない。どの音に対しても、発話の際に機能する筋肉は、Ｌ［語音心像］から発せられる、神経支配を賦活する刺激を受けとるはずである。つまり我々が一つの語の音節を数えることによって調べることができるのは本来、何度我々は自分の発話［発声］器官を機能させなくてはならないかということだけである。つまり、［発話のための筋肉の］神経支配を賦活する刺激がＬから何度発せられるか、ということだけである。[Wysmann: 49][154]

つまりリヒトハイムの検査は「自分では発話できないような語を響かせることができるかどうか」を調べることを目的としたが、「超皮質性運動失語」の場合には、感覚中枢Aも運動中枢Mも共に無傷であり、経路AMの連絡も保たれているが故に、にもかかわらず「発話できない語」というのは、そもそも患者がその語に対する音心像を持っていない語ということになる。そしてまたもう一点、リヒトハイムの検査において、考慮されなかった点がある。リヒトハイムは、その聴覚表象の有無を、知的能力の程度には関わらないものとして前提していた。失語症と知的能力との関わりは、（とりわけ感覚性の）失語理解の難点であり続けたのである。

b.「錯語」

デルブリュックはフロイトが『失語論』において直接名前を挙げ、かつ引用する唯一の文献学者であるが、それは以下の個所である。

我々の理解では、錯語と命名される言語障害は、的確な語を、不的確な語によって置き換えるものである。その場合この不的確な語はしかし、必ず、正しい語と何らかの関係をもっている。この関係を描写するには、文献学者であるデルブリュックの詳述に依拠するのがよいだろう。意味の上では互いに似通った語、もしくは頻繁に連想されるうちに互いに結びつけられた語同士を、話し手が取り違えるとき、たとえば、「鉛筆」と言う代わりに「ペン」と言ったり、「ベルリン」と言う代わりに「ポツダム」と言ったりするのは、これは錯語の一種である。さらには、似た音をもった語同士を取り違えるとき、たとえば、「ムッター［Mutter］」〔母〕の代わりに「ブッター［Butter］」〔バター〕、「パンフレート［Pamphlet］」の代わりに「カンプファー［Campher］」

〔樟脳〕と言ったりするときもそうである。最終的には、個々の文字を別の文字によって置き換えるような、構音化の際に間違いをする（字性錯語［literale Paraphasie］）場合もそうである。［*Aphasien* III: 61］

クスマウルは錯語を論じて、しかもどういう類の言葉が代わりに紛れ込むのかは言及しなかった。しかし、「鉛筆」と言う代わりに「ペン」と言ったり、「ベルリン」と言う代わりに「ポツダム」と言ったりすることはあっても、「ベルリン」の代わりに「テーブル」と言うことはありえない。紛れ込んだ「不的確な語はしかし、必ず、正しい語と何らかの関係をもっている」。この一文をもって、クスマウルからフロイトへ、言説は一変したとグリンバーグは見る［Greenberg: 53/80］。しかしその間にはデルブリュックがあり、ジャクソンがある。ジャクソンの説明の中から、デルブリュックと比較するための例を一つ紹介しよう。ある患者が「テーブル」の代わりに「椅子」と言うとき、「テーブル」と言わないということが、神経要素の部分的な破壊によって引き起こされたネガティブ・コンディション（陰性症状／陰性条件）であり、その代わりに「椅子」と言うことが、同じく神経要素の破壊によって生じた新しい環境における「最適の」要素が代わって働くというポジティブ・コンディション（陽性症状／陽性条件）である。

このとき、発せられた言葉は意図されたものとの関係においては間違っている。しかしその状況においては最善の発話なのである。［……］実際の、第一次的な間違いは、活動しない神経要素、破壊された神経要素、もしくは、さしあたって「戦闘不能」となった神経要素にある。［Jackson (1878-79): 316］

「テーブル」と言う代わりに「椅子」と言ってしまうのは、発話の際に、テーブルのイメージと椅子のイメージとが「無意識的に」、もしくは「意識下」において再生されているからである。「テーブル」と言うために最優先して活動すべき神経要素が一時的に「戦闘不能」になってしまったために、必ずしも正しくはないが、しかし与えられた状況下では最適である別の言葉が置き換わる。それが、部分的な破壊によって引き起こされた「神経配列」の組み替えによって生ずる結果なのである。

これだけ様々な種類の錯語があると、発話装置〔Sprechapparat〕のどの個所で不手際が入り込んだのか区別をしたいという気持ちに駆られてくる。おまけにまた、二つの語の意図が融合してしまって一つの出来損ないの語が出てくることがあるのも錯語的であると言えるだろう。「ムッター」〔母〕もしくは「ファーター〔Vater〕」〔父〕の二つが融合した言葉としての「フッター〔Vutter〕」である。〔*Aphasien* III: 61〕

『失語論』においてフロイトは、基本的には言語装置をSprachapparatと表記しているが、ただ二個所においてのみSprechapparat〔*Aphasien* III: 61〕という表記が現れる。[155] そのうちの一つが、上記の個所である。これはフロイトの「書き間違い」というよりは、言い間違いを起こす口頭言語を念頭においた上での「発話装置」を意味しているのだろう。この観点からグリンバーグは、Sprachapparatをlanguage apparatusと訳し、Sprechapparatをspeech apparatusと訳すことを提案している。[156]

さて、上記で言う「二つの語の意図が融合してしまって一つの出来損ないの語が出てくる」という表現は、デルブリュックの以下の記述をふまえたものである。

たとえば、誰かが「ファーター」の代わりに「フッター」と言うかもしれない。というのは、そのときその人の念頭には、「ムッター」があるからである。もちろん、表面に示されるのは音が取り違えられたことなのであるが、しかし実際には、表象心像の混合がある。［Delbrück: 93］

上記の錯語の事例を援用しながら、フロイトは、デルブリュックの最後の一文を引用しない。それを指摘してグリンバーグは、この時期のフロイトとのちのフロイトとを分けるメルクマールとする［Greenberg: 54f./81］。しかしフロイトは、言葉通りでないとはいえ、「二つの語の意図の融合」に関してははっきりと言及している。フロイトが敢えて触れなかった点をここに探すとすれば、むしろ「表面に示される」事柄と、表面には現れなかった意図との間のズレであろう。この示唆は、表面に現れた事柄（症状）は読み解かれなくてはならないのだということを同時に教えている。しかしまた、こうした錯語は、疾患を負った人にのみ現れるのではない。健常者であっても、また教養の高い人であっても錯語はあるのだということをデルブリュックもクスマウルも例を挙げて説明し、またフロイトも『失語論』で引用している。錯語をめぐる考察は、器質性だけでは解決できない問題として、意識下で再生された表象の問題を浮かび上がらせ、その表象が表に現れるまでにこうむるズレの問題に注意を促した。しかし、『失語論』時代のフロイトはまだ、なぜ「母」という言葉と「父」という言葉が融合するということが起こるのかという問いには立ち入らない。「発話装置［Sprechapparat］のどの個所で不手際が入り込んだのか区別をしたいという気持ち」を覚えながらも、その誘惑には屈さない。しかし、デルブリュックには明示的な考察があり、フロイトはそれを確かに読んでいるのである。

話し手は、一定の表象と結びつけた一定量の語を随意に使用する。語と表象とのこうした結びつきが元々はどのようにして生じたのかという問題には、我々はいまここでは立ち入らない。現在生きている人間にとって音と表象との結びつきは歴史的偶然的産物なのである。さて、これだけ多くの語を保持する可能性は、部分的には、これらの語が心の中では孤立してではなく、グループ分けされて結びついていることから説明される。さしあたって多くのものは、語源に応じてグループ分けされてひとまとめにされている。〔……〕かくして孤立したものは連合したものよりも容易に置き間違えられやすい、という定理が得られるのだが、それにしてもこれは自明のことなのである。〔……〕このような取り違えが起こっているように思われるところでは、中間項を知らないがために間違った判断を下してはいないかが問題となる。〔Delbrück: 94〕

音と語との結びつきは、歴史的産物であり、その結びつきの由来を確証することをデルブリュックは我がこととしない。連合されたものは失われにくいということ、そして語と語を結びつける「中間項」は表に出ないままに、語は取り違えられる。単語はそれぞれ内包する概念によってグループ分けされており、そこには文法構造よろしく「内的論理」があるという発想は、ヘルマン・パウルにおいて示されている〔Paul: 176〕。そしてまたこのような「内的論理」の想定からデルブリュックは、文献学者らしく、文法構造に注目することによって、「心に刻まれたものとしての文のモデルについての理論 his theory of sentence models as imprinted on the mind」〔Greenberg: 62/ 93〕を導き出した。そのようにしてデルブリュックは、失語症患者のとりとめのない発話の中にも意味があると仮定しえたのである。

私は、患者が語を意のままにあちこちでごちゃまぜにするといってもいいほど、この語順モデルが患者のなかで破壊されているのを見たことがない。語順モデルが依然存在しているという積極的な証拠は、人が写生風とよぶかもしれない表現様式によって、（失語症の）進んだ段階においてさえ与えられる。たとえば、ある患者は「一つの目、いつも、涙」と言う。彼はこのように言うことによって、「一方の目はいつも涙がいっぱいである」と言おうとしているのである。いわば、口頭言語のもっとも突出した頂点だけは見ることができるが、それは正しい位置にある。［Delbrück: 97f.］

語と語を繋ぐ言葉は失われても、「最も突出した頂点」である語は失われない。しかもその順序は依然として正しい位置にある。つまり障害によって失われやすい言葉と最後まで残る言葉がある。その言葉と言葉の繋がりは、文として正しくはなくとも、程度の差はあれ、ある種の秩序を残している。だからこそ、そこに「意味」はあると想定できるはずである。

感覚失語を論ずる何人かの理論家たちは、まるで文章の構造についてまったく考えたことなどないかのようである。彼らはまるで、一つの文章は、事物のイマージュを喚起しにゆく名詞だけで構成されているかのように考えている。会話のさまざまな部分は、まさにイマージュ間に、あらゆる種類の関係とニュアンスをつくり出すことが役割であるのに、これらの部分はどうなるのか。［……］洗練されていようと粗削りであろうと、言語はそれが表現しうるよりもはるかに多くのものを言外に含んでいる。発話は、羅列される単語によって進むものであるのだから、本質的には非連続であり、思考の動きの主要な段階のところどころに道標を立てるものでしかない。だからこそ私は、あなた方の考えと類似の考えから出発し、ちょうど道しるべのように、そのときどきに私に道を示すべく用意された言語的イマージュに助けられて、その思考の曲折を追跡してゆくことによって、あなた方の発話を理解するのである。［Bergson: 132f.］

発せられた言葉は、思考の動きを跡づける道標である。その道標は、デルブリュックが「突出した言葉」と言い表したように、発せられなかった無数のイメージを従えて、思考の歩みが方向を定めるその都度の曲折を標している。ベルクソンは、従来の失語研究者たちは名詞にばかり注目してきたと批判するが、しかしデルブリュックにおいては発せられた非連続の単語を結びつける文法、「内的論理」に対する洞察がある。その「内的論理」をフロイトは、『失語論』で援用することはないが、ある種の言葉が優先的に失われるという症例を論ずる際、「意味が限定された／狭い意味を持った von enger Bedeutung 語が失われる」という表現をする。[157] 意味が限定された、とはつまり、無数のイメージの中から求心性に応じて選択された、ということである。グリンバーグはこのようにフロイトが「狭い eng」という言葉を使っていることについて、これによってフロイトは、名詞と対象という区域から逃げ出しもっと複雑な言語理論に向かうのだとする [Greenberg: 182/260]。また、一見繋がりがなく関連もなさそうに思われる患者の発話にも、何らかの「意味」があるという発想を、フロイトがデルブリュックから学んだのではないかと、グリンバーグは推測する。そのようにしてフロイトは、自分の患者たちの最初の「解読者」になったと [Greenberg: 56/85]。[158] 実際この観点は、同時期のフロイトの臨床の場面で活かされている。[159] 患者の額を手で押さえて、自由に思いつくことを述べてもらう自由連想法について述べながらフロイトは言う、「病因として働く心的素材に属する諸表象の間には正しい結びつきがあり、また病因として働いていない表象――頻繁に想起される表象――との結びつきも現存している」[Freud (1895): 304/176]。しかしこうした「正しい結びつき」という発想ばかりでなく、「中間項」という発想もまた自由連想法に活かされている。

手で押さえると浮かび上がってくるのが、かならず「忘れ去られた」想い出だというわけではない。本来の病因となっている想い出がそれほど表層に見いだされるのはまれなケースでしかない。もっと頻繁なのは、浮かび上がってくる表象が、連想の連鎖の中で出発点となる表象と、病因として働く表象——私たちが探し求める表象——とのあいだの中間項 ein Mittelglied をなしているというケースだ。［Freud (1895): 287/（下）148］

浮かび上がってくる表象の一つ一つは、たとえ非連続のものであっても、それらを繋ぐ糸は必ずある。浮かび上がってきたものは、浮かび上がらずにいる無数の表象を背後に携えていて、より深くにとどまるものへと我々を導く道標でありそれらと我々との間に位置する「中間項」なのである。先の引用個所にあるデルブリュックの「孤立したものは連合したものよりも容易に置き間違えられやすい」という言葉には、『失語論』では特に注意を向けられることはないが、『ヒステリー研究』では、このように中間項を欠いたもの、連合を欠いて孤立したものこそがヒステリーの症状になると敷衍されてゆくのである。このような、『失語論』と『ヒステリー研究』とにおける言葉の用法の違いが、神経病理学の研究とヒステリー研究とを分かっている。その両者の中間項として、『失語論』がある。

きわめて広義の意味で錯語を捉えるならば、これを純粋に機能的な症状として、言語連合装置があまり正確には性能を発揮していない徴候［Zeichen］として捉えるのは道理に適っている。しかしだからといって錯語が、症例を限定するならば、典型的な器質性の病巣症状として出現する可能性までが排除されるわけではない。錯語を解剖学的に基礎づけることに精力を傾注した研究者はこれまでほとんどおらず、業績のある研究者としては僅かにアレン・スターを挙げることができるにすぎない。そのアレン・スターが到達した結論というのは、錯語は非常にさまざまな部位の病巣によって引き起こされうるというものであった。錯語を伴う感覚失語の症例と錯語を伴わない感覚失語の症例との間に、恒常的な病理学的相違を見いだすことはスター自身にもできなかったわけである。〔*Aphasien* II: 52〕

フロイトが、局在を全面的には否定しない理由の一つがここにある。錯語を「純粋に機能的な症状」とする見解は十分道理に適ったものではありながら、しかしだからといってそのことが、局在的な要因を全面的に斥けるための十分な理由となるわけではない。しかも病変によって錯語を引き起こしうる部位は、皮質の至るところにある。感覚失語が「純粋に機能的な症状」であるとしても、なぜ一方に錯語を伴う感覚失語があり、他方に錯語を伴わない感覚失語があるのかを説明することができない。言語連合装置の不正確さ、その性能の衰弱によって説明しようとすれば、なぜ正確に発話が為されないのか、なぜ正確に発話されないながらも、取り違えられた言葉は必ず意図された本来の言葉と何らかの関係にあるのかまでもが説明されなくてはならないのだが、それは純粋に機能的な理由によっても、また局在的な理由によっても満足な説明を与えることができないのである。

c.「健忘失語」

フロイトが局在論を批判するために対抗的な論点とするのは、機能性という要因である。第四章になってフロイトは、局在論とは対極に位置するグラースハイの論考、局在的な説明を全面的に否定し、機能的な要因だけで失語の症状を説明しようとしたグラースハイの試みを検証する。その際論点となるのは、グラースハイの患者が示した症状、「健忘失語」である。[160] フロイトによれば、「この健忘失語と、経路遮断によって特徴づけられるような性質の言語障害との関係は常に、失語理解の難点であり続けてきた。」しかしそれは、「一方の理論展開は心理学的観点に基づき、もう一方のそれは解剖学的な観点に基づいたものである以上」無理からぬことだった。

リヒトハイムは、健忘を他の型の言語障害と同列におくのは不適切であると見なした。リヒトハイムは、健忘は、彼が記述したタイプの失語やその失語の病勢が後退した状態［Rückbildungszustände］のときにしばしば付随して現れる症状なのであって、決して病巣症状ではないと考えた。健忘失語は、疾病の進行が比較的広範囲にわたっている状態において、つまり、一般的な脳の血行障害や、脳の活動が加齢によって低下している徴候［Zeichen der senilen Rückbildung der Hirntätigkeit］として現れるものであるというのである。［*Aphasien* IV: 75］

ここでフロイトが要約しているリヒトハイムの発言は、原典では以下のようになっている。

しかしながら、健忘を失語を示す障害の他の現象と同列におくことには疑問の余地があるように思われる。少なくともこれは、上述のタイプや、上に引用した症例のうち二つめの症例や他の類似の症例においてこの運動失語が現れるとき、この失語は健忘が観察される段階を経るのだが、その運動失語の後退したタイプthe regressive forms of motor aphasia に必ず随伴する症状なのである。しかし病巣の病変を表すものではない。そして病気が比較的緩慢な進行過程において、もしくは脳の血行が不良である場合に現れるのであり、年齢による脳の自然な退行の初期の徴候 an early sign of the natural involution of the brain なのである。［Lichtheim

(Englisch): 474]

つまり、先のフロイトによるリヒトハイムの紹介とリヒトハイム自身の記述を比較するならば、フロイトが二度にわたって使っているRückbildungという言葉は、リヒトハイムの言葉としては、一つはregressivに、もう一方はinvolutionに対応する。また、リヒトハイムのドイツ語版において対応するドイツ語はそれぞれ、die abklingenden Formen motorischer Aphasie、die frühste Erscheinung des normalen Involutionsprocesses des Gehirns [Lichtheim (Deutsch): 253f.] となっており、Rückbildungという言葉はない。Rückbildungという言葉が第六章で再び用いられるとき、そこではジャクソンの「解体の原理」に由来する言葉として使われていることを考えるならば、ここでもフロイトは、ジャクソンの解体説を念頭においていたと推測することができるだろう。

リヒトハイムは、健忘を他の失語障害と同列におくことには疑問があるとする一方で、健忘にはさまざまなタイプがあるが、原因が加齢にあるにせよ失語障害に随伴して現れる場合にせよ、本質的な違いはないとする。その際にリヒトハイムが論拠とするのは、以下のクスマウルの記述である。

「記憶力が減退する際には、概念が具体的であればあるほどそれを記述する語は失われやすい。その理由は、人物や事柄の表象はその名前とは緩く結びついているが、抽象概念はその状態や関係、特性と緊密に結びついているからである。人物や事柄を我々は、名前なしでもたやすく思い浮かべるが、感覚心像Sinnenbildはここでは象徴Sinnbildよりも本質的なのである。[……]それゆえに、動詞や形容詞、代名詞や、さらに副詞、前置詞や接続詞などは、名詞よりもはるかに切実に思考と結びついている。一つの抽象的な概念を生みだすためには、一つの具象概念を生みだすときよりも、大脳皮質の神経細胞の網の中にはるかに多くの興奮が起こって結合する必要があるということはたやすく想像できるだろう。そして、それに応じて、抽象的な概念をその名前と結びつける器質性の紐帯は、具象概念をその名詞と結びつけるためよりもはるかに多いのである。[Lichtheim (Englisch): 474f.]

クスマウルは健忘を説明する際に、概念を具体的なものと抽象的なものとに分けることから出発する。直接感官に結びついた具象的なものは忘れられにくいのに対して、概念が抽象的であればあるほど、その名前は失われやすい。抽象的な概念は、具象的な概念よりもはるかに多くの興奮が皮質細胞の中に起こることを必要とする。概念と名前とを結びつける器質性の紐帯は、具象概念の場合よりも抽象的な概念の場合の方がはるかに多いために、それだけ損なわれる危険性も増す。そしてクスマウルは、こうした抽象的な概念こそ、「本当の語」であると見なしたのだった。

健忘を失語の一種の型とはしないでおくというリヒトハイムの見解に対してグラースハイは、まさにこの健忘こそが、機能的要因のみで説明できることを示す格好の例であると見なした。グラースハイが扱った患者は以下のような症状を示していた。

この患者から失われていたのは何よりもまず名詞だった。しかし、形容詞や動詞もまた失われていた。彼は罹患の前に知っていたものはすべてただちに見分けた。しかしそれらの名を言うことはできなかった。[……]彼は辻褄の合った仕方で話すことができ、代名詞や助動詞、前置詞は何ら困難なく用いることができた。ときには動詞や形容詞も使うことができたし、普段は名詞を使うことはできなかったが、続けて話す際

にはところどころに名詞も使われることがあった。〔Grashey: 657〕
　しかし、大体において彼は、話している際にも呼称することはできなかったので、当惑してほほえみながら、その代わりに、穴埋めとして「あれそれ Dingsda」という言葉を使った。〔Grashey: 658〕

こうした症状をグラースハイは、中枢と中枢とを結ぶ経路を、二通りに設定すれば説明できることを発見した。グラースハイの説明は以下のとおりである。

対象心像を担当する中枢Ｂだけでなく、音心像を担当する中枢Ａもまた正常であるように思われるが、それに対して、両中枢間の伝導路に病変があるにちがいない、しかも、ＡからＢへの伝導路は保たれているが、逆向きの伝導路は遮断されているというように病変が起こったと言えるだろう。
　中枢ＡとＢの間に単純に連絡路を想定し、正常な状態においてＡＢの方向のみならずＢＡの方向にも伝導能力があると考えるならば、当該の症例では、ＡＢの方向の経路の伝導能力が保たれたまま、ＢＡの方向の伝導能力が喪失したと仮定せざるを

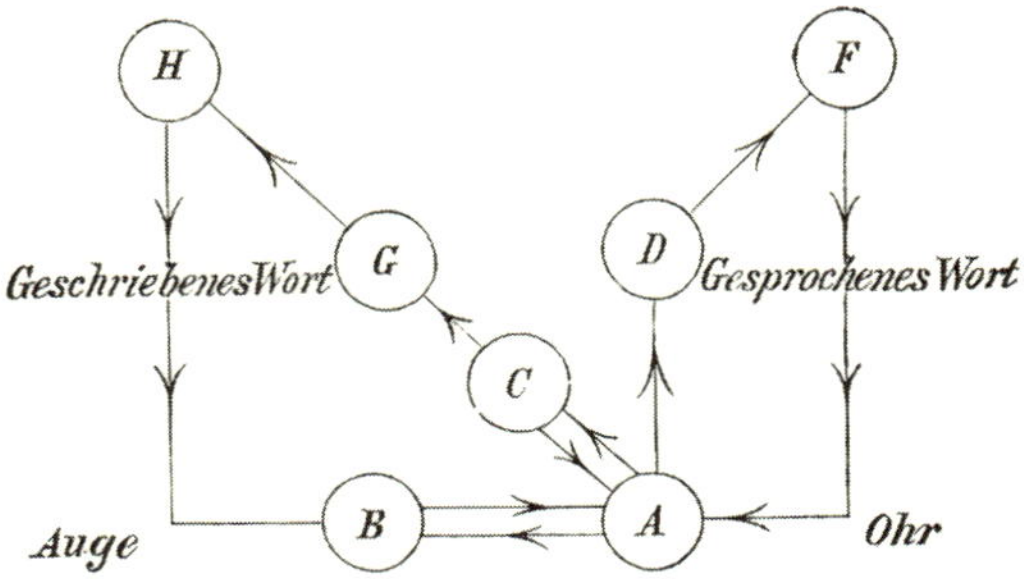

グラースハイによる失語図譜（1885）

えない。しかし、AとBとの間に二種類の経路を想定し、一方はAからBへ向かい、もう一方はBからAへと伝導するのだと考えるならば、経路ＡＢは無傷であり、経路ＢＡは遮断されていると仮定することになる。

ベルクソンが、バスティアンのものとして紹介し批判した「二対二で連絡し合う経路」という考えである。しかしグラースハイ自身はこうした説明に対して、直後に以下のように疑問を呈している。

これら二つの仮定は私には許容できないように思われる。というのも、それぞれの伝導方向に応じてそれ固有の連合路を認めようとするならば、一方の方向の伝導路がすべて破壊されたとき、なぜその逆向きの伝導路はすべて保たれているという事態が生じるのかが説明できないからである。たとえ二通りの経路を考えないとしても、伝導路が、一方の方向にのみ辛うじて伝導するが、しかしそれとは逆の方向へはもはや伝導しないということが理解しがたいままに残るのである。［Grashey: 659］

これはそのままフロイトが『失語論』の中で、「二対二で連絡し合う経路」という考えに対して述べている疑念である。そしてグラースハイは、こうした疑念をさらに進めて、そもそも失語が発生する仕組みを図によって示そうとする試みすべてに対する疑念へと展開させたのである。そしてフロイトは、まさにその点にグラースハイの功績を認めるのである。

実際にはしかし、このような仮説では何も説明されたことにはならず、ただ説明されるべきデータの言い換えがなされたにすぎない。こうした方法であれば、どんな症例も結局説明されることになる。

こうした確信から出発して私は、伝導能力のある連結路を随意的に接続したり遮断したりすることには満足しなくなった。そうしてもっと詳細に患者を診察し、以下のことを発見した。つまり、対象心像や音心像、象徴のそれぞれの中枢が正常であるのは見かけだけで、実際には、それぞれの機能が著しく障害を被っていたのである。〔Grashey: 669〕[161]

こうしてグラースハイは、図示による説明から離れ、個々の中枢をそれぞれに観察することへと向かう。グラースハイが以下、着目するのは、視覚による知覚と聴覚による知覚との違いである。グラースハイによれば、視覚による知覚は、一瞬で全体を把持するのに対し、聴覚による場合には、一定の時間を必要とする。音心像は、「生成過程にあるもの、つまり時間的起承転結の中でしか把握できない対象物 ein werdendes, ein successive entstehendes Object」〔Grashey: 674〕だからである。

一つの対象心像から一つの音心像が呼び起こされる場合には、対象心像の特定の部分が音心像の特定の部分を刺激するのではなく、対象心像は既にできあがっておらねばならず、音心像の個々の部分が連続して生じてしまうまでの間、持続していなくてはならない。したがって、音心像が生じるために〇、三秒必要であるならば、できあがった事物心像は少なくとも同じくらいの間意識に顕在化していなくてはならない。しかしできあがった対象心像が保持される時間が、たとえば〇、〇六秒まで低下した場合には、この対象心像からはせいぜい音心像のたった一部、一文字だけが呼び起こされるにすぎないだろう。〔Grashey: 676f.〕

かくしてグラースハイが導き出した結論、「同じ一つの障害によって、対象心像から音心像への移行に変化が生じ、しかも音心像から対象心像への移行には変化が生じないということが起こりうるのがこれで分かる」という結論に対して、フロイトは躊躇なく補足している。「さらに我々はこれに付け加えよう、何らかの経路、もしくは中枢に損傷が生じたと仮定しなくとも、と」［*Aphasien* IV: 78］。

こののち、フロイトはグラースハイの説明が時代遅れになったことをほのめかしつつグラースハイの説明は十全ではないことを示してゆく。そのような不備の多いグラースハイの説明を、にもかかわらずフロイトが持ち出し、第四章のほぼ全体を費やして検証したのは、グラースハイの論考が、局在論を全面的に否定するという点で画期的であったからに他ならない。局在論というただ場所的な要因にのみ基づいた発想に対して、機能的な要因、しかもその機能が発現するには一定程度の時間が必要であるという仕方で時間的な要因が導入されたのである。

この症例を通して、局在病巣という考えに訴えなくとも説明できる失語症例が存在することが証明されたように思われる。これらの症例の特徴は、言語装置の生理学的な定数の一つが変異したことから説明される。「グラースハイ失語」は、ヴェルニケ-リヒトハイムが記述した局在病巣に基づいて説明される失語とは明確な対立軸をなす。そして、感覚印象の持続の短縮化現象とは別の機能的要因を発見することができるならば、健忘失語のグラースハイ失語とは異なったさまざまなタイプもまた説明できるという見込みが出てきたのである。［*Aphasien* IV: 79］

グラースハイは、一つの言語行為を人間の感官に応じて、音心像、書字心像、読字心像、対象心像と分けることから説明した。こうした諸心像への分解は、フロイトに、読むという行為も書くという行為も、複雑な行程であるという認識へ導いた。さらにいうならば前者は後者以上に複雑な行為であること、さらにそれが音読である場合、まったく別の行為として、つまり、たとえ疾患が無くとも、理解を伴う必要はない行為として、通常においても遂行されうるのだということが確認されるのである。

語は実際複雑な形成物であり、その中には、少なくとも教養のある人においては、四つの主要な要素が判別される。即ち、聴覚的な記憶心像、視覚的な記憶心像、そして二つの運動性要素、とはつまり、筋肉感覚に由来するものであり、それは、構音化の運動心像と書字の運動心像である。［Charcot (1886): 155］

錯語においても健忘においても、それらが重要な案件となるのは、それらが、健常な人間においても日常的に認められる行為であるからである。たとえ脳に疾患を想定しなくても、そして教養の高

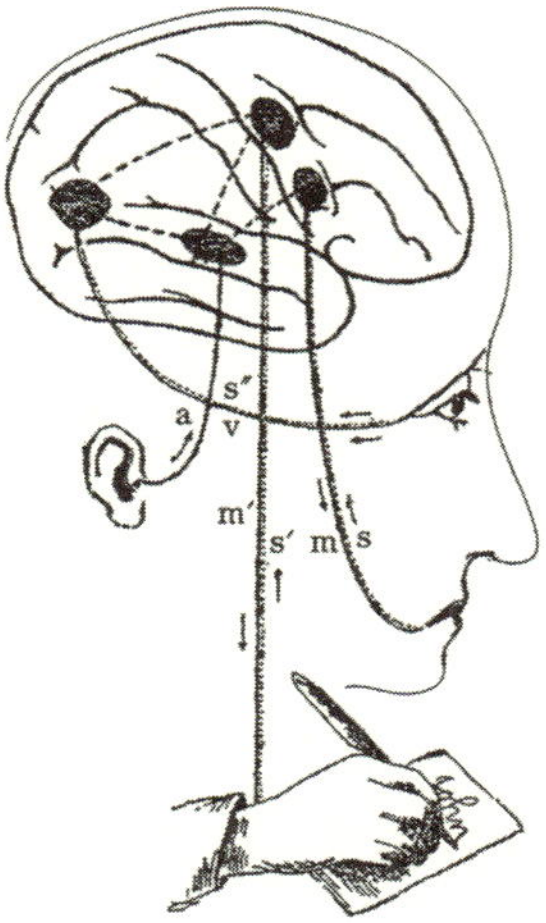

Young (1887), (aus Ross: *On Aphasia*)

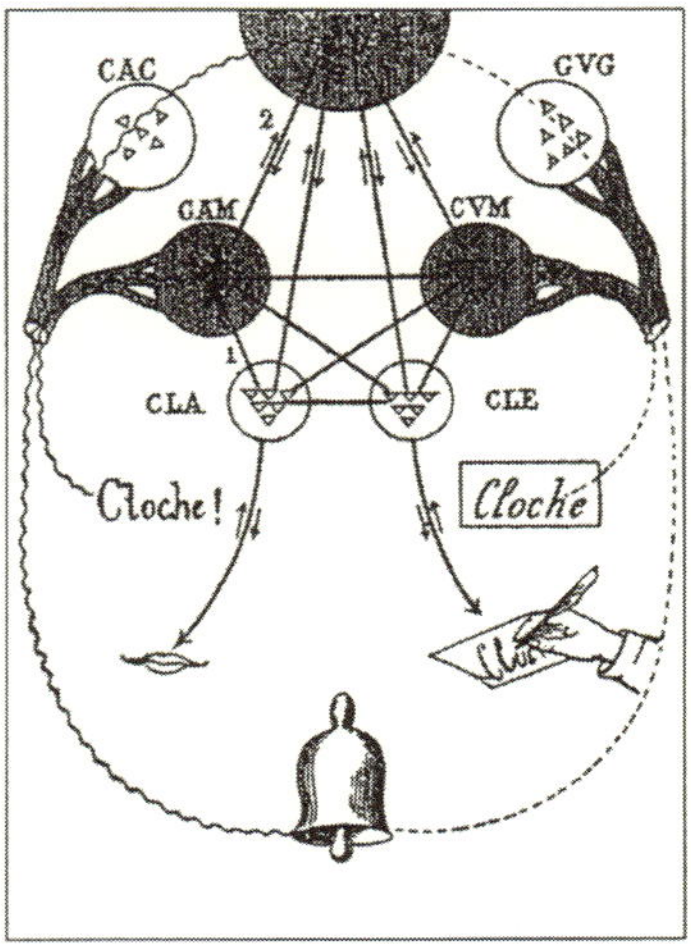

Charcot (1885), (aus Ross: *On Aphasia*)

い人であっても、錯語を混ずることがあり、健忘が起こりうる。目で見てそれと分かるのに名前が思い出せない、或る単語の綴りを思い浮かべられなくても、宙で指を動かして正確に綴ることができる、自発的には発話できなくても誰かに言ってもらったことの復唱ならできるなどのことは日常的にも起こることである。このように、言語行程は感覚に応じた要素ごとに分解されうる。そのことを、シャルコーやヤングの失語図譜は端的に示している。

ヒステリーにおいては、選択はあらかじめ、鋭く特定されています。そしてまさにそれ故に、この種の症例は、生理学的に非常に高い重要性を示しもするのです。つまり、器質性の症例の場合にはほとんど常に混合してしまっている諸要素が、これらの症例では厳密に解離しているのです。[Charcot (1894): 267f.]

シャルコーは、器質性の失語とヒステリー性の失語との区別から、局在を否定する。すなわち前者の場合、病変は、まったく偶然に広がって、近傍の領域を同時に襲う。それによって破壊された部位は、互いに接してはいても、それぞれ異なる機能に従事している。病変は、部位を、それが受け持つ機能によって区別することはないからである。それに対してヒステリー性の場合、損傷は、言語機能に従事する部位を正確に狙い打ちする。ヒステリーが「システマティックな情動」であること、損傷の部位の場所性とは無関係に、言語機能に関わる部位に限ってのみ機能不全に陥らせること、そのことが何にもまして全面的な局在を否定する確かな証左となる。それゆえにまた一方で、どの部位が言語機能のどの要素に対応するのかもまた示されることとなる。言語行程は、読むこと、聞くこと、話すこと、理解することといくつもの要素が協働して成立しているのだが、それらが症例によっては厳密に解離して現れるがゆえである。フーコーが「物理‐化学的モデル」と述べた際の「化学的モデル」がこれである。

言語障害の病理はこのような形で、言語の諸機能を習得する過程で通常起こる状態をまさに繰り返しているのである。まだ流暢には読むことができない間、我々はみな、読字心像が持つ他のあらゆる連合を呼び起こすことによって読字心像の知識を確認しようとする。同様に我々は、筆記の学習の際にも、読字心像ばかりでなく、音表象や、神経興奮が伝導される際の運動性感覚をも刺激しているのである。違いはただ、学習の過程においては、個々の中枢はそれぞれに異なる時期にその機能を獲得して、現にあるような序列をなすのだが、我々はその順序に拘束されている（最初に感覚-聴覚中枢、それから運動中枢、のちに視覚中枢、最後に書字［graphisch］中枢という順である）のに対して、他方、病理学的な症例においては、実行能力が最もよく残っている中枢が一番早く援助へと呼び出されるという点である。［*Aphasien* IV: 83］

このように、言語行為の諸要素が抽出される。つまり、言語能力が知覚の種類ごとに分離して説明される。視覚による知覚、聴覚による知覚、書くという手の運動感覚、話すという発声の感覚である。その上に時間性という観点、機能性という観点が導入されて、言語についての考察が進められてゆくのである。

第二節　「心的装置」

言葉は時間に晒されたものでありながら、言葉には何がしか核となるものがあり、それを中心としてさまざまな接尾辞が入れ替わり付着することによって、言葉は歴史的に変化するものとなり、豊かなものとなる。ちょうどそのように、表象もまた、核となるものをもち、そこからさまざまな色合いを帯びニュアンスを帯びていっそう豊かなものとなる。言語がその本質よりして過剰なものであるという見解自体は、既に見たとおり、言語の起源を論ずる中で共有されていた。言語は何千年もの世代を経て、何千とおりもの変転を経て、なお、その過剰さを減ずることはない。捨象されたものさえもどこかにその痕跡を残し続けている。

我々の感情や思考を表現する言語は、その根源性をとうに失っている。言語は、何千年もの世代をくぐって、何千とおりもの変転を経た遺産として我々のもとに届いた。その変転を駆動する内的かつ外的な原因を発掘することは、文献学の仕事であり、これ以上我々に関わることではない［……］。［Kussmaul: 11］

クスマウルはここで、医師としての自分の領分と文献学の領分とを境界づけているとグリンバーグは言う。その境界がまたクスマウルとフロイトとを分かってもいる。「何千年もの世代をくぐって、何千とおりもの変転を経た遺産」として届けられた言葉の中に、その「変転を駆動する内的かつ外的な原因」を、ドイツ・ロマン派であれば「内的力」と呼んだだろう。「内的力」に代わって「駆動する treiben」という言葉を見るとき、精神分析的なものに近づいたと感じられるだろう。しかしそれを発掘することは、もはや神経学の仕事ではない。そしてフロイトはその仕事を、文献学としてではなく、心のメカニズムの究明として試みてゆくのだった。

『失語論』の第六章になってフロイトは、いよいよ独自の言語論に取りかかる。これまでの章で展開された先行研究の批判が論理的で明解であったのに対して、第六章は難解で知られる。第六章全体が、それ以前の章の総括であり、そのため、ややもすればこれまでに述べられたことが繰り返されていることもその一因となっている。しかし、『失語論』本体が長らく日の目を見なかったといわれていたのに対して、第六章のある部分は、数頁にわたって独立して別のタイトルを付され全集に収録されたことからも分かるように、『失語論』以降のフロイトの仕事を理解するための「補遺」として、それ以前のフロイトの仕事とそれ以降の仕事とを結ぶ架け橋として受け止められてきたのだとも言える。

第一項　「語表象」

かくして我々は、『失語論』の論理的展開に導かれて、語を要素に分解するところまできた。それらの要素の連合によって「語表象」が形成されるのである。

> 心理学にとって言語機能の単位は「語」であり、これは、聴覚的要素、視覚的［visuell］要素、筋運動感覚的［kinästhetisch］要素から構成された、いわば複合的な表象であることが分かっている。［……］通常、語表象を構成する四つの構成要素として挙げられるのは、「音心像」、「視覚性文字心像 visuelle Buchstabenbild」、「発話運動心像」そして「書字運動心像」である。［*Aphasien* VI: 117］[162]

言語行為は四つの要素から成り、聞く、文字を読む、発話する、文字を綴る、という行程が対応する。グラースハイの論考は、言語行為の行程をこのように四つの要素に分解できることを示した。この四つの要素に応じた四つの心像が、「語表象」を形成し、この「語表象」が対象表象と結びつく。こうした構成が分かったのは、「言語装置に器質性の損傷が生じると、この構成にそった形で会話［Rede］の解体が起こる」からであり、それを示してくれたのは解剖学である［*Aphasien* VI: 117］。解剖学は、個々の要素間の連合において、また語表象と対象表象との結びつきにおいて、そのどこに障害が起こったかを示すことを通して、障害の結果引き起こされる症状が様々に異なることを明らかにしてくれたのである。

堅固な言葉の核でありかつ思考の核としての語根の創造によって、言語は準備段階的な模倣の段階から第二の段階、本当の言葉を形成する、もしくは本当の言葉を理解する段階へと発達した。この段階においては、言語はもはや純粋に感覚的な直観の鏡ではなくなった。人間は今や、精神的な表象を操るようになった。この表象は、言葉の中にいわば身体的な、感覚的に捉えうる形姿をもつ。直観はまだ概念的な表象ではない。［Kussmaul: 12］

「語根」という発想は、単に言葉の成り立ちの問題を説明するに留まらない。「語根」は、語源を最も古くまで遡って見出されるものであり、語が経てきた歴史的変化の中で変わらず保たれてきたものである。[163] こうした「語根」はまさに「思考の核」であり、この核を中心として、まるで空中のチリを手がかりとして水滴が形成されるように、アコヤガイの中に入れられた要を手がかりとして真珠が形成されるように、「観念の世界すべて」が形成されたのであり、語の形成が可能となった［Kussmaul: 11f.］。そしてこの核が、同時に感情を吸引する要となるのである。

堅固な言葉の核でありかつ思考の核としての語根の創造によって、言語は準備段階的な模倣の段階から第二の段階、本当の言葉を形成する、もしくは本当の言葉を理解する段階へと発達した。「言語は直観の鏡」という言葉にも、ライプニッツの思想の名残を見ることができる。そして言語の「準備段階的な模倣の段階」から「本当の言葉を形成する段階」への移行は、ジャクソンの主観的な位相から客観的な位相への「生き残り」に対応する。これら二つの位相の間には質的な「断裂」があることは既に見た。

そもそもクスマウルは語と表象とのあいだに、知的領域を想定していた。語が表象と結びつくには必ず語が「音を得る ertönen」、つまり音心像を持つのでなくてはならないと述べている。


むしろ語は、抽象的な表象もしくは概念に結びついている。そして、感覚心像と語との間には広い知的な作業領野 ein weites intellectuelles Arbeitsfeld があって、語が音を得る／響く前には必ずこの作業領野が活動していなくてはならない。語は常に、ある思考の動きの表現であり終結 *Ausdruck und Abschluss einer Gedankenbewegung* である。この思考の動きの発端を遡るならば、それは最終的には確かに感覚的な知覚であるのだが、しかし、必ずしも直接この感覚的な知覚に結びついているとは限らない。さまざまな知覚から思考が生み出されるように、思考は思考を生む。それ故に、直観と表象を区別することによって、語を表象反射 *Vorstellungsreflexe* として捉えたのは、まことに正当なのである。[Kussmaul: 14][164]

そしてクスマウルは言う、「人間を行為へと駆り立てるものは、決して単なる観念ではない」と。「観念には常に義務だとか正義だとか憐憫とかの感情が密接に結びついており、こうした感情が人間を行動へと規定するのである。［……］色褪せた冷たい抽象として立ち現れる表象は、それ自体では運動の原動力とはならない。一つの観念が語られて表明されるとき、語られた語の第一の動因は常に感情にあることが見て取れるのである」[Kussmaul: 15]。

語にはかならず感情が付随し、人間の行動の決定に影響を及ぼす。そしてそこには、妄想のような転倒した表象もあれば、偏執狂的な荒々しい思考の逃走もある。感覚がぼんやりとしてあらぬ方向へ考えがさまよい出すこともある。これらはすべて、「語られた語」においてその忠実な表現を得る。だからこそ発話は、すぐれて病理学の対象となりうるのである［Kussmaul: 31］[165]。

こうした「核」とそれに付着する感情／表象という発想を、フロイトは『失語論』において直接取り上げることはなかったが、『ヒステリー研究』では逆に、そのことだけが問題となる。すべてのディスクールはそのことを核としてめぐって同心円状に展開する。何となればヒステリー症者の治療においては、情動を呼び覚ましそれを語ることこそが最重要となるからである。

> 誘因となる出来事に関する想い出［Erinnerung］を完全に明確な形で喚び覚まし、その想い出に随伴する情動をも目覚めさせ、さらには患者が可能なかぎり詳細にその出来事について物語り、その情動に言葉を与えたとき、個々のヒステリー症状はただちに消失し、二度と回帰することはなかったのである。［Freud & Breuer: 30/（上）016］

これは、一八九三年に報告され一八九五年の『ヒステリー研究』に再録されたフロイトとブロイアーの最初の共著となった「ヒステリー現象の心的メカニズムについて」にある言葉である。情動には言葉が与えられなくてはならない。それも、然るべき言葉が与えられなくてはならない。「情動を欠いた想起［affektloses Erinnern］には、ほとんどの場合まったく何の作用もない」［Freud & Breuer: 30/（上）016］[166]。つまり、情動を引き起こした出来事であっても、それが情動もなく想起されただけでは、その情動を「放出」することにはならないのである。そして「ヒステリーの心理療法のために」（一八九五年）はむしろこのことだけをめぐって展開する。額を手で押さえられた患者が連想に任せて何かを思い浮かべるとき、「浮かび上がってくる表象が新たな系列の想念や想い出の出発点を形成していて、この新たな系列を辿っていくとその末端に病因として働く表象が見いだされるということもある」[Freud (1895): 287/(下)148] といわれる表象は、まるでクスマウルの「語は常に、ある思考の動きの表現であり終結である」といわれた語の変奏のようである。その思考の動きの発端まで遡るならば、何らかの核に、何らかの原型に辿り着く。そしてフロイトは、「ヒステリーの心的素材」が「少なくとも三層からなる多次元的な形成物」であることを、以下のように説明する。

> まず、想い出(種々の体験や、あるいは想念の道筋に関する想い出)のなかでトラウマ的要因がそびえ立ち、あるいは病因として働く観念がまったく混じりけのないかたちで形成されている場合、そうした想い出の中にはある核が現存する。この

Fig. 8.

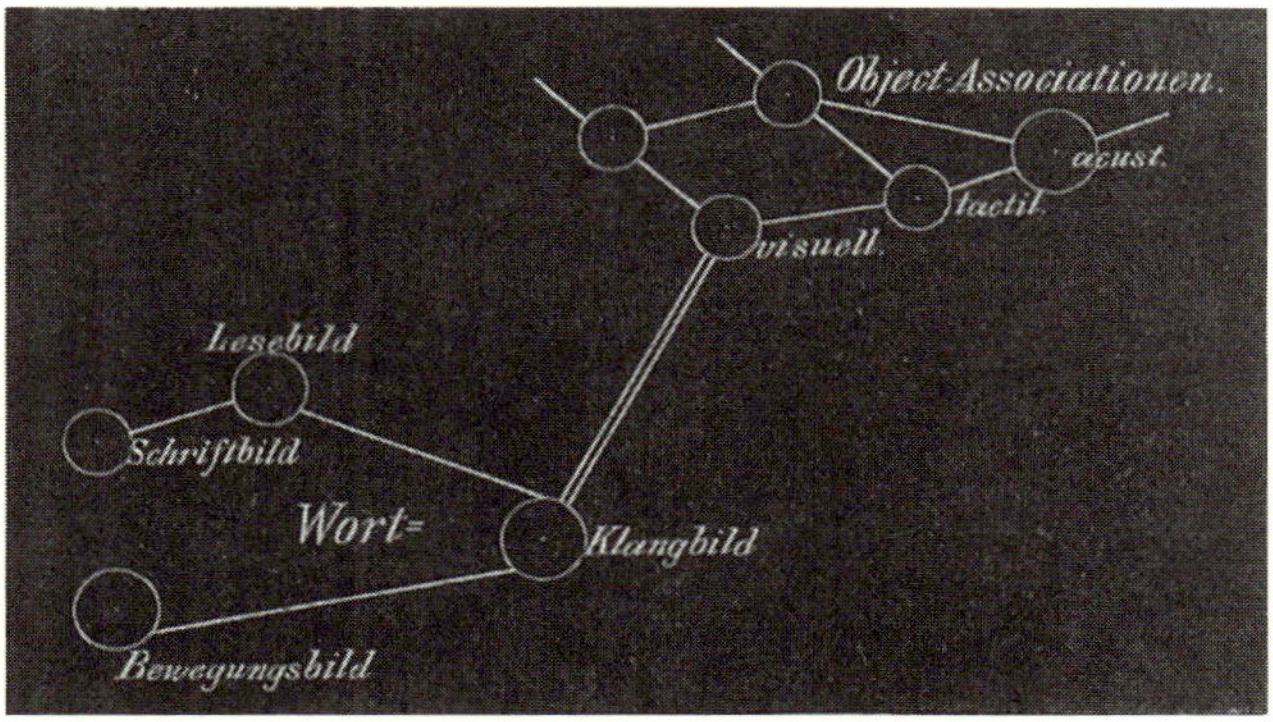

Psychologisches Schema der Wortvorstellung.

フロイトによる「語表象の心理学的図譜」[*Aphasien* VI: 121]
右上方に「対象連合」があり、左下方に「語連合」がある。これら二つの連合が切断されると「失-象徴」が起こる。

核のまわりには他の想起素材が見いだされ、そしてその量はしばしば信じられないほど多量に及ぶこともある。私たちはこの素材を分析によって徹底的に吟味せねばならないわけだが、それがいま述べたように、三層に配列されているのである。［Freud (1895): 305/（下）177］

思い出には「核」がある。そのまわりに想起の素材が配列されている。その配列は三層構造であるといわれるとき、ジャクソンの中枢の三層構造や、一つの中枢をくぐり抜けるごとに「適者生存」の原理にしたがって配列されるという発想もまたここに活かされている。ジャクソンによれば三層構造を成す「中枢」は、より高次のものほど壊れやすく機能不全に陥りやすい一方で、低次のものほど保たれやすい。そしてこれらの比較的壊れにくい「中枢」、即ち、低次、中間層の中枢は、「完全には破壊しない損傷」によって最高次の中枢が機能不全に陥った場合、その機能を代行して引き受けることがある。ジャクソンの言う中枢の三層構造は、フロイトにおいて、心的素材の三層構造へと展開されるとき、「外傷」による抵抗から説明される。同種の想い出を線上に並べて層をなす集合体が有り、そのそれぞれがある主題を形成している。そしてそれらの主題は、「病因の核のまわりに同心円を描くようにして層をなしている *konzentrisch um den pathogenen Kern geschichtet*」。その層を形成するのは、抵抗の力である。核に近づくにしたがって力を増す同一の抵抗の力が、こうした同心円状に層を形成するのである［Freud (1895): 305/（下）178-179］。

かくしてフロイトは、ヴェルニケ＝リヒトハイムの図式に基づいた失語の分類に代わって、自ら考案した図を提示し、言語障害を二つに分類する提案をする。

言語障害の病理学に基づいて提出されるべき主張は、語表象は、その感覚末端において（音心像を媒介として）対象表象と結びつけられるということにゆきつく。その結果、言語障害に二つの分類が想定されることになる。第一類の失語は、語性失語［*verbale Aphasie*］であって、これは、語表象の個々の要素間の連合だけが阻害されているものである。第二類の失語は、失象徴性失語［*asymbolische Aphasie*］であり、この場合には、語表象と対象表象との連合が阻害されている。［*Aphasien* VI: 122f.］

象徴が成り立つのは、語表象と対象表象との結びつきによってである。しかし、語表象にも、また対象表象にもいくつかの要素がそれぞれにあるというのに、語表象と対象表象との間には、一つの連絡の可能性しかない。この図に基づいてフロイトは、「失-象徴」という言葉を、「フィンケルンブルク以来慣用化したのとは違う意味で」用いるべきであるとする。なぜならば、「「象徴的」[167]という命名は、対象と対象表象との間の関係よりもむしろ、語と対象表象との間の関係を表すのにふさわしいように思われるからである」［*Aphasien* VI: 123］[168]。そして、「語表象と対象表象との結びつきは、言語能力の中では最も疲弊しやすい部分であり、言わば言語能力の弱点」［*Aphasien* VI: 127］と見なされるのである。

ここで思い出されるのは、Ch.・バスティアンの持論である。バスティアンによれば、一つの言語中枢が機能障害に陥った場合、その言語中枢は「随意的」な刺激に反応する能力を真っ先に失うが、その一方で外生的感覚刺激に対する場合や別の言語中枢と連合するという仕方ではなお作動能力を保ったままでいることがありうる。しかし、言語中枢に対するすべての「随意的」な刺激は、聴覚表象の領野を経由しているので、「随意的」な刺激とは、結局のところ、対象連合を起点として聴覚表象を刺激することなのである。［*Aphasien* VI: 128］

こうした「連合」が考察されることによって、バスティアンの機能修正の意味自体が違う使われ方をすることになる。フロイトは「内的言語」を、「語を響かせること」「音心像を随意的に喚起できること」としたのだったが、「随意的に」とは、実際の音を聞かずとも、また聴覚的知覚でない別の知覚によって、音心像を喚起することができるかどうかということである。「概念中枢」が、局在されず、しかも現実的に皮質の機能に関与しうるものであるために、「概念中枢」は、ただ感覚中枢とのみ連絡をもつものでなくてはならない。そしてバスティアンの言う「随意的」な刺激が結局のところ「聴覚表象を刺激すること」に尽きるのであれば、最高次の中枢、「概念中枢」は、やはり聴覚中枢とのみ連絡を持つものなのであり、感覚中枢が聴覚中枢に他ならないのもまさにこの所以なのである。この両者を結ぶ連絡路が、魂と身体との結合をあらしめる紐帯にほかならない。

第二項　「多重決定」

精神分析の礎となるいくつもの重要な概念の萌芽のうち、『失語論』が孕んでいるもう一つ重要なものとして「多重決定」がある。[169]

他人の言葉の学習は、自分自身が作り出す音心像を、できる限り、発話神経支配〔Sprachinnervation〕を起動させた刺激に近づけようと努力することによって達成される。我々はかくして、「復唱」を習得する。我々は「連続して話す *zusammenhängenden Sprechen*」際には、先行する語の音心像もしくは発話運動表象（或いはその両方）が届くまで次の語の神経支配〔興奮伝導〕〔Innervation〕を待ち控えながら、語と語を順に繋いでゆく。

我々の話すという行為の確かさは、こんなふうに幾重もの枠づけをされており［überbestimmt］、一つか二つであれば重要な要因が抜け落ちても充分堪えられるようになっている。しかし、第二の音心像や発話運動心像による修正が欠落していることから、——生理学的かつ病理学的な——錯語が示すいくつかの特徴は説明することができるのである。［*Aphasien* IV: 118］

この言葉 überbestimmt をフロイトはいくらか変更して、「ヒステリーの心理療法のために」のなかで使っている（*mehrfach determiniert, überbestimmt*）［Freud (1895): 307/（下）180］。同じくヒステリー研究の中でブロイアーもまた、この用語を、フロイトの言葉として使っている。いくつもの要因によってその都度規定されているという発想をフロイトはこのように展開してゆくのだが、そもそもはこうしたイメージをフロイトはグラースハイの論考から得たのだった。

この研究［グラースハイの論考］は、言語中枢同士の互いの関係がほんとうはどうなっているのかという問題を再び俎上に乗せた初めてのものであり、これらの中枢が音心像の中枢に依存していることを浮かび上がらせた初めてのものでもある。そしてこの研究を通じて、言語行為が実行される際にそれぞれの連合が辿る経過が幾重にも複雑に屈折しているというイメージが初めて伝えられた。［*Aphasien* IV: 84］

グラースハイの論考の検証は、局在論をまったく必要としなくとも、ただ機能的な要因によってのみ、失語の症状を説明することができることを示す足がかりとなった。この検証において、読むという行為はそれを構成する要素へと分解された。その四つの要素の性質に応じて、さまざまな要因が提示された。そして聴覚的要素は時間的なものであるが故に、読むという行為の成立とその崩壊を理解するためには、「場所的な要因」と並んで、「時間的な要因」が導入しうる、導入されるべきであると説明されたのである。読むという行為は、かくの如くに複数の要素の時間的配列によって成立するものなのである。グラースハイの失語の仕組みを表した図は、このように一つの言語行為を、いくつもの要素と時間的な配列に応じて分解して説明するという可能性を示したものとして画期的なのである。そしてそれによって、フロイトが二つに分類した失語の型のうちの一つである語性失語においては、三つの言語障害が結果として出現する。その三つとは以下の通りである。

一、言語経路への〔刺激の〕中継／翻訳［Übertragung］障害
二、手の書字経路への〔刺激〕中継／翻訳障害
三、文字の認知障害

そしてこれらの障害によって発症するのは、それぞれ、運動失語、失書［Agraphie］、文字失読［Buchstabenalexie］である。このとき、「損傷が言語野の中央に移動すればするほど」、損傷の効果は減殺される。またそうなれば、損傷の場所が及ぼす効果の現象に比例して、相対的に機能的要因が及ぼす効果が大きくなる。つまり、少なくとも「語性［verbal］失語においては、ただ連合の個々の要素の欠落だけが局在化に関連させられるのであって、局在化によって説明できるのはこの欠落だけ」なのである［*Aphasien* VI: 126f.］。

フロイトが自ら考案した図譜は、これまでの様々の議論から、彼自身の思考の歩みの中で、「幾重にも屈折した方向をとって」経過生成的に生まれたものである。この図譜は、これまでの議論をどう展開してゆく

べきか、その方向性を見定めるために、いまここでその根拠の確認となっている。さらにはこの方法自体がのちに、「心的素材の配列」の構想に応用されていった（「ヒステリーの心理療法のために」）。

三番目の種類の配列をなお述べなければならない。それは最も本質的なものであり、それについて一般的に述べるのが最も容易でないものである。それは、想念の内容にそった配列であり、核心にまで達する論理的な糸による結びつきである。この糸は、いかなるケースにおいても特別で、変則的で、幾重にも屈折した道［einen in jedem Falle besonderen, unregelmäßigen und vielfach abgeknickten Weg］を辿るのであろう。［Freud (1895): 293/（下）179］

想念の内容にそった配列にしたがって、論理的な糸は、「変則的で、幾重にも屈折した道」を辿る。それは随所で、その都度「決定」を受けつつ進む。グリンバーグはこのグラースハイの図に関するフロイトの考察に、「多

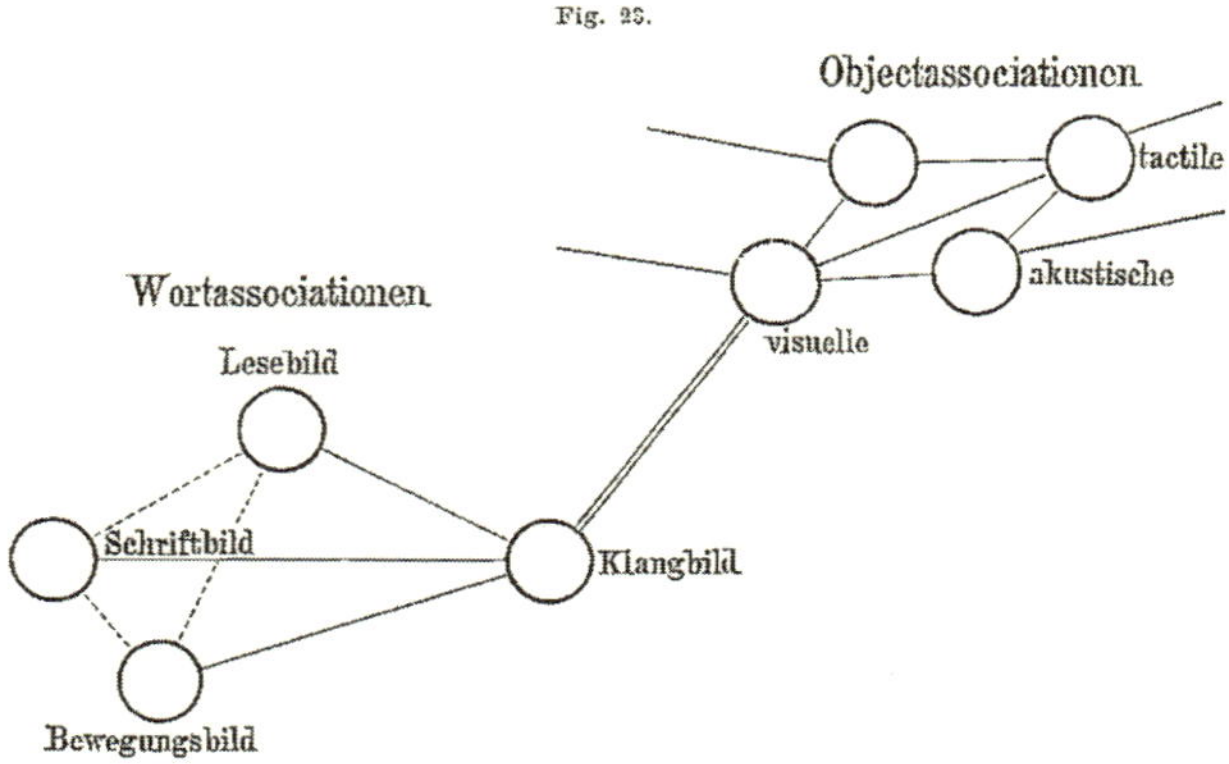

事典項目「失語」(1893) にある「言語連合の図」

重決定」という概念の萌芽を見る〔Greenberg: 106/155‐159〕。一方でしかし、この「変則的で、幾重にも屈折した道」に、方向性という観点を導入したのは、まさに『失語論』の功績である。そしてこの道が「いかなるケースにおいても特別」であるのは、その形成のされ方に、その人の心理的生活史が関わってくるからである。「連合の方向性 Assoziationsrichtung」についてフロイトは、第六章で「シャルコーの観点」〔*Aphasien* VI: 143〕を導入する際にも触れている。曰く、「言語機能の諸要素の間で連合は全方向的に可能であるにもかかわらず、実際に機能して活動する際には特定の連合の方向性が優先される」。フロイトが、シャルコーの失語に関する言及の中で最も重要な観点として挙げるのが、「語の想起のメカニズムには、きわめて決定的な個人差があるように思われる」ことを忘れてはならないと警告している個所である。[170] 後年フロイトは、「自我は分裂しうる」ということを、次のような比喩でもって説明している。

病理学が切断や亀裂として示してくれる部分も、正常な場合にはきちんと接合しているのです。ある結晶体を大地に投げつけると、それはこわれますが、しかし勝手気ままにこわれるのではなく、分裂方向に従って部分部分に分解するのであり、その割れ目は目には見えないけれども結晶体の構造によってあらかじめ決定されていたのです。このような裂け目のある、罅の入った構造体が、つまり精神病者なのです。〔Freud (1933): 271f.〕

言語の中枢器官は言語自身によって初めて育成され「創造」されるとクスマウルが述べたとおり（本書一八四頁）、言語装置は個々人の生活史の中で構成されてゆくものであり、その構成のされ方には「きわめて決定的な個人差」が現れる。しかしその個人差を、生活史上の事実（データ）からのみ説明することはできないであろう。言語装置においてもヒステリーの発生においてもその生活史を生きた個人の心理的次元が問題となるからである。シャルコーは疾病学として患者個人の病歴のみならず、親族の病歴をも判断材料とした。しかしフロイト自身は、シャルコーとも違った方法を探ってゆくのである。

第三項　局在徴候という発想

a．症状と原因

力という言葉が意味するものと、エネルギーという言葉でもって言われるべきものとが長い間明瞭な区別がなされていなかったことは既に述べた。山本によれば、「力」という言葉を「ある効果を表現することに制限」することによって、力という概念の混乱を片付けたのがダランベール（一七四三年）である。「知りうるのは、結果としての運動又は運動の変化だけでしかなく、逆に外力ましてやその原因などというものは直接的には知り得ない」以上、その結果としての運動にのみ着目すべきであると［山本：295］。

このように、「運動」として現れる限りにおいての力と、その動きに付与されうる心的優位性の問題は、神経学にとって今日なお難問であり続けている。「言語中枢に特別な心的優位性を認めるならば、その優位性は、臨床で観察される言語障害の中でも何らかの仕方で示されるのでなくてはならない」［*Aphasien* II: 56］とフロイトは言うが、言語中枢に「特別な心的優位性」を認めることは、直接には、「心的な諸機能を中枢のうちにそれぞれ特異に局在化させる」ことを意味する。

我々が感情とか表象とか直観と名づけるものは、生理学者にとっては、神経系という器質的な基盤において生ずる物質的な事象の、精神的な表現 der seelische Ausdruck materieller Vorgänge in dem organischen Boden des

Nervensystems にすぎない。この基盤には力を、機械的にも精神的にも、同様に遂行する能力がある。こうした機械的な力の遂行と精神的な力の遂行は、法則にしたがって結びつき不可分な形でつねに併行しているのである。そして、神経系における器質性の条件を発見することに成功した場合に初めて、これらを理解することができる。両者は双子のようにこれらの条件から生じたのである。言語の生理学 die Physiologie der Sprache は、神経物質が、語心像を介して表象や感情を通して、何処でどうやって発話を生み出すことができるのかを突き止めなくてはならない。［Kussmaul: 15］

クスマウルにとって感情とは、神経系という器質的な基盤において生ずる物質的な事象の精神的な表現にすぎない。その限り、機械的な表現と精神的な表現は、双子のように同じ条件から生ずる併行現象であり、同じ器質的な基盤において生ずる物質的な事象の二通りの表現でしかない。しかしフロイトにとって、感情とはそれ以上の何かである。先の記述に続いてフロイトは、ウァットヴィーユ（一八八五年）を引用する。[171]

「我々は、中枢は貯蔵場であり、そこには、感覚性のものや運動性のものなど、さまざまな性質の記憶心像が保管されていると思い描いてきた。他方で我々は、心の活動を担う生理学的な基体を、脳のあれやこれやの部分が担う機能の中に求めるのではなく、広く脳全体に及ぶ過程が結果的に引き起こすものとして捉えてきた。この二つの前提から帰結するのは、それぞれ生じた部位に応じて引き起こされる症状には他の点では大きな違いが認められない損傷同士であっても、しかしその損傷が及ぼす心的な効果という観点からは、非常に異なった様態を呈する場合があるに違いない、ということである。［……］」［*Aphasien* II: 56f.］

ヴァットヴィーユはここで中枢を心像の「貯蔵場」とする考えを否定しているわけではない。つまり、この長い引用の眼目は、「それぞれ生じた部位に応じて引き起こされる症状には他の点では大きな違いが認められない損傷同士であっても、しかしその損傷が及ぼす心的な効果という観点からは、非常に異なった様態を呈する場合があるに違いない」という点にある。逆に、類似した症状同士であっても、それぞれの「心的な効果／作用」がまったく異なっている場合、損傷は違う部位に生じていると推測されうることとなる。この点に、「言語装置」に関して一番基本となる捉え方がある。何となればこのことと、先の「分散処理」という発想、すなわち、各部位はそれぞれに割り振られた機能を果たすという発想とが相俟って、別々の原因に起因するものが、症状として現れる場合、「複合される」ということが起こるからである。

さて、周知のごとく、脳の特定の部分が罹患して何らかの症状が外に現れる場合、我々に示されるのはもっぱら、局所症状［Lokalsymptome］のみである。［……］しかし言語装置においては症状の表出方法が非常に多彩であるために、損傷に伴う機能障害の現れ方や状態の多彩さを通して、損傷の局所性ばかりではなく、損傷の性質をも明かしてくれるのではないかという期待が生じてくる。そんな期待を抱かせてくれるのは、言語装置を措いて他にない。［*Aphasien* III: 67f.］

フロイトのこうした「局所症状」という考えにも来歴はある。類似の概念としては、マイネルトがロッツェによる命名として挙げた「局在徴候 Lokalzeichen」がある。個々の感覚する細胞が空間の中の一点一点を知覚するとしたら、どうやって大脳は空間を一つの連続体として捉えることができるか、という問題に関して、マイネルトは、「局在徴候」によって、連続体としての空間の中の個々の個所は、意識にとって区別可能なものとなるのだとした。

これら連合された神経支配感覚をロッツェは局在徴候と名付けた。この局在徴候によって、網膜の個々の部位は意識にとって区別可能なものとなり、しかも、（濃淡があってさまざまに異なる局在徴候の連続した継起によって整序された）モザイク状の連続体の内部において、である。［Meynert (*Zur Mechanik*, 1872): 30］

個々の個所を寄せ集めただけでは、連続体としての空間は構成されない。個々の個所は、互いに何らかの関係を持っている。その関係性を知ることができたなら、すべての個所について知らなくとも、いくつかの個所から全体を推し量ることができる。見えている部分から見えない部分を類推することによって、それがどういう場所であるかを知ることができる。最小単位であるモナドが宇宙全体を表象しているといわれたように、局在徴候は、言語装置のメカニズムについて考察する手がかりとなるはずである。フロイトは局在論を全面的に否定してはおらず、局所的要因と機能的要因との双方からの考察が必要であるとするが、中でも「局在徴候」という発想はフロイトの言語装置の捉え方に受け継がれており、第六章で、言語装置の特異性を説明する際にはLokalanzeichenという語が用いられている。「言語装置はおそらく、局在徴候（Lokalanzeichen）を示すばかりではなく、その症状に機能的な修正を加えることを通して、その疾病過程に特有の性質をも明かしているのではないか」［*Aphasien* VI: 114］と。

物理学が要求するものは、［……］一つの体系である。そして物理学がこのような体系に到達するのは、それが「事実」の緩い接合を自らのうちで固く結びつけ、その結果これらの事実が「原因」と「結果」の総括として現れるに至ったときである。空間的並列と時間的継続は、このような操作を経て初めて心の「連関」となる。そしてこの連関の中の各項はすべて一定の規則にしたがって他を規定し条件づける以上、もしも宇宙の完全な認識が可能であると仮定すれば、その場合宇宙のある任意の状態にその現象の総体を読みとることすら可能となるであろう。［Cassirer:40／（上）065‐066］

こうした見方の中で、「全体」という概念は、それまでとは異なる意味を獲得したとカッシーラーは言う。この新しい「全体」は、構成部分の単なる「総和」でもなく、また「機械的」なものでもなく、「有機的」なものとして現れることになると［Cassirer:40／（上）066］。

しかしフロイトは、心の領域の圧倒的部分を占める「無意識」を定義するとき、心の連関を構成する空間的並列と時間的継続のうち、まさにこの時間的継続を免れたものとして、定義したのである。『快原理の彼岸』（一九二〇年）において既にフロイトは以下のように述べる。

時間・空間はわれわれの思考の必然的な形式であるというカントの命題は、精神分析のなした一定の認識ゆえに今日では議論の余地のあるものになっている。われわれの知っているところでは、無意識的な心の出来事はそれ自体「無時間的」である。［Freud (1920): 80］

無意識的な心の出来事は、時間的な配列に回収されることなく、時間がこれに変化を及ぼすこともない。それは、時間の経過の中で、変化するということを知らないのである。意識の表層に現れるものであれば確かに、空間的配列という操作も時間的継続という操作も行われているだろう。しかし意識は、心の領域のごく一部にすぎない。そのわずかに表に現れたものだけが、無意識について知るために、我々に与えられたすべての手がかりなのである。この考えは、フロイトの思索を決定的に特徴づけている。晩年の『精神分析入門（続）』（一九三三年）に曰く、「症状は抑圧されたものから出てきているのであり、抑圧されたものの代理人として自我の前に立っている」のであると［Freud (1933): 269］。

意識性の基準価値はわれわれの人生のごときものです。それ自体大して価値はないのですが、しかしそれはわれわれの持っているすべてなのです。もし意識性という燈火がなかったとしたならば、われわれは深層心理の闇の中に没し去ってしまうことでしょう。［Freud (1933): 286］

我々は「無意識的なもの」について何も知らない。にもかかわらず、「ある過程が目下活動していると仮定せざるをえない場合」に、これを「無意識的と呼ぶ［Freud (1933): 286］。その中でもさらに、条件下によってはやがて意識されることがあるかもしれない「潜在的なもの」と、金輪際意識へと転換されることのない「無意識的なもの」とがある。それをフロイトは、「エス」と名づけるのである［Freud (1933): 290］。

b．症状複合

脳の皮質は部位ごとに、異なる役割を担い、分散処理を行っている。そしてそれらが互いに連絡し合って、脳は全体として機能するという大枠はヴェルニケによって与えられた。

それ［前頭部分］以外の脳の表面は、直接の刺激に対しては無反応であることが証明された。(die übrige

Gehirnoberfläche erwies sich gegen directe Reize indifferent.)［Wernicke (1874): 4］。

「それ以外の脳の表面は［……］無反応／無関心である」というこの表現は、のちの無意識と意識との関係、もしくはエスと自我との関係を特徴づけている。無意識は、意識に関してはまったく「無関心」に、己れの快原則にのみ従う。だからこそそれが症状として表に現れるまでに、症状同士の間で「戦闘」が起こるのである。ジャクソンの言う「最適のイメージとしての生き残り」をかけて、症状同士がぶつかり合う。そして一八八八年の『医学中事典』の「ヒステリー」という項目の中でフロイトは、機能性の障害は、解剖学的な局在化とは完全に無縁でなくてはならないと推論して、あの有名な定理に至った。曰く、「ヒステリーは、それを学ぶまえのわたしたちとまったく同じように、神経システムの構造について無知である」と。

病因と症状は必ずしも一対一の対応で現れるとは限らない。病因が複数であり、発症時期がそれぞれ異なるとき、病因が引き起こす症状はそれぞれの病期に応じた病像を呈することとなり、むしろ症状は、複合的に現れる。一つの症状複合から異なる病像を分別して取り出しそれぞれの病因に遡るという「観察」の技法は、フロイトがシャルコーから学んだ最大のものであったかも知れない。[172] 症状は常に先にある。そしてそれが、原因を探るために我々に与えられたすべてなのである。

基本型を学ぶことは疾病記述学 Nosographie のもっとも重要な方法の一つです。［……］それは欠くべからざるものであり、それだけが、錯綜した印象のカオスの中からはっきりとした一つの病像を浮かび上がらせることができるのです。長く包括的な経験に即した医学の歴史がこのことを証明しています。しかしこの仕事がなされ、いったん型が定められたならば、疾病記述学の仕事の次の段階が始まります。それからはこの型を再び解体し、細分化することが肝要なのです。換言すれば、疾病のぼんやりとした、まだ形成されきっていない形式を知ることが肝要なのです。そうして初めて、類型方法によって作られた病像が、新しく、より正確に照射されて現れてくるのです。この領域はますます大きくなってゆくでしょうし、この方法が実践においてもつ重要性はいよいよ増してゆきます。そして医師は、まだ初期状態にある病気であっても、診断しようと試みることができるということは、患者のためにもよいことなのです。[Charcot (1894): 197][173]

シャルコーは、外来の患者を講義の中で実際に診療するという方法をとった。その講義には各国から著名な研究者が訪れ聴講した。シャルコーのおかげで、それまで仮病か芝居と思われていたヒステリーは、ゲッツの言うとおり、「神経系のれっきとした病気」[ゲッツ：23‐24]となったのだが、しかしそれでも、外来診療講義の中で患者たちが見せるヒステリー症状は、シャルコーによって指示された芝居であり講義全体がシャルコーの狂言ではないかという疑念が完全に絶えることもなかった。しかし、上記でシャルコーが述べている「観察」の技法は、明らかに「自然科学的」と呼べるものである。観察者に対して統一的過程として、不可分な全体性として立ち現れるのは、「症状複合」である。それを個々の症状へと分解し、それぞれ症状を引き起こす条件を明確にすることによって、複合的な症状の一端を形成している個別の病因が明らかになる。それぞれの病因が発現する病期までも明らかになるのである。このように、一つの複雑な様相を個々の要素に還元するという方法は、失語をさらに具体的に論じる中でより明確に発揮されることになる。それは、たとえば書くという行為を成り立たせる個々の要素のうち、どの要素が機能不全に陥った結果、どのような症状がもたらされたのか、という問いの設定の仕方に端的に表れる。『失語論』において、構成要素への分解というこうした方法は、終盤になって「語表象」を論ずる際には、「語」を構成する個々の要素への分解とそこからの再構成、という形で重要な役割を果たすことになる。『失語論』においてはこの方法はあくまでも失語の症状を分析することに限定されているが、まもなくそれは、ヒステリー症状の分析やさらには夢の分析へと応用されてゆく。症状（夢・イメージ）は、いつも分析の出発点である。その症状によって知られるのは、原因ばかりではない。「局在徴候」がそうであると言われたように、原因の性質をも明かしてくれるという期待を抱かせてくれるものなのである。

第三節　代理表象

これまでまったく話題にならなかったことではあるが、どんな心理学理論も、自然科学の側から見た功績は別として、さらにもう一つ、重要な要求に応えなくてはならない。我々がきわめて不可思議な仕方で、我々の「意識」を介して知るものは何か、そしてこの「意識」は、これまでの仮説——量とニューロン——については何も知らないのだから、心理学理論は我々に、この知らなさをも説明すべきである。［*Entwurf*: 400］

「意識」はニューロンについて何も知らない。とはつまり、まだ知らないのでもなく偶発的に知らないのでもない。「意識」とはニューロンについて、そもそも「何も知らない」ものなのである。このような捉え方の中に、「感情」や「表象」を、物質的な事象の精神的な表現にすぎないと断じたクスマウルとの決定的な違いがある。クスマウルにとって、神経物質がどこでどうやって発話を生み出すかは、いずれ解明しうる課題としてあった。その解明を当面阻んでいるのは「十九世紀の知識の限界」でしかない。しかしフロイトにとって「意識」がある何ものかについて「何も知らないということ」は、「意識」というものの規定に関わる問題である。このような意識の有りようを認めることは、自然科学との線引きをすることになる。

我々の意識は質だけしかもたらさないのに、自然科学は〈量〉しか認識しないという事実をしっかりと受けとめていれば、ω［知覚］ニューロンの特徴づけは、比例法のごとく得られる。つまり自然科学は、我々の感受の質をすべて〈外的な量〉に帰すという課題に取り組んだのに対し、神経系の構造に期待されるのは、この構造が外的な〈量〉を質に変換する［verwandeln］装置から成り立っているということである。それによって、再び量的なものに対して勝利して距離をとる本来の傾向が現れるのである。［*Entwurf*: 401］

脳を機能上のネットワークと捉えたクスマウルや、階層構造として捉えたヒューリングス・ジャクソンの考えを受け継いで、フロイトは、神経系の構造を「〈量〉を質に変換する装置」と見た。そしてまた、シャルコーによるヒステリーの捉え方に多大な影響を受けつつも、フロイトは、精神分析へと向かったとき、患者の表情を写真にとって診断の対象としたシャルコーの方法を採らなかった。病がどのように表象されてきたかを追うサンダー・L・ギルマンは、シャルコーによって写真技術の発展と医療への応用と共に、患者の表情が重要視されるようになったことを指摘している。しかし、「シャルコーの学生であったジグムント・フロイトは、分析の補助として患者を視覚化することをしなかった。このことによってフロイトの精神分析は、患者の話に耳を傾けることにその中心をおくことになった」［ギルマン：73］。視覚化を拒否するとはつまり「我々の感受の質をすべて〈外的な量〉に帰す」ことの回避であった。しかしまた、言語装置のメカニズムを構想する中でフロイトは、音心像こそが概念中枢に至る唯一の通路であることを確認した。医師としてのフロイトは、患者に自由連想法を用いて語らせると同時に、その語りの中に、患者が自分の意思では思い出せないものを手繰り寄せる手がかりとなるもの、言語装置が示す「局在徴候」を聞き分けるために、自らも聴覚表象をもっぱらのよすがとしたのではなかったか。こうしたフロイトの立ち位置は、フロイトのもう一人の同時代人、近代の心の哲学の祖とも言うべきベルクソンの思想にむしろ親近性をもつ。フロイトの『失語論』の同時代の思想書、ベルクソンの『物質と記憶』において、「物質はそれ自体で魂を吹き込まれている」という発想は、記憶の形式を二つに分類するという仕方で改めて問題化される。すなわち、「過去は二つの異なる形式で存続する。第一は運動のメカニズムの中で、第二は独立した想起の中で」と。つまり我々は、繰り返され習慣化される中で自動化する運動性の記憶と、ことさらに思い起こされる特別な記憶をもつ。前者は我々の日常生活を支え、後者は我々の人格を形成する要素となる。このような仕方でベルクソンは、我々の身体の物質性と精神性を表したのである。こうした記憶の二重構造を、フロイトの意識と無意識との二重構造に対比させるとき、「魂と身体の結合という大いなる秘密に関する思いがけない説明」(ライプニッツ)がかくも飽くことなく変奏され続けていることが確認されるのである。

第一項　想起の可能性

a．「皮質の記憶力」

身体は、何ものかを貯蔵したり保存したりする器ではなく、記憶という能力をもった有機的構成物である。既に見たように、マイネルトは皮質細胞が心像を貯蔵すると考えていた。「皮質に含まれた十億以上の神経体のおかげで、相前後して入ってくる印象は、持続的に共存するために充分なだけの機能上の担い手を、とはつまり神経細胞を得ることが可能になる」と[Meynert (*Psychiatrie*): 140]。それをこそマイネルトは、

「皮質の記憶力の本質」とした。フロイトは、ヴェルニケが局在化できるものを限定したとはいえ、「しかし根底においては、複雑な概念や、特定の心的活動のすべて、或いは心的な要素などを、そもそも局在化しようと試みることそれ自体が、原理的には同じ間違いを犯すことにならないだろうか」と批判したのだった。神経線維は、末梢であれ皮質であれ、それが経るすべての区間を通してただ生理学的な産物にすぎず、機能修正／様態変化に晒されている。「この［神経線維の］末端に、特定の表象なり記憶心像なりを割り当てるということ」［*Aphasien* V: 97］はとうてい許容されるものではない。

さて、単純な表象、もしくは、単純な表象に代わって反復される表象の生理学的な相関項とは何であろうか？はっきりしているのはそれが、静態的なものではなく、むしろ出来事のような性質を持った何かであることである。そしてこの出来事は局在化にも堪えうるものである。というのはこの出来事は、大脳皮質のある特定の個所から発し、そこから大脳皮質全体に、或いは特定の経路にそった領域に広がるからである。この出来事が経過し終わったとき、それが触発した大脳皮質の中に、ある機能修正が残遺する。つまり、想起の可能性を残すのである。［*Aphasien* V: 99f.］[174]

この個所にはいくつかの問題圏が示されている。一つには、「単純な表象」と「それに代わって反復される表象」の生理的相関項とは何かであり、それは皮質細胞に貯蔵される物質的な何かというよりは、出来事のような性質のものであるということであり、もう一つにはそれが皮質において起こるその起こり方である。単純な観念と複合的な観念という枠組みであれば、感官器官によってえられる単純な観念と、その単純な観念を組み合わせて内省的に作られる複合的な観念として、ロック以来既に馴染みのものである。単純な観念は、外界に対応物をもつその都度限りのものであるのに対して、複合的な観念は随意に、外的条件に束縛されずに想起され反復されるものである。そしてあるもの／出来事が想起されるとき、それが最初に経験された際と同じように神経細胞は賦活される。こうした考えはコンディヤックにも継承された。しかしジャクソンに至って、階層構造という捉え方とともに、状況に応じた機能の変化という観点が導入された。このように、神経細胞の賦活という仕方で起こるが故に、「想起」とは出来事であり、「大脳皮質のある特定の個所から発し、そこから大脳皮質全体に、或いは特定の経路にそった領域に広がる」力動的な事象なのである。

皮質が同じ状態に賦活されるたびに、心的なものは想起心像としてその都度新たに生起する。［*Aphasien* V: 100］

想起は出来事として「その都度新たに」生起し、その結果として神経細胞に機能修正／様態変化を引き起こし、残遺する。皮質に達することができたもの、そのように残遺することができたものは、いずれ想起を恃む可能性を得る。[175] そして想起が繰り返されることによって、それは「身体に『刻印』される dem Körper „eingebildet"」［Breuer: 239/（下）066］。[176] この見解は、まもなく別の形で定式化されることとなる。曰く、「ヒステリー症者は、主に回想に病んでいるのである der Hysterische leide größtenteils an Reminiszenzen.」［Freud & Breuer: 31/（上）018］と。

皮質の感覚領域も含めて、この知覚装置は、感覚印象を想起像として保存し、再現する器官とは異なるものであるに違いない。知覚装置が果たす機能の根本条件は、原状復帰を可能な限り迅速に行うこと［die rascheste restitutio in statum quo ante］だ。さもなければ、それ以降の正しい知覚はなされないだろう。それに対して記憶を成り立たせる条件は、そうした原状復帰が起こらず、他方、個々の知覚によって作り出される変化が残存することだ。同一の器官が矛盾する二つの条件を満足させることはありえない。［Breuer: 207, Anm.1/（下）013］

物質（身体）に働く力として我々は「固有力」に言及した際に既に、インピートゥスというものが、「外力によって物体に注入された偶有的な、それゆえ自然な状態では物体が有さない、そして一度注入されても失われてゆく性質」であることを見た。ガリレオ以後、このインピートゥスはときに「慣性」と同一視され、物体自体がもつ力、「固有力」として捉えられることもあった［山本：217-220］。フロイトの言う想起という「出来事」は、「皮質が賦活される」ことであり、それゆえにインピートゥスに似ている。決定的な違いは、インピートゥスの場合放出された後、物質には何も残らないとされたのに対して、身体には記憶は必ず残遺して、「想起の可能性」を残す点である。そしてこの違いが、ブロイアーが、知覚装置と記憶装置とは異なるものとして捉える必要があるとした所以である。物体と違って身体には、働きかけられた力の痕跡（記憶）が必ず残る。その残遺が、「単純な表象、もしくは、単純な表象に代わって反復される表象の生理学的な相関項」なのである。

「感覚」と「連合」は、同じ一つの過程を異なった視点から眺めて与えられた二つの名前である。我々には、この二つの名前が、統一性をもった不可分な一つの過程から抽出されたということが分かっている。我々には、感覚を直ちに連合させることなしに感覚を持つことができない。どんなに我々が両者を概念的には明快に分けたところで、実際のところ両者は単一の出来事に付随したものであり、その出来事は、皮質のある一

個所から始まり皮質全体に拡散するものなのである。［*Aphasien* V: 100］

「感覚 Empfindung」と「連合 Assoziation」を概念的にはどのように分けようとも、それらが出来事として起こる場合、一方を他方から分けることはできない。両者はほとんど同時に起こりつつ、一個所から始まり、皮質全体に拡散する。だからこそ、両者を別々の個所に局在することはできない。マイネルトやヴェルニケのように、皮質細胞に記憶心像が貯蔵され、連合線維によってそれらが連合されるという局在は拒否されたのであるが、ここで論じられるのは感覚と連合との問題である。これを描写する言葉は、「想起の可能性」について述べられた言葉とほぼ一致する。つまり感覚と連合は分かちがたく結びついて、出来事として起こり、その出来事が経過し終わったとき、その出来事によって賦活された部位におしなべて機能修正が残遺する。それが記憶というものの成り立ちなのである。そうであれば、「皮質の記憶力の本質」とは、マイネルトが考えたように心像を貯蔵する能力では決してなく、いったん賦活された細胞は必ず機能修正を受け様態を変化させ、同じ出来事が再び起こった場合には、それをかつての出来事と同じ出来事と同定しうる能力にほかならない。そしてその残遺は、ブロイアーが、知覚装置と記憶装置は同じ皮質にあるが別のシステムと考えるべきであるとしたとおり、出来事が経過し終わったあと、原状復帰を可能にするような仕方でなくてはならないだろう。今日こうした残遺は、シナプスの結合として説明される。ニューロン間の情報伝達を可能にするのは、既に述べたとおり、神経伝達物質や神経修飾物質である。シナプス間隙に放出された神経伝達物質は化学的信号として、この伝達物質に応じた受容体を持つ別のニューロンへと達する。このような情報伝達の連鎖がうまく機能するためには、そのときどきの情報伝達に用いられなかった余剰の神経伝達物質はすみやかに回収（reuptake）されなくてはならない。それによってシナプス間隙が原状に復し、次の情報伝達（神経伝達物質の放出）にそなえた状態になる［グリーンフィールド：120］。つまり、シナプスの結合は残り、化学的には原状復帰する。こうしたシナプス結合によって、一個のニューロンが一万から十万個のニューロンと接続し、さらにその一つ一つはネットワークの次の細胞への、一万から十万のインプットの一つとなりうる。フロイトが、連合も感覚も共に、「一点を出発点とするが、どの点にも終息せずに移動し続ける」［*Aphasien* V: 101］と述べたとおり、脳は、「個々のニューロンから出発してしだいに複雑な回路へとつくられている」［グリーンフィールド：125-126］。このように、「心的な事象が始まったからといって、生理学的な事象がそこで直ちに止んでしまうことはな」いがゆえに、両者は、原因と結果の関係にあるということにはならないのである［*Aphasien* V: 98］。そしてシナプスの結合によって個人の記憶がどのように形成されるかも決まるのだが、重要なのはニューロンの絶対数よりも、脳内でのニューロンの結合の数であるという［グリーンフィールド：174］。この点においても、神経細胞の数でもって表象生活の豊かさの指標としたマイネルトの考えは否定されたのである。

我々の身体が感受するもののうち圧倒的に多くが我々の意識に気づかれないままに失われてゆくが、連合はそれを繫ぎ止める。連合された個々の感覚は表象の連鎖の鎖に加えられる代わりに、「文脈の中では個々の語はそれ自体としての意味を失う」（ジャクソン）ように、それ自体としての意味を失う。このように見るとき、上記の個所は「連合」が「連想」へと翻訳され、「自由連想法」へと展開するための一つのステップだったと言えるだろう。そして、連合されなかったものの行き場は、ヒステリー研究の問題となる。

病変によって錯語を引き起こしうる部位は皮質の至るところにあるという捉え方から、フロイトは記憶という事象に関する独自の見解を得たのだったが、それと併行して、加えられたエネルギーの放出という観念もまた特有の展開を見せる。皮質において遂行される機能をブロイアーは、発電機に喩えて説明する。どの電灯も機械も、連絡が成立しさえすれば直ちに機能する。これが可能であるためには、そうした機械などがすぐさま働き出せるように zum Zwecke der Arbeitsbereitschaft、点灯という機能が休止しているあいだにも伝導網 das Leitungsnetze 全体のなかには「ある種の緊張」がなくてはならない。今で言う「待機電力」のように、脳は、休止している間にも、いつでもすぐさま働き出せる状態であるために「一定量の興奮量が存続している」のでなくてはならない。実際、連合させる神経線維には、二つの感覚細胞から興奮が流れ込むのであるから、そこには一定程度の「緊張状態」があると考えるべきなのである。

> あらゆる神経細胞が中程度の興奮の状態にあり、神経突起を興奮させているなら、巨大な伝導網全体は、「神経の緊張」を蓄える統一的な貯蔵庫［ein einheitliches Reservoir］となる。したがって、細胞の化学成分の中で休止している潜勢的［potentiell］なエネルギーや、また、線維が興奮状態にあるときに流れる動的［kinetisch］エネルギー——これがどのような形態を持つのかは、私たちには未知のままである——のほかに、私たちは、さらに休止した状態の神経興奮があると想定せねばならない。これが、緊張性興奮［*tonische Erregung*］、あるいは神経の緊張［*Nervenspannung*］である。［Breuer: 212/（下）022］

このように伝導網全体を「『神経の緊張』を蓄える統一的な貯蔵庫」として捉え、また、先のように、常に原状復帰を目指す知覚装置と、そうではない記憶装置とを——この二つ共が皮質にあるとブロイアーは述べている——区別し、潜勢的なエネルギーや動的エネルギーの他に、「神経の緊張」を想定し、このように緊張を維持するエネルギー、連絡の成立を待って待機し続けるエネルギーに加えて、それとは別に、一定量の自由なエネルギーを想定するところから、ようやく初めて、フロイトの言う、有機体中には「脳内部の興奮を恒常的に一定に保とうとする傾向 *Tendenz zur Konstanterhaltung der intrazerebralen Erregung*」があるという事実に出会うのである［Breuer: 215/（下）026］。待機するエネルギーは、神経系を張り詰めた状態に保つエネルギーであるが、それに対して自由なエネルギーは、ある程度までは能力の余剰として許容され、むしろ歓迎されるものである。それがあるからこそ、連絡が成立したとき、直ちに機能が発揮されうるのである。こうした余剰分を含めて脳内部の興奮を恒常的に一定に保とうとする傾向があるが故に、この自由エネルギーが過剰になって放出されるべき先を見いだせない場合、人は病むのである。その場合には、脳内で行き場を失って滞留した興奮量を「放出 Entladung」させなくてはならない。そこからカタルシス療法 die kathartische Methode[177]の有効性が説明されるのである。

ブロイアーが言う「細胞の化学成分の中で休止している潜勢的なエネルギー」について、今日、このエネルギーを「貯蔵」する役割を果たすのは、アデノシン三リン酸（ＡＴＰ）という化学成分であると見なされている。ＡＴＰを合成するためには大量のエネルギーが必要となるが、これを分解するとき、そのエネルギーは放出される。つまりＡＴＰの合成と分解は、余剰エネルギーの「貯蔵」と放出とを行っているのである。このように脳内部の興奮（エネルギー）の不正常な状態（たとえばヒステリー症状）の説明がなされてゆく道筋ができた。今日では、休止状態にある間に存続する緊張性の興奮は、「デフォールト・モード・ネットワーク」[178]として注目されている。また、原状復帰を目指す傾向は、のちに『快原理の彼岸』において「死の欲動」として衝撃的な定式化を見るのだが、これは今日はるかに穏やかな形をまとって、「ネガティブ・フィードバック」として、個体を維持するための有機体固有の傾向として説明されている。

b. 「言語残渣」

フロイトは「内言語」を括弧付きで、しかも「いわゆる」という二重の留保付きで言及していた。『言語起源論』においてヘルダーは、動物の言語と人間の言語とを厳しく分けたが、デルブリュックにもこうした残遺する言語に関する考察がある。デルブリュックによれば、文は必ずしも主語、述語、繋辞から成る必要はない。「ああ！」とか「ノー」「何てことだ」といった表現もまた文として記されるべきだろう。「おそらくこれらの文は、非常に単純であるが故に、また興奮が起こったある状態において表明されることが常であるが故に、最も長く保持されるだろうと考えられる」[Delbrück: 98][179]。そしてジャクソンは言語を「情動的な言語 emotional language」と「知的な言語 intellectual language」とに分けた。前者において言葉は間投詞的に用いられ、後者において言葉は「命題的内容を含ませて propositional」用いられる。曰く、「知的な言葉、より随意的な言葉は喪失するが、情緒的な、つまりより自動化された言語は残存する」[Jackson(1884): 49]。

情動的な言語は、命題的内容を含んだ言語と同じではない。情動的言語においてはわれわれはいろいろな感情をたんに爆発させるだけである。そこでは、われわれの心の主観的状態が、いわば火山の突然な噴火をするだけである。命題的内容を含んでいる言語においては、われわれは観念の客観的なつなぎ合わせをする。かくしてわれわれは主語と述語と、それら両者の間の関係とを持つことになる。人間にとって「客観的」な世界、言い換えれば、固定し恒常的な性質をもった経験的事物の世界の発見の手がかりとなるのは、この型の言語能力、つまり命題的内容をもった言語の能力である。こうした導きがなければ、経験的な客観的世界へ近づくことは不可能と思われよう。[カッシーラー(1942): 176]

言葉には、動物の言語と人間の言語という区別があるのではなく、人間の言語というものに、情動的な言語と命題的な言語とがあるのである。そしてこの命題的な言語によって、人間は「客観的」な世界へと近づくことができる。言語によって、一つの次元が拓かれるのである。

動物にはありえない次元の拓けを、ジャクソンは、解体という現象から導き出した。言語によっていかなる次元を獲得したかではなく、言語を喪失することによって人間は一体何を失うのかという問題を考察することによってジャクソンは、言語によって獲得されていた次元、最小限しか組織化されておらず、最も遅くに発達した層、それ故に随意的な層はいつでもたやすく失われてしまうことを事後的に発見した。「客観的な位相」からの退行によって、人間は「主観的な位相」に陥ってしまう。その位相もまた、「心理的事実のための新しい領域」(本書七〇頁)ではあったに違いない。感官によって魂の中に生まれた印象の戯れる場、反省によってこれら印象が緩やかな連想の鎖によって結ばれた場を、いかにして突き抜けて人間は、「現実の/リアルな」環境へと達することができたのだろうか。

実際のところ、人間の精神が、もしくは言語能力が、こうした「主観的」な第一のステージから「客観的」な第二のステージへと順序を追って発展したのかどうかは分からない。しかし少なくとも、「もっともよく組織化されて自動化された神経配列」という、低次の神経配列をもたない「高次の神経配列」を考えることはできない。そしてまた、「解体」によって低次の神経配列だけが破壊されて、高次の神経配列が無傷のままに残るということも、ありえない。フロイトの言うとおり、ジャクソンの「解体」説は、言語装置の「機能上の発展の初期状態」を優れて合理的に説明する。位相の移行を、破壊されて何かが失われた状態を出発点として、あくまでも逆行的に説明するのである。

十八世紀に起こった言語起源論争において、ルソーやコンディヤックが動物の言語と人間の言語を比較したことに関して、ヘルダーは、二人が両者の言語の本質的な差異を見落としてしまったと非難したが、そのヘルダーもまた、言語の起源を動物の言語との比較から始めたのだった。しかしカッシーラーにとって、動物の言語はまったく問題にならない。「無数の観察と実験とにもかかわらず、動物のうちに『命題的内容を含む』言語のごときものが存在していることを支持する経験的証拠を、われわれはいささかももっていない」からである［カッシーラー (1942): 176-177］。そのジャクソンにとって「内的発話 internal speech」と「外的発話 external speech」とは「ただ度合いの違い」にすぎない。

> こうした違いは、語の再生産が前無意識的もしくは意識下的で自動的なものであるか、或いは、語の再生産が連続的に意識されていて随意的なものであるかという違いに比べれば、取るに足りない。後者の場合だけが発話なのであり、内的であろうと外的であろうと、それは問題とならない。［Jackson (1878-79): 324］

ジャクソンにとって、言葉が内的なものであるか外的なものであるかは根本的な区別ではない。「話すとは、単に単語を発するのではなく、命題を構成する to propositionise ということである。［……］個々の単語はそれだけでは意味をなさない。互いに関連づけられていない単語の連続もまた然りである。言葉の構成単位は命題的な内容 a proposition である」［Jackson (1878-79): 311f.］[180]。健常者の日常においては大した問題とはならないこうした区別は、神経配列の段階的な破壊によって顕在化する。「解体」という現象において、進化が全面的に失われることがないように、言葉が失われるとき、それは常に全面的に失われる訳ではない。フロイトが引いたジャクソンの言葉通り、損傷の程度によって、また損傷を受けた部位によって、破壊の進行速度はさまざまであり、現れる症状もまたさまざまである。そのさまざまな症例からジャクソンは、失われやすい言葉と比較的失われにくい言葉とを分けたのだった。習得されて間もない言葉ほど失われやすく、習慣化されていない随意的な言葉ほど失われやすい。したがって、知的な言葉は失われやすく、それに比べて間投詞や呪詛の言葉のように、情動的な言葉や強烈に覚え込まれた言葉は失われにくい。ジャクソンによる失語についての説明を下敷きとしてフロイトは、言語能力を失った患者がなお発する言葉、間投詞的な情動の言葉、「ジャクソンによれば」「最後の言葉 letzte Worte」を「言語残渣 Sprachrest」として敷衍する［*Aphasien* VI: 133］。この「言語残渣」は、後に精神分析において重要な鍵概念となるものであったが、しかし『失語論』においてはフロイトがジャクソンから援用する考えはここまでなのである。その点に、神経病理学者としてのフロイトと、精神分析家としてのフロイトを分かつ境界を見ることができるだろう。[18]

第二項　「組み替えの原理」

a. 心身併行現象

コンディヤックはロックの継承者を自任したが、いまここで、ロックのもう一人の継承者であるヒュームの功績が参照されてよいだろう。ヒュームは『人性論』（第一篇は一七三九年）の第一四節で、「必然的結合の観念について」論じつつ、二つの事象のあいだにいかにして必然性の観念は生じるかと問う。

これらの事例はそれ自体としては互いにまったく別個のものであり、それらが結びつくのは、事例を観察し、その観念を集める心のなかを除いてほかにはない。そこで、必然性はこのような観察の結果であり、心の内的な印象、つまり、思考を一つの対象からもう一方の対象へと向かわせる規定にほかならないということになる。

要するに、必然性は心のなかに存在するなにものかであって、対象のなかにあるのではない。〔ヒューム：456−457〕

二つの物があったとき、その二つの間にある関係が、一方が原因で、他方が結果であるとしても、それぞれの物をどんなに調べても、両者をつなぎ合わせる結び目は決してみつからない。しかし、二つの物が常に随伴して有る／起こる場合、両者の間の関係を想定して我々は推理するだろう。したがって、このように事例が繰り返し起こること、その積み重ねこそが「力もしくは結合のまさしく本質」であり、その観念が起こる源なのである。

『人性論』と並んで、ヒュームのもう一つの主著『人間悟性に関する哲学的試論』*Philosophical Essays concerning Human Understanding* (1748) は、コンディヤックとほぼ同時代の書であるが、カントに与えた影響の大きさによっても知られる。『純粋理性批判』*Kritik der reinen Vernunft* (1781) に次いでカントは『プロレゴメナ』*Prolegomena zu einer jeden künftigen Metaphysik, die als Wissenschaft wird auftreten können* (1783) を発表したが、そこでカントは、ヒュームにとっての考察の出発点、すなわち「形而上学だけにある唯一の、しかしこの学にとって重要な概念――すなわち原因と結果との必然的連結という概念」〔カント (1783)：14〕を同様に己れ自身の考察の出発点とした。「何か或るものが存在するからといって、何か他の或るものまでが存在せねばならないという理由」はまったく理解できない、というヒュームの言葉は反論の余地のないものだった。そこからヒュームは以下のように推論した。

理性は、〔……〕或る種の表象に連想の法則を適用し、そこから生じる主観的必然性すなわち習慣を、〔ア・プ

リオリな］洞察にもとづく客観的必然性とすり替えたのである、と。［カント（1783）：15］

ヒュームのこうした懐疑論は、カントをして「独断論の微睡から眼ざめさせて」くれた［カント（1783）：19–20］[182]。あることが生じたからといって、別のあることが生じなくてはならないという必然はまったくない。二つの事象が二つとも経過し終わったあとに、ある時間点から二つの事象を見た場合、二つの事象のあいだに何らかの関係性を認めうるかもしれない。しかしそれはそのように見る者の「主観的必然性」にすぎない。同じ二つの事象を別の時間点から別の人が見たとき、同様の関係性を導き出すとは限らない。よしんばまったく別の二人が同じような関係性を二つの事象のあいだに認めたとしても、だからといってそれが「客観的必然性」であるということまではできない。こうした立場の取り方は、二つの事象のあいだに認められうる最大の蓋然性を持った関係性に対してさえ、常に一定の留保を要求する。「独断論の微睡」の心地よい誘惑から目覚めさせてくれる。「主観的必然」や「習慣」であれば、主観や習慣という条件が変わればその関係性もまた変わりうる。こうした条件変化としては、観察者の交代、観察時間点の変化、第三の事象の考慮などもあるだろうし、さらには、「習慣」の破壊をもたらす観察者自身の身体の状態変化も考えられるだろう。判断するために動員される器官のうちのいずれかの器官の破壊、もしくは退化、である。

神経系における生理学的な事象の連鎖は、おそらくは心的な事象に対して原因と結果の関係にあるわけではないだろう。心的な事象が始まったからといって、生理学的な事象がそこで直ちに止んでしまうことはなく、むしろ生理学的な連鎖はそのままさらに続いてゆく。この連鎖の一つ一つの構成部分に（或いは複数の構成部分に）いずれかの瞬間からそれぞれ一つの心的現象が呼応するようになるというだけのことである。心的なものはしたがって、生理学的なものの平行現象なのである（「従属的共存付随現象 a dependent concomitant」）[183]。〔*Aphasien* V: 98〕

カッシーラーは物理学という学問の体系的性格を、ひいては十八世紀の啓蒙主義の功績を、個々の事実、個々のデータの間に、原因と結果という関連を見出すことにあるとした。したがってまた、空間的並列と時間的継続という操作があって初めて、「心の連関」というものは把握しうるものになると。しかし、同時代のヒュームにおいて、まさにこうした因果律が斥けられた。「因果律の否定」がカントに与えた衝撃は、フロイトにおいてどのような実を結んだだろうか――フロイトがカントの読者であったことはよく知られている――。フロイトがジャクソンから学んだという「従属的共存付随現象」という捉え方は、身体の生理的現象と心的現象との間に「原因と結果の関係」を想定することを、斥けるものであった。一個の身体という一つのシステム内部に起こる生理的現象に関してならば、原因があり結果がありその展開には何らかの法則性があるといえるかもしれない。そしてその身体に起こる心的現象にも、何らかの連続性があり関連性があり、内的法則さえあるかもしれない。しかし、これら併行して起こる二つの現象の連続した流れと流れとの間に、一方が原因であり他方がその結果であるという因果関係を設定することが果たして可能だろうか。

b. 代理の法則

「その場合、脊髄と身体との関係と、より高次の灰白質〔と身体末梢部と〕の関係とは違った性質のものである」と述べたあと、フロイトは次のように続けている。

投射する線維が脊髄灰白質を通る際に減少することから考えるならば、より高次のどんな灰白質の要素も、もはや末梢の一つの単位にではなく、末梢の複数の単位に対応していると考えるべきである。［*Aphasien* V: 92］

マイネルトが考えたような、一点対一点という忠実な情報伝達が起こっていると考えられるのは、脊髄までである。例えば、熱いものに触れたときにとっさに手を引っ込めるというような場合、判断よりは迅速さこそが求められる。それに対して何らかの判断を必要とする場合、単一の末端器官からの情報のみに依拠するわけにはいかない。例えば、或る物に手で触れつつそれを目で見ている場合、見ている物と触れている物とが同じ一つのものであることを知るためには、そこから得られる視覚心像と触覚心像とを連合させることが必要となる。連合野は、それぞれの感覚心像を連合させると共に、これら感覚心像と、運動性感覚、即ち神経支配感覚とも連合させる。このように、末端からの情報は、ひとかたまりごとに一つの単位となって、より高次の要素に対応する。そのことを、シャルコーやヤングの失語図譜は端的に示している。

このような身体末梢部とより高次の灰白質との「別なる」関係は、ヘンレの解剖学やジャクソンの「解体」説、バスティアンの機能修正説によって裏付けられる。脊髄と皮質との関係は、皮質を持たない変温性動物における脊髄と脳との関係からは類推できないことは、既にヘンレが示したとおりである。マイネルトは、人間の脳の皮質細胞こそが、動物細胞が最高度に発達した形態としながら、末梢から皮質に至るまでの神経細胞の役割をそれ以上細分化することはなかった。それに対してジャクソンはフレクシヒの発生学とは逆に、「進化の逆行のプロセス」として「退行状態 Rückbildung」を考えた。段階的な解体において、最高次の中枢が機能不全に陥ったとき、それまで二番手であった中枢が、この新しい環境においては最適の中枢となる。つまり中間層の中枢は、より高次の中枢があるかないかによって、それ自身が果たす役割も機能も変わる。このように、一対多という連絡の仕方や最高次の中枢と最低次の中枢との関係は re-re-representative であるという捉え方が、フロイトの代理表象へと流れ込んでゆくのである。
では実際のところ、こうした代理表象はどのような仕方で起こるのだろうか。

それは〔……〕個々の局所的な要素をさまざまな形で結びつけ、別の目的にかなうように組み替えるという仕方においてである。その際に当然これらの要素の中では、幾重にも代理されているものもあれば、まったく代理されないものもあろう。〔*Aphasien* V: 95〕

末端からの情報をひとかたまりとして高次の部位では処理するために、そのかたまり内部で「組み替え」も起こりうる。フロイトのこの記述は、いくつかの謎を含んでいる。「別の目的」というからには、本来の「目的」が想定されているはずである。感覚器官という終末器官から脊髄を経て脳へと情報が伝達される様子を描写しつつ、フロイトはここで、「代理」という言葉を使う。終末器官においては感受されながら、脊髄や延髄を経て脳まで伝達される興奮もあれば、延髄まで伝達されながらその先には伝達されないものもある。先へと伝えられず、aufgehen できずに閾下にとどまるものが身体のなかに、もしくはフロイトの描いた「言語連合野の解剖学的図譜」〔*Aphasien* VI: 126〕のどこかに、ある。しかしまた、それが閾値という敷居を超えて浮かび上がることができるかどうかは、その情動の、もしくはその興奮の強弱の度合いに応じて決まるとは限らない。そのように、『失語論』ではこれ以上追求されることのなかった、有るとは知られぬままに有り続けるものは、『ヒステリー研究』では主題となって真っ向から論じられるのだが、ここで報告される症例に携わっていた時期は、そのほとんどが『失語論』執筆時期にほぼ重なっているか、もしくは先行さえしていることは改めて確認されてよいだろう。

しかしそれにしても、なぜ、同じ一つの情報が幾重にも代理されるならば、少しでも多くの情報を均等に救い出すことに線維の役割が費やされることはないのか。「代理」されず皮質にまで達することができなかったものの行方を辿ることはできるだろうか。「代理」されることができなかったもの、「幾重もの代理」の下に埋もれていったものを掬い上げることは可能だろうか。それらは皮質には達しないながら、皮質の絶対的優位を揺るがすことに力を貸すものだっただろうか。

> 脊髄投射を出発して大脳皮質に到るまでに起こるこうした組み替えを逐一追跡することができるものならば、その組み替えの原理は純粋に機能的なものであり、局所的な要因は機能上必要とされる条件と一致する限りにおいて維持されるにすぎないということが、おそらく分かるだろう。［*Aphasien* V: 96］

ここで言及される「組み替えの原理」について、フロイト

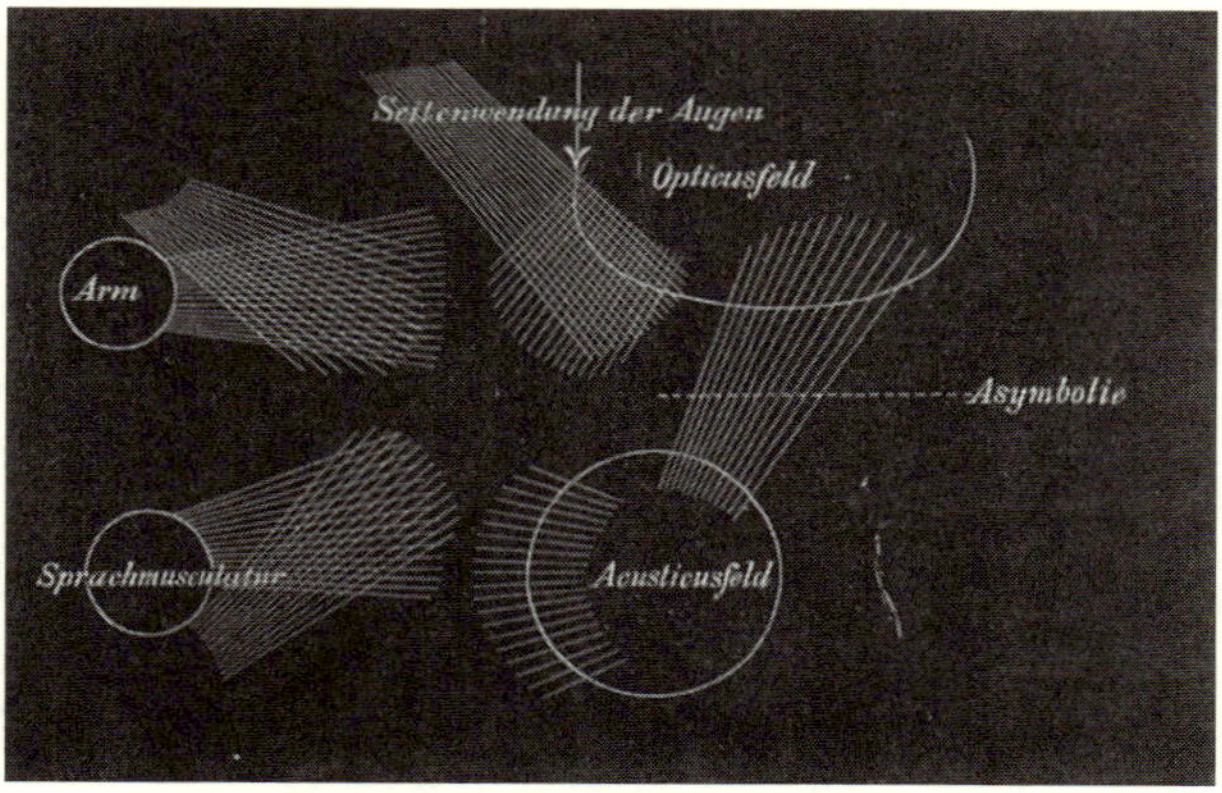

「言語連合野の解剖学的図譜」［*Aphasien* VI: 126］

はこれ以上説明しないのだが、そもそも「組み替え」というからには前提となる配列があり、秩序や連関があるはずである。

皮質の経路が無限に絡み合っていることは同時に、この器官が障害を被った際には、まさに皮質において、代理の法則が、無制限とは言わないまでも、拡張された効力を保証されるのである。［Kussmaul: 127］

脳の皮質野全体を覆う機能上の連絡網、そしてある部位が損傷を受けた場合には「代理の法則 das Gesetzte der Stellvertretung」に基づいて別の部位がその機能を代理するという発想がここにある。そして皮質野全体に表象野が張り巡らされているために、その表象野と結びついて、言葉には、「巨大な連合野」が割り当てられている。脳皮質をいわば機能上の巨大なネットワークとして捉えるクスマウルの考える「代理の法則」は、あくまでも損傷して機能不全となった部位に関して言われるものである。フロイトの「代理表象」は、むしろ前節で見たジャクソンのいう「最適なイメージの生き残りゲーム」をモデルとしている。我々の意識の閾下で、喚起されたイメージが争いを繰り広げており、その争いに残ったものだけが、意識という舞台へと躍り上がることができるという発想である。しかしまた、ジャクソン自身が述べているとおり、「最適」であるものが「最善」であるとは限らない。ではそもそも「最適」であるとはどういうことであるかが、さらに問われなくてはならないだろう。

フロイトはシャルコーの神経学講義を二度翻訳しているが、その際訳者註を付している。その一つにフロイトが「失語に関するシャルコーの理論の中で最も重要な点」と指摘する個所がある。当該の個所でシャルコーは、大きな三つのタイプの代表を「視覚型」、「聴覚型」、「運動型」の話者と規定した上で、視覚優位であった人が失明した後聴覚優位になった例を示し、続けて以下のようにこの現象を説明している。

このことが意味するのはつまり、この患者は言葉に対する視覚性の記憶心像を喪失して以来、音心像を自分の中に目ざめさせることを学んだということです。換言すれば、語の音心像は今やこの患者にとって、当該の語の視覚心像を補うものとなったのです。ここに我々は、昨今、失語の学説において非常に大きな役割を演じていると理解されている「代理」に関する新しい例示を見ることになります。[Charcot (1886): 154f.]

つまり、「学ぶ」ということ、「補う」ということ、それが「代理」の意味するところである。そして他ならぬこのことが、失語理論において重要であるとシャルコーは説明するのだが、今日こうした現象は、「ニューロンの可塑性」として理解されている。

ウィリアム・ハミルトン卿は言っている。「記憶とは、厳密に命名された場合、心の中に知識を保持する力である。但し意識の外にではあるが。心の中に、但し意識の外、である。というのも、記憶の外に保持されたものを意識へともたらすということは、まったく異なる精神的機能［回想］の働きだからである。［……］知識を獲得する働きとそれを心に――但し意識の外に――保持する働き、要するに再生する力［回想］とを持つだけでは十分ではない。この再生する力は、われわれの思考の連続を調整する法則――それは精神連合の法則とよばれているが――によって支配されている。」[Bastian (1887): 931]

「心の中でありかつ意識の外」とは、それこそが有機体としての身体という場であるというべきであろうか。そのような仕方で何らかの知識を保持することと、記憶の外にあったものを意識へともたらすこと、つまり忘れていたことを思い出すこととはまったく異なる働きである。そしていったん忘れられていたものが思い起こされるとき、そこには必ず「精神連合の法則」が働いている。思い出させるものと思い出されるものとの間に働く連合は、観念と対象との連合がそうであったように、偶然的な結びつきもあれば、自然的な結びつきもあり、さらには恣意的な結びつきもあるだろう。それは「法則」とはいっても、それに基づいて結びつきの過程を逆に辿ることが可能であるような「法則」ではない。そこにはその結びつきが起こった際の状況がありそれが反復される経緯があり、その都度そこに付随する感情、もしくは欲望があった。では一体、「精神連合の法則」とは、個人差の組み合わせ以上の何であるだろう。

シャルコーは疾病学として患者個人の病歴のみならず、親族の病歴をも判断材料としたが、しかしまた、病の発生をすべて個人の心理的生活史に還元することもできない。患者の症状を引き起こしたものが、心理的生活において経験されるある葛藤であり、したがって病を形成するメカニズムとは、「ある葛藤に対する防御であり、その葛藤が引き起こす矛盾に対する防御」であると結論づけることができたとしても、「あらゆる葛藤が病的な反応を引き起こすわけではなく、また葛藤が生む緊張が必ずしも病的というわけではない」からである［フーコー(1954): 68］。解離や退行といった症状は、進化論的に、とはつまり発達史的に見た場合の原始的な行為として捉えられるべきではなく、したがって、病的現象に対する理解を可能ならしめるような、「心理的脈絡の様式」こそ求められるべきなのである［フーコー(1954): 73–74］。

イギリスの心理学者たちの影響で、観念連合の法則が一連の精神現象を説明するために多用され、ときには乱用されてきたが、この法則には想起することのできない記憶に関しては欠陥がある。この理論では「無意識のなかに」保存されている記憶がそれと連合する新しい感覚印象に呼応して再生されない理由や事情がよくわからない。幼児期の出来事が、われわれの心中にはもう現れなくなっていても、過去遡行的暗示によればよみがえる可能性があるからには、それが通常の人生の経過中でも意識の表面に上ってくる機会がないとは絶対に言えないだろう。幼児期の出来事とよく似た出来事は大きくなってからも数多く生じているに違いない。だから、それらの出来事がこの類似性の刺激に応じなかったということは、観念連合の働きだけでは幼児期の特定の出来事を引き出すのに十分でなかったためであり、従ってこの法則は、われわれの精神活動の展開を説明するのに十分でないということである。［Binet: 264］

これは、アルフレッド・ビネの『人格の変換』*Les altérations de la personnalité* (1892) からの引用である。ビネによれば、多くの観念を結びつけているのは「［観念連合のような］はかない繋がり以外の何か」である。さらに言うならばそれは「無意識のもの」である。我々の観念や知覚や記憶は、一つの統一性のある「綜合」synthèse を成している。しかし我々のなかにあるのは一つの綜合だけではない。通常我々は、いずれかの綜合の状態にある。そしてそのとき、別の系に属する観念を想起することはむずかしい。「しかしこの第二の綜合を形成するいくつかの要素が何らかの理由で蘇った場合には、この綜合全体が再現する」［Binet: 265］。[184]

この記述の少し前でビネは、「自分の意志で想起することができないために消滅してしまったと思いこんでいた一群の古い記憶が、まだ自分のうちで生き続けている」という現象について述べている。我々が自分自身について知っていることは実際の自分自身のほんの僅かな部分にすぎないと。観念連合の法則によっては、こうした記憶が、それとの類似性によって連合を生じさせそうな刺激に対して無反応であり、意志的には想起されないのかまでは説明できない。このような「観念連合の法則の欠陥」は、観念の連鎖のなかに何らかの隙間があって、この連鎖によってはすくい取られない／想起されない何かがあることを示している。こうした隙間はまさに『ヒステリー研究』において分析の「手がかり」とされてゆくものである。バスティアンの言う「心のなかに、但し意識の外に」という場は、身体のなかにあって、意識の及ばないもののみならず、意識に逆らうものをも宿している。そして我々は、心的現象の連鎖と身体反応の連鎖という二つの併行する現象を見てきたのだが、心的現象の連鎖には、別の系もまたあること、そして身体は、そのどちらの系とも併行していることを知る。何となれば身体は、隠れている第二の系があることを「局在徴候」として示すからである。なかんずくヒステリーは、すぐれて「身体と精神とが交叉する点に位置する」と言われうるのである［シェルトーク&ソシュール：265］。

第三項　代理表象という概念

a．「道徳療法／心的加工」

脳は一体どこまで文化的産物なのかという問題は、言語装置の解明にとって大きな困難であり続ける。フロイトは、一九三三年に再開された『精神分析入門（続）』において、精神分析にとってもすべての領域を同時に研究し、すべての問題に関して一気に意見を述べるということはできなかったために、これまで先送りになっていた問題にようやく取りかかることができるようになったという。「最後にわれわれはとうとうわれわれの注意を抑圧されたものから抑圧するものへと向けることができるところまで進んだ」のだと［Freud (1933): 270］。

ジャクソンは、言語喪失の多種多様な症例の中に、本当に言語が喪失したわけではない症例があると考えていた。その人たちは、あたかも「随意的な排除 a arbitrary exclusion」であるかのように、むしろ話さないのだと受けとるべきであると。そしてこうした症状は、決して神経系のいずれかの部位に生じた局部的な疾患によって引き起こされたものでもなければ、そうした仮定によって説明されうるものでもない。「いわゆる連合は、さまざまな症候の単なるごた混ぜにすぎない」[Jackson (1878-79): 328]。こうした症例をジャクソンは、「感情的失語」と名づけている。つまり、そうした症状は、「感情的な興奮によって引き起こされた」ものなのである。こうした疾患を示す人たちは、「ヒステリー症でないならば、装っている」とみなさざるをえない [Jackson (1878-79): 329]。

ジャクソンの心身併行論がヒステリーを神経系から独立のものとして説明するヒントを与えたとすれば、バスティアンの説は、ヒステリーのような精神状態がどうして肉体に麻痺のような作用を表すのかについての説明を与えたと言える [Greenberg: 100/146‐147]。そのように指摘するグリンバーグが参照するバスティアンの言葉は以下のとおりである。

感情の状態は神経組織の中で起こっている分子運動を変えるように神経組織に作用する。だから感情は、我々の知的操作、我々の意思、或いは我々の運動を変容する点では、疑問の余地のない作用をもっている。[Bastian (*Organ*): 689]

神経学上の作用とそれに随伴する心的優位性とは、前者が原因で後者が結果であるわけではない。両者はそれぞれ独立して起こる併行現象であるだけではない。それどころか逆に、心的なものが、神経の働きを変えることができるとバスティアンは言う。物質的ではないものが、物質を動かす原因となりうるのだと。クスマウルもまた、既にヒステリー性による一過性の言語喪失を認めていた。クスマウルの『言語の諸障害』第三一章には、「病像としての失語とその多様な原因。機能的失語。ヒステリー性言語喪失。生得的失語。等々 Die Aphasie als Krankheitsbild und ihre mannigfachen Ursachen. Functionelle Aphasien. **Hysterische Sprachlosigkeit.** Angeborne Aphasie. [. . .]」が挙げられている。そこでクスマウルは「ある種のいわゆる機能性失語、つまり、ヒステリーや、ヒステリー以外の神経患者に起こる激しい感情の動きのあとにしばしば観察されるような、話すことの不能」について言及している。それがショック性のものであり、したがって損傷によるものでないことは、それが一定の時間だけ言語が失われる現象でありその時間を経過したのちは回復することから明らかであると［Kussmaul: 200］。

これらの症例においては、語心像は無傷であり思考と語との経路も同様に無傷である。しかしここで問題となるのは、像と筋肉との間のどこかで起こった遮断であろうか？　それとも、概念を外的な語へと置き換えるための皮質性ならびに皮質下性のすべての興奮があまりに弱く、［それに代わって］心因性の刺激によってこの興奮という事象が強化されたために「心的処理」が作用しているのだろうか？［Kussmaul: 202］

ここでクスマウルは「心的処理 das „traitement moral"」という言葉を引用符付きのフランス語で用いている。moral は、「道徳的」のみならず「心理的」「精神的」という広範な意味をもつ。「心理的療法」「道徳的療法」とも訳されうるが、その場合は、薬や鎖によって「精神異常者」を拘束する「身体的療法」から解放する方法として、十八世紀の終わりから発展した療法を指す。フランスではフィリップ・ピネルがその代表とされ、彼の『精神病に関する医学＝哲学論』（一八〇〇年）の第二章は「精神病者の心理的療法 traitement moral」と題されている。また第三章は、「精神病者の頭蓋の形態的欠陥についての解剖学的研究」と題されている。第二章で挙げられた症例に関する治療法についてピネルは、「最も有効なもの」は、「その容姿と品性により精神病者に対して逆うことのできない影響力を与えられ、その思考の悪しき連鎖を変化させうる人物と緊密な依存関係を患者に結ばせることによって、いわば患者を制御し、統御する技法」であると述べている［ピネル：63］。

どの精神医学史も医学史も、この人物たち〔ピネル、テュ―ク〕において二つの新しいものの誕生をみいだす。ヒューマニズムと、ようやくポジティヴなものになった科学の誕生である。

ところが、事実は全くちがっていた。ピネルやテュークや、その同時代人および後継者たちは、隔離収容という古い習慣の鎖をほどいたのではない。かえってその鎖を、狂人のまわりにしめつけたのである。［……］ピネルは一七九三年に、ビセートルで、まだそこにいた「鎖につながれた人たちを解放した」のちに、同じような技法を使う。病人たちを物理的に拘束していた物質的な鎖（といっても、全部ではないが）は、たしかにとりのぞかれた。しかし、彼らのまわりには、道徳的な鎖が再びはりめぐらされたから、これが収容施設を一種の恒久的審判所のようなものに変化させた。［……］ある正常な行為に対する逸脱には、間髪を入れずに制裁が加えられなくてはならなかった。しかも、これが医師の指導の下に行なわれ、その医師たるや、治療行為よりも、むしろ倫理的監督の任務を担っているわけであった。つまり、医師は収容施設において、道徳的な綜合機能を行う者なのである。［フーコー（1954）：124‐126］

このように、「道徳的な鎖」はときとして薬や鉄鎖などの「物理的に拘束していた物質的な鎖」の代わりを果たしうる。もしくは、それどころかこうした物質的な鎖以上の拘束力を発揮しうる。そのために必要なのは、「禁を犯す」ことに対しては必ず罰則が科せられるという恐怖感だけなのである。そしてそのような恐怖を引き起こすのは、まさに力と力の関係、権力の関係なのである。[185]

すべての人間の教育は、思慮深く理性的な動機によって生得的な反射と後天的な反射を制御することを目的とする。内的衝動と抑制する過程は、我々の観察を免れてしまう。外的手段は警告、手本、処罰によるしつけであり、利巧さ、公平さ、道徳その他多くの理由によるしつけである。[……]このような衝動的な力と飼い慣らそうとする力との絶えざる戦いが、自由意志の極めて高度な領域にまで入り込んでいるのを我々はみいだすのである。[……]病的な興奮によって感情や衝動が圧倒的なものとなって、ばかげた妄想が支配者を僭称するようになるとき、そのとき、意思というあらゆる防波堤は突き破られ、制御されない言葉が感情の嵐の翻弄するところとなる。[Kussmaul: 41f.]

ヘルダーにおいて言葉は、人間の情念のとてつもない洪水を堰き止めるものであり、情動に対して建立された、理性による記念碑だった。しかしその記念碑は期待されたほど堅固なものではなく、絶えず強化され補修されることを必要とするものだった。教育のたゆまない努力にも拘わらず、その防波堤は、何かのきっかけにたやすく突き破られ、記念碑であったものが、今度は逆に、制御されない言葉となって、感情の嵐に翻弄されるものとなってしまう。そしてその破壊されやすさは、教育の高低に関わらないのだ。

クスマウル自身は「心的処理」を、興奮の強弱から捉えているが、興奮という事象の強化を引き起こす「心因性の刺激」もある意味では、「権力の不均衡」の一形態といえるだろう。ジャクソンが、機能という言葉を「神経興奮の伝導」という意味において使っていたこともまた考慮されてよいだろう。実際このすぐ後の記述でクスマウルの記述はてんかん性の失語に移り、そこでジャクソンを引用している。右に引用した言葉を以てしてグリンバーグは、「このような［のちのフロイトとの］一致があるのになぜ我々は、アドルフ・クスマウルを精神分析の創始者とみなさないのか」と問う［Greenberg: 48/71］のだが、そのクスマウルがジャクソンよりさらに一歩、のちのフロイトに近づくのは、次のような言葉によってである。曰く、「いかなる意思行為も、ただ実行された運動であるばかりでなく、抑圧された運動でもあるのである」［Kussmaul: 119］。

ここで問題となるのはもはや局在を否定することではなく、そのように、質料を持たない情動が何故質料を持った物質にシステマティックに作用を及ぼしうるのかということである。目に見えないというだけであれば、我々は実際には目に見えなくても、電気の力を信じ磁力の力を信じてその作用を確認することができる。しかし情動は果たしてそうしたたぐいの「力」であるのだろうか。神経の興奮がありその緩和があれば、それに伴って生理状態が変化する。その生理状態は心的な状態に影響を及ぼす。その影響を我々はある程度自覚的に、意思によって制御することもできる。しかし、自らの身体を病ませるほどに強力な情動を、その身体自身が抱きうるということが、何のために可能となったのだろうか。

一人の人間がある侮辱を経験する。それは打擲であるかそれに類したことでもよい。そのとき、心的なトラウマは神経系の興奮の総和の高まりと結びつけられ、この高められた興奮を直ちに低下させようとする傾向が本能的に生じ、その人間は殴り返す。そうすればその人は心が軽くなるだろう。おそらくその人の反応は的確だったのだ。つまりその人は、補給された分だけ支払ったのだ。こうした反応には実にさまざまな種類がある。［……］最も的確な反応はしかし、常に行為である。しかし、あるイギリスの著述家がいみじくも述べたように[186]、敵に対して矢を射る代わりに罵りの言葉を投げかけた者こそが文明の設立者である。そのように、言葉は行為の代替物であり、場合によっては唯一の代替物である（告解がそうであるように）。［Freud (1893a): 192］

この記述は、のちの精神分析における「備給」という概念を説明したもっとも初期のものであろう。但しここではBesetzungではなく、abführen/ zuführenという言葉で表現してはいるが。「興奮の総和Erregungssumme」という用語は上記個所より十行ほど前にも用いられているが、これについて全集版補遺の編者は、この言葉は公刊された著作の中ではここで初めて使われていると注釈している［Freud (1893a): 192, Anmerkung 1］。Besetzungという用語は、『失語論』より二年後に、領土拡張的な「占有」という意味から解放されて、神経興奮と行為との関連において意味づけられ、それと共に言葉は、行為の代替物として措定されたのである。それがさらに『ヒステリー研究』では、有機体中には「脳内部の興奮を恒常的に一定に保とうとする傾向」があるというフロイトの見解として、展開してゆくことは既に見た。Besetzungは、マイネルトやムンクにおいて、空白であった神経細胞が機能を割り振られて占有されることであり、『失語論』では神経細胞がこうむるエネルギーの増減を説明するものであった。それがここでは神経系全体の興奮の総和との関連において考察されるものとなった。それと共にその興奮の総和は、人間の行動を説明するものとなった。

したがって、誰かが侮辱を受けながら、その侮辱を、殴り返すことによっても、罵りの言葉によっても中和

> することができなかったとき、この出来事を思い出す度に、その出来事が起こったときと同じ情動がその人の中に再び呼び起こされるという可能性が生ずる。たとえ言葉によってではあっても報いられた侮辱であれば、その思い起こされ方は、甘受されざるをえなかった侮辱とは違ったものとなる。言葉の慣用では、この黙って耐え忍ばれた苦しみは「侮辱／心を傷つけること／気分を害すること／不正 Kränkung」と記されるが、これは実によくその特徴を言い表した表現である。［Freud (1893a): 193］

身体はかくも「感受する存在」であるがゆえに、外界からの刺激に対して「無反応／無関心」ではいられない。知覚装置としてだけならば身体は、与えられた興奮を放出するだけで事足りただろう（ヘルダーの最初の設定のように。ヘルダーは言った、「自分の生き生きとした感受を、一つとして己れのうちに閉じこめておくことができず、いかなる感覚をも、その感覚に襲われた最初の瞬間に、いかなる恣意も意図もなしに音声にして表さざるをえないとしよう」と）。速やかに原状復帰がなされるだろう。身体は無数の刺激に常に晒されているがゆえ、すべての刺激に常に注意を向けつづけることはできない。多くのものは見過ごされ気づかれぬままに、もしくは気づくともなく忘れられ、やり過ごされてゆく。しかし身体は同時に記憶装置でもある。身体に起こったことは、意識されると否とに関わらず、身体自身に何らかの様態変化を引き起こし、必ず残遺する。身体というシステム内では興奮の総和は常に一定の状態を目指す。そして神経系の興奮の総和は、情動となる。[187] 受けとった興奮は適切に放出されなくてはならない。そして直ちに初期状態が、均衡状態が取り戻されなくてはならない。放出に成功しなかったものは、幾重にも組み替えられ代理されて、痕跡（徴候）となって生き残り、その滞留は、「加工」を待つ潜伏期となる。

『失語論』では、皮質に起こった神経興奮の出来事は、経過し終わったあとに残遺して「想起の可能性」を残した。しかしこの現象が、ヒステリー研究では一個の身体、一個の有機体全体に敷衍され、人間の行動との関連から神経系全体が捉えられてゆく。ここでもう一度フロイトの「語表象の心理学的図譜」（本書二四七頁）を思い起こしてみよう。「語性失語」においては損傷によって、刺激が言語経路や手の書字経路へと中継／翻訳されること *Übertragung* が障害を被ると説明された。刺激の辿る経路にはさまざまな屈折があり、刺激は「多重に決定される」ことになる。どこかの曲がり角で曲がり方を違えれば、行く先はまったく異なったものとなる。ここから得られた「多重決定」という考えをブロイアーはヒステリー研究において二通りの仕方で敷衍する。第一にブロイアーは、刺激によって脳内に発生した興奮の流れを「最小抵抗の原則 **Prinzipe des geringsten Widerstandes**」から説明する。すなわち、情動興奮の放出が起きるのは、抵抗が既に低下してしまった回路においてであると［Breuer: 226/（下）044］。その低下は生まれつきの体質のせいであることもあるし、長期間にわたって持続した興奮状態に条件づけられて生じたものであることもある。こうした放出の回路についての説明のあと、適切に処理されなかった出来事の残遺は「心的トラウマ」として説明される。

ある体験によって情動が生じ、そしてこのもともとの情動の興奮がそののち肉体現象に転換［konventiert］されると、私たちは、その体験を心的トラウマと呼び、そして、こうして発生した疾病現象をトラウマを源泉とするヒステリー症状と呼んでいる。［Breuer: 227/（下）046］

このあとブロイアーは、「多重規定」*Überdeterminierung* という言葉を用いてヒステリー症状を説明する。曰く、「……ヒステリー症状を形成するにあたっては、必ず複数の因子がともに作用せねばならない」と

［Breuer: 230f./（下）052］。この第二の用い方に関しては既にフロイトの「多重規定」を敷衍したものとみなされているが、それに比べて第一のように、「多重規定」はそもそも、有機体という一つの動的平衡を保ったシステムの中で、複雑に入り組んだ回路を興奮が通過してゆくさまを説明するために応用されたことについてはあまり注目されていない。

ベルクソンは、「随意的な記憶 la mémoire volontaire」が少しでも活性化されると、記憶の背後にかくれている「自然発生的想起 souvenir spontané」が追い払われてしまう現象について述べたあと、ベルリンの文献[188]を参照しつつ、以下のように述べている。「ドイツの研究者たちが「難読症」と呼んだものは、この症状と同種のものではなかろうか。患者は、一文の最初の言葉を正しく読むことができるが、構音化しようとする運動が想起を阻害したかのように、読み続けることができない」［Bergson: 85f. u. Anm. 1/278］。この症状はさしあたっては、「語の聴覚的記憶と聴覚とを完全なまま保存しているが、それにもかかわらず発音を聴いた言葉を一語として再認しない」と表現することができる。ではその再認ができないことの理由は、知覚と聴覚的心像とを連絡する伝導路が切断されている、という説明によって満たされるだろうか。

仮説によれば、実際、聴覚的想起は意識へと呼び戻されうるはずである。同様に仮説によって、聴覚的印象は意識に到達しているはずである。したがって意識そのものの中に、ある種の空隙、一種の断絶、つまり知覚と想起との連結に逆らうものが存在するのだ。［Bergson: 120/131］

印象は意識にまで到達しているはずでありながら、意識そのものの中にある種の空隙があって、知覚と想起との連結を妨げるものがある。その妨害要因は局在によっては示されず、局在をあくまでも信じるならば、逆に、再認が失敗していること自体を否定するしかなくなってしまう。このような仕方でベルクソンは、全面的な局在を斥けるのであるのだが、それを可能にしたのは、「随意的な記憶」と「運動性の記憶」という記憶の二重構造を構想することによってであったことは、『ヒステリー研究』との同時代性を不思議にも表していると言えようか。

ここでベルクソンが想起を妨げるものを、「ある種の空隙、一種の断絶」と表現していることは極めて示唆的である。我々は既にマイネルトの学説を検証する際に、「機能上の隙間」という言葉を知った。それは、機能を割り当てられていない、いわば「白紙状態」の神経細胞が、新たに機能を獲得することによって埋め合わされてゆくという考えに基づいて、神経細胞のそれ以前の状態を指していた。この、機能の割り当てを待つ神経細胞は、中枢と中枢との間にあって機能上の隙間をなしていたのだった。それをマイネルト学説の「隙間／不備」として敷衍してフロイトは、この学説そのものを、修正を待つ学説、修正を迫られている学説、と評したのである。一方ベルクソンは、知覚されながら想起を妨げるものが、意識そのものの中にあると想定する。想起を呼び起こすことに失敗する知覚は、まさにこの空隙ゆえに失敗するのである。こうした意味における「空隙」、「隙間」を、『ヒステリー研究』のフロイトもまた考えていた。彼の女性患者は、素晴らしい記憶力に恵まれていたのに、彼女の記憶には「非常に目立った隙間 die auffälligsten Lücken」があったと［Freud (1895): 89, Anm./（上）112］。この「隙間」が、抑圧され、病因となっている表象を呼び起こすための手がかりとなる。この「隙間」は、それ自体何らかの表象が「心的処理」を施され「加工」された結果生じたものであり、忘れられた想い出によって埋め合わされるのを待っているのである[189]。

フロイトは、『悲哀とメランコリー』（一九一七年）の中で、メランコリー患者は自分が何を失ったのかを知らないのだと述べる。もしくは、誰を失ったのかは分かっているのだが、しかしその人を失うことによって、結局自分は何を失うことになったのかが分からないのだと。メランコリーには無意識のシステムが関与している。したがって、悲哀とメランコリーとの違いは、共にかけがえのないものを決定的に喪失しながら、一方は時間とともに癒されてゆくのに対し、一方はますます現実から解離してゆくこととなる。その上でフロイトは言う、「なぜ我々は、真実に到達するためにはまず先に、病まなくてはならないのか」と［Freud (1917): 432］。

かくの如く症状は、「原因／真実」に先行する。フロイトは、同年の『精神分析入門』（一九一七年）において、症状は、その目的を知らない限りにおいて形成されるとする。したがってその意味が知られると同時に症状は消滅する［Freud (1917): 361f.］。このことは、情動に言葉を与えることによって症状が消失することと本質的に差はない。言葉を与え物語化することによって、症状は消失する。賦活された興奮は「放出」され心的負荷は放電されるのである。しかしだからといって原因と症状とを、本質と仮像のような関係と思ってはならない。メランコリーにおいて、情動を引き起こしたはずの出来事は「知られないまま」である。時間を知らず、それゆえに時間の経過による摩滅も知らない情動は、その起源となった「出来事」とはついに無縁のものとなる。それは、忘れ去られたということさえが忘れられて、そこへと指し示すいかなる道標もいかなる中間項も失われてしまったものである。或いは、そもそもは「起こらなかった」ことだったのかもしれない。ありうることとして想念されただけのことだったかもしれず、しかしまた、そのような想念すらなかったかもしれない。ただこのように情動が触発されてあるがゆえに、その起源として、何かがかつてあったはずだと類推されるのみである。「知りうるのは、結果としての運動又は運動の変化だけでしかなく、逆に外力ましてやその原因などというものは直接的には知り得ない」（ダランベール）ものなのであり、一方で情動は、かくも原因を必要とするものであり、意味を、物語を必要とするものなのである。フロイトによって定義されたメランコリーは、喪失を先取りしている。それは時として、何ものかの不在を、喪失として装うことにもなる。つまり、かつてなかったもの／起こらなかったことまでも、それが今不在であるのはあたかもそれが失われてしまったからであるかのように装われるのである。このように、本来ありえず、現にないもの、未来においてもありえないものを、「既に失われたもの」として修飾するメランコリーの戦略は、「非現実なもの」に「妄想的な現実」を与え、それによって「非現実なもののトポロジー die Topologie des Irrealen」が展開する［Agamben: 55/ 46］。その発端をフロイトが開いたと言えるだろう。

b. ミルを経由したカント

ここまでで「代理表象」に関する重要な論点は出揃ったかに見える。しかし失語に関する理論という枠を外してこの言葉を考えるならば、無視できない哲学的文脈がある。フロイトが「代理表象」を論じたのは第五章だった。もう一度確認しておこう。

> それゆえ、中枢における二通りの投影は、それぞれ異なる名前で区別することが望ましい。脊髄における投影を投射［Projektion］と呼ぶなら、大脳皮質における投影を代理表象［*Repräsentation*］と呼ぶのがおそらくふさわしい。そして、身体末梢部は大脳皮質においては一点対一点が対応して保持されるのではなく、選び出された線維によって、あまり細部にこだわらずに区分けされて代理されている［*vertreten sein*］と言うべきであろう。［*Aphasien* V: 92f.］

フロイトが初めて「代理表象」という言葉を使う場面である。そして第六章で「対象表象 Objektvorstellung」

を論じる際、フロイトは、ジョン・スチュアート・ミル（一八〇六－七三年）の『論理学大系』（一八四三年）を参照させている［*Aphasien* VI: 122][190]。ミルは、『失語論』においてフロイトが唯一直接名前を挙げる哲学者であるが、フロイトが参照する個所を検討する前に、ミルの『論理学大系』がどういうものであったかを確認しておこう。その序章においてミルは、論理学を「論証を評価するに役立つ悟性の諸作用についての学」とし、この諸作用は「既知の真理から未知の真理に進む過程自身と、このことに補助となる他のすべての理知的作用」である［Mill: 6f./ 18][191]と定義した上で、その目的について以下のように述べている。

真理が我々に知られるのには、二つの方法による。ある真理は直接に、それ自身知られる。ある真理は他の真理を媒介として知られる。前者は直覚または意識の主題である。後者は推論の主題である。直覚によって知られる真理は他の真理がそこから推論されるための最初の前提である。結論に対する承認は、前提の真理に基づいているから、推理によって何らかの知識に達するためには、あらゆる推理に先立って知られている何ものかがなければならぬ。［Mill: 3/ 9］

このようにミルは、直接的に知られる真理とその真理に基づいて推論によって導かれる真理とを想定する。こうした分け方は、感官に直接与えられる単純な観念とこれら単純な観念の複合による観念とに分けたロック以来、馴染みのものである。ロックにおいても、単純な観念を恣意的につくり出すことはできず、また単純な観念に基づかない複雑な観念というものはなかった。同様に、ミルの言う二種類の真理においても、直接に与えられる真理に基づかない真理というものはない。論理学の領域は、「我々の知識の中で以前に知られた真理から導かれる推論から成る部分に制限されねばならない」［Mill: 5/ 13］。しかしまた、直接に知られる真理について論じる必要はないのであるから、論理学はもっぱら第二の方法による真理を対象とし、その目的は「推理または推論と呼ばれる知的過程と、並びにこの過程に補助的役割を果たす他の心的作用とについて、正確な分析を企図する to attempt a correct analysis of the intellectual process called Reasoning or Inference, and of such other mental operations as are intended to facilitate this」［Mill: 7/ 19］ことにあるのである。

論理学がこのように推理や推論を主題とするものである以上、論理学のためには言語の研究がまずもって不可欠である。何となれば推理や推論は、「通常は言葉を手段として行われる作用」であり、これらの推論が複雑なものであればあるほど、言葉を手段とする以外には行われることのできない作用だからである。しかしまた、ここから一つの「誤謬」の可能性も生じうる。ミルによれば論理学は、「判断し又は信念する作用の本性とは何らの関わりもない。この作用は精神の現象として、その考察は他の学に属する。しかし哲学者たちはデカルト以来、特にライプニッツとロックの時代以来この区別を決して認めなかった」。

> 命題において論理学者にとって最も重要な事柄は、主語と述語とに応ずる二つの観念の間の関係である（この二つの観念がそれぞれ表す二つの現象の間の関係ではなくして）とする考えは、論理学の哲学に招き入れられた最も致命的な誤謬の一つであるように思われる。［Mill: 57/ 147］

この「致命的な誤謬」によって、その後の論理学に関わるすべての書物は、「真理の研究は事物そのものでなくして、事物についての我々の観念や概念を考察したり扱ったりすることにあるのだという理論 a theory that the incvestigation of truth consists in contemplating and handling our ideas, or conceptions of things, instead of the things themselves」［Mill: 57/ 147］を暗に含むことになってしまった。そしてそれが「誤謬」であるのは、自然の知識を、「二番手において at second-hand」、つまり「我々の精神における表象」と見て研究することを唯一の方法として主張するものであるからである。

これまで我々は、ライプニッツに代表される代数学的思考形式が我々の思考を「存在論的な関わり合い」から解き放ち、そうして「純粋思考」を可能にしたのを見てきた。しかし、命題というものは、単に主語と述語の関係を表すにすぎないのではなく、したがって論理学はそのために言語を必要とするのではなく、事実との照応を以て、それが真か偽かを判断するものである。そして言語が必要であるのは、言語は、この上なく複雑な現象をも表しうるからであり、それによってその現象を考察しうるものとするからである。

既に述べたようにフーコーは十九世紀の心理学の根底に三つのモデルを見たが、その三つのモデルのうち、連合心理学や要素分析の心理学のすべての共通分母となっているのは「物理-化学的モデル」であり、それを最も明確に定義しているものとして、ミルの『論理学体系』と『ジェームズ・ミルの分析論への序』を挙げていた［フーコー (1957): 152］。精神の現象を研究するための方法には、事実から出発して普遍化の原理へと向かうやり方と、複雑な現象を単純な要素に還元するやり方がある。後者において心理学は、「物質の知覚と認識の根本」に「感覚」を見出し、また、「精神、および精神が自分自身に対して持つ認識の根本には感情を発見」するのであると。

その感覚に関してミルは、「感覚それ自身と感覚に先行して、感覚を生ずる物理的作用をする身体的器官の状態との間の区別［Mill: 33/ 85-86］を明確にする必要を訴えている。

我々の身体器官が外部のものから受ける感触 affection と、それによって我々の精神の内に生ずる感覚 sensation との他に、多くの著述家は現象の連鎖の一環として知覚 Perception と呼ぶものを認めている。知覚は感覚を惹起する原因として、外部の対象を認知すること recognition である。著述家たちの言うところによると、これは精神の自発的活動から発したところの精神の作用である。これに反して感覚にあっては精神は外部の客観物から単に作用されるだけであるから、精神は受動的である。［……］知覚と名づけられるこれらの作用は、その本性に関してどんな結論が生じようとも、感情や精神の状態の種々相の中の一つと見なされるべきものと私は思う。［Mill: 34/ 86–87］

感触はあくまでも身体の状態であり、身体が外部の事物から触発されて被った変状である。その感触に呼応して心のうちで生じた感覚はあくまでも受動的なものであり、コンディヤックのいう印象に近い。そして「感覚を惹起する原因として、外部の対象を認知すること」であるような「知覚」とは、コンディヤックが反省と呼び、ベルクソンが再認能力一般と呼び、フロイトが感覚と分離できないとした連合の働きを含んだ、精神の自発的な作用である。それは、外的事物と心の中に生じた印象との結びつきを認め、身体的に引き起こされた変化と心的現象との関係を媒介する第三の働きである。このように、感触と感覚と知覚は、事物と我々との関わり方を示しているのだが、それぞれをどう定義するかは、我々がどこまで事物そのものに到達しうると考えるかの問題であるのである。フロイトが注で指示するのは以下の個所である。

対象は我々の感覚と及びこれを連結する法則以外の何ものでもないとする観念論的形而上学者の極端な理説は、後の思想家によって一般的に認められるところとはならなかったが、実質上その最も重要な意義を持っている点は、これらの形而上学者がその理説を弁明するための基礎とした点、即ち我々が対象について知るすべては、対象が我々に与える感覚と、これらの感覚の生起する秩序であるという点であった。［……］

我々の感官に現れている限りに於ての物、即ち現象の世界とは全然区別さるべき「物自体の世界」が存在することについては、カントは固く信じて、物自体を指す術語 Noumenon（本体）を導入して、我々の精神に於ける物の表象 representation と区別したが、この表象が（表象の形式は精神自身の法則によって与えられるが、その実質は我々の感覚から成立するとカントは言っている）対象について我々の知るすべてであること、物の真の本性は、我々の能力の構造から言って、少なくとも今日の状態に於ては、我々の洞察しがたい神秘であることを認めている。ウィリアム・ハミルトン卿は言っている、「物については、それが外的なものであっても内的なものであっても、絶対的には、或はそれ自身としては、我々は何ら知るところがない。我々はただ不可認識として知るのみである。そうしてこの理解を超えた物の存在を知るのは、我々の知識の能力に相関的な或る性質を通して間接に且つ偶然に我々に告げ知らされるのによるのである。更にこの性質は無条件に絶対的に、それ自身に於て存在するものと考えることはできない。このゆえに我々の知れるすべてのものは、現象である、不可知のものの現象である。」［Mill: 38/97–98］[192]

「精神における表象」は、我々が事物について知りうるすべてであり、それが内的なものであれ外的なものであれ、我々はそれらをそれ自身として知ることはない。強いて言うならば、知ることができないということのみを知ることができるのであって、我々の能力には構造上、自ずと限界が定められており、その能力に相関的な性質を通して間接的に、偶然に、理解を超えた物の現象を知らされるのみなのである。我々は、失語についてなされたさまざまな言説を検証した挙げ句に、そこで取り上げられたすべての問いに対する答えの如く、これらの言明に出会う。といって、この個所だけを最初から参照しても、何が解明されたということにもならないだろう。ここに至るまでに、解剖学によってもたらされた多くのデータがあり、生物学や精神物理学、神経科学などの諸科学によって獲得された知見があった。これらの諸科学の歴史的展開の底流には、これらが勃興する以前からの哲学的営みがあった。諸科学を横断しつつ培われたフロイトの思考は、それぞれの学のあいだで線引きを行う。そのようにして、『失語論』以後の探求の進むべき方向を定めてゆく。

> ところが純粋悟性概念［reine Verstandesbegriffe］と経験的（つまりは感性的な）直観とを比較してみると、両者は異種的であって、純粋悟性概念はいかなる直観においても決して見出され得ないのである。［……］するとここに第三のもの、即ち――一方ではカテゴリーと、また他方では現象とそれぞれ同種的であって、しかもカテゴリーを現象に適用することを可能にするような第三のものがなければならぬということが明らかになる。このような媒介的な役目をする表象は、（経験的なものをいっさい含まない）純粋な表象であって、しかも一方では知性的であり、また他方では感性的なものでなければならない。このような表象が即ち先験的図式［das transzendentale Schema］なのである。［Kant (1781): 197／（上）214–215］

「因果律の否定」が与えた衝撃がいかに大きかったにせよ、そこからカントは、完全な相対主義には向かわなかった。因果性が直観されずとも現象自体の中に含まれておらずとも、だからといって因果性を否定するのではなく、そこから「第三のもの」を模索していったのである。そしてそれは、思惟されるところの概念と、与えられる対象を表示する概念とが相違している学問においてはとりわけ喫緊の課題だったのであり、このことはそのまま、心のメカニズムを解明しようとするメタ心理学にあてはまる。感性的であるとは、対象によって触発されうるということであり、それによって対象に関する表象を得る能力を有することである。感性を介して我々には対象が与えられる。それに対して悟性によって対象は思考される。したがって、感性的であり知性的である第三のものとは、経験的なものを一切含まない「純粋な表象」なのである。

語が意味を獲得するのは、少なくとも名詞に限定して言うならば、「対象表象［Objektvorstellung］」と結びつくことによってである。対象表象自体は再び翻って、視覚的、聴覚的、触覚的、筋運動感覚的、そしてそれ以外の非常にさまざまな表象から成る連合複合である。哲学の教えるところによれば、対象表象という概念の意味するところは、我々が一個の対象物から受け取る感覚印象は当該の「物 Ding」のさまざまな「特性」を代弁するものであるのだが、実際のこの「物」の外観は、こうした感覚印象を数え上げる中で、多数の新たな印象の可能性をこの同じ連合の鎖に付け加えることによってのみ成立するのだということ以上の何ものも含んではいない（J・S・ミル）。したがって語表象は、適応範囲の拡張は可能であったとしても、それ自体で完結したものであるのに対し、対象表象はそれ自体で完結したものではなく、実際、可能態としてでも完結しうるものではほとんどないのである。［*Aphasien* V: 122］

ここでミルを参照させる際のフロイトの意図はあくまでも、対象連合を説明する点にある。実際、フロイトが示した「語表象の心理学的図譜」（二四七頁に既出）において、対象連合と語連合とを結ぶ一本の経路は、いかにも頼りなく、いともたやすく断ちきられそうで、物それ自体への到達しがたさをも表しているかのようである。この図譜はまた、知覚と連合を分けることの困難さを示してもおり、また、分ける必要さえないことを示してもいる。しかし、こうした図譜こそ、直観によって得られるものではなく、現象自体の中から導き出されるものではない。語表象と違って対象表象が「可能態としてでも完結しうるものではない」のは、語はただ対象表象と結びついた限りにおいてその適応範囲を拡張することが可能であるのに対して、対象表象は我々の無数の感覚表象を連合して構成されるからであり、それらの感覚表象は我々の身体において生ずるものでありながら、その多くは我々の意識を免れるものだからである。フロイトの図譜は、語表象と対象表象とを連結させつつ、それら表象の中に、意識を免れるものをも掬い取ろうとする。感性的なものと知性的なものとを媒介すべく二つの表象群の間に引かれたライン自体が、感覚データを構成しつつ事物を把握しようとする人間の判断力の働きを示している。

時間・空間はわれわれの思考の必然的な形式であるというカントの命題は、精神分析のなした一定の認識ゆえに今日では議論の余地のあるものになっている。われわれの知っているところでは、無意識的な心の出来事はそれ自体「無時間的」である。[Freud (1920): 80]（二五九頁で既に引用。）

既に我々は、記号と想像力に関するコンディヤックの考察において、人間は自らを刺激する外的対象に依存した状態を抜け出すことができることを確認した。人間は、自分を取り巻く状況を離れて、不在のものについて随意に考えることができる。それどころか、かつて有ったことはなく終ぞ有りえないものさえ思考することができる。かつて存在したことのないものの「喪失」を先取りするメランコリーの戦略は、現実には未だ起こっていない喪失を、過去へと送り返し、喪失の先取りであったはずの現在における不在を、既に起こってしまった喪失の結果へとすり替えて、時間系列を錯乱させる。このように時間の座標軸を歪めアナクロニズムを引き起こすのは、不可能なものを欲する欲望でありそのような不可能事を欲する主体の自己防衛である。空間表象にしても、個別の「局在徴候」から得られたデータを脳が計算し統合してようやく得られるものである。視覚のメカニズムがそのような複雑な行程から成り立っているのであるから、既に「直観」

自体がありえない。そしてさらに心の出来事が、無意識的に、無時間的に「起こっている」。それは、「心の中であり、かつ意識の外」という場であろうか。知性的であり同時に感性的でもあるような「第三のもの」は、この身体のどこにその「座」を持つのだろう。身体において、生理的現象と心的現象とは併行して起こり、精神の病を発症させる「心理的脈絡」にはその身体の来歴のすべて、主体の全生活史が関与しているのではあっても、それがそのように構成されたということはあくまでも事後的に、類推的にそれと説明されるにすぎない。生理的現象と心的現象がそうであったように、生活史と「心理的脈絡」とは原因と結果の関係であるということはできないだろう。現れた症状から、何かが起こっていると仮定することはできても、その何かと症状とは単純に原因と結果の関係にあるわけではない。そのどちらにも関与しつつ、両者を媒介する役割を果たすものがある。夢解釈に取りかかったフロイトは、「その発生のとき以来、われわれの意識には気づかれることなく引続き存在してきたもの」を発見する。そして言う、「どんなに複雑な思考作業であっても、意識の参加なしに可能である」と[Freud (1900): 362]。表象自体が既にその多くは意識の参加なしに我々のうちに抱かれている。そしてある種の表象は、意識には気づかれないままに「加工」され処理されている。そのような、我々の意識には気づかれずに存在してきたものを「発見」することができたのは、その存在を推測させる「局在徴候」によってであり、語られた言葉や、それを分析する言葉によってである。言語の中枢器官は言語自身によって育成され「創造」される。そのような「創造」が可能となるのは、言語／言葉が想像の機能をすぐれて触発しうるからである。逆に言うならば、症状を語り症状を分析する言葉自体が、エスを事後的に「創造」する。言葉は、想像の機能を触発し、翻って想像は言葉をさらに過剰なものとして、記号と象徴の空間を拓く。そのようにして拓かれた次元が存在論的な関わり合いから自由となって、時間と空間という形式を免れたもののための場を与えるのである。

ライプニッツのモナドに与えられた「共感」と「反感」という二方向の力は、十九世紀の生理学の中で、引力と斥力へと還元された。ブリュッケは、すべての力は、この二つの力に還元しうると言った。ではロマン派の人たちが夢想した「内的力」はどうだろうか。もとよりシェリングにとっても、人間は存在を始めたそもそもの最初から、二つの原理に引き裂かれるものだった。「被造物は、神のうちにあって神自身ではないものを根拠として生まれた」のであり、生まれて現実のものとなった被造物［人間］においてのみ、悪はその現象形態を得ると。悪でさえ、その根拠は神自身の内にもつと。創造と同時に人間は神から離れ、人間の生自体が、悪の現象を可能とする舞台となった。人間は光と闇という二つの原理に引き裂かれる存在となったのである。

人間の性情の中でもっとも昏いもの、それゆえにもっとも奥深いものとは、憧憬である。いわば、心の内なる重力であり、したがってその重力がもっとも奥深い形で現れたのが憂鬱である。［……］憂鬱もまた、失われた財産を悼んでいる。自己からは独立した何かを隠し持っているがゆえに、破壊しがたいメランコリーがあらゆる生につきまとう。［Schelling (1810): 1043］

質料であるということは有限であることにほかならないが故に、それは必然的に、無限性の欠如としての

「原罪」を担う。こうした内的重力は、いかにもロマン派の志向する「内的力」とは様相を異にするものでであったろう。展開し、外へと広がり、上へと上昇する（Aufgehen）とは異なる仕方で作用する内的な力が、物質には担わされている。それをシェリングは「心の内なる重力」と呼び、「メランコリー」と呼んだのである。

　したがって、有機体のあらゆる欲動が守旧的であり、歴史的に獲得されたものであって、退行 Regression を、つまり、以前のものの再興 Wiederherstellung von Früherem を目指すのだとすれば、有機体が進化してきた結果とは、妨害し逸脱させる外的影響のおかげだとしなければならない。［Freud (1920): 91］

原初の生命体が最初から変化することを望んだとは考えられない。環境の条件さえ変わらなかったら、同じ生活を際限なく反復しただろう。「しかし、地球は進化し、太陽と地球の関係も進化する。結局のところ、この進化の歴史が有機体の進化のうちに刻印されて、われわれのもとにまで残されているに違いないのだ」［Freud (1920): 91］。フロイトは欲動を、「より以前の状態を再興しようとする、生命ある有機体に内属する衝迫」であり、「有機的生命における慣性の表れ die Äußerung der Trägheit im organischen Leben」とするのである［Freud (1920): 38/ 90］。

　我々は既に、物質には、現にあるがままにとどまろうとする力、「固有力」があり、それは、物質自身に具わる自己保存の傾向の証であるという議論を確認した。「慣性／惰性の力 Kraft der Trägheit」として、ライプニッツにおいてそれは、「有限性であるがゆえの悪」であり神の自己実現を妨げる原因とみなされた。フィヒテにおいては、外部から働く力に対して抵抗する力の現れであり、物質が自己自身であろうとする力を有していることを示す証であった。己れ自身であるということはどういうことか、は問われなくとも、己れ自身であろうとする力があることによって、自己性は確認されえたのである。或いはロマン派の植物的な「内的力」はいかにしてか条件をえて起動し上昇を始め展開してゆくのだったが、そのようにして志向される「太古」は同時にはるかな未来であったはずである。そしてブロイアーにおいて、こうした「原状復帰」の傾向は脳の知覚装置特有のものとされた。但しそれは、さらなる次の刺激を外界から正しく受けとるためだった。マイネルトの比較解剖学を通してフロイトは、神経細胞が、ナメクジウオの段階から発達を繰り返し、ときどきの条件に応じて機能を修正しつつ様態を変化させて、いかに驚異的な「進化」を遂げてきたかを見ていたのだった——フロイトの最初期の仕事は、ナメクジウオの一種の神経細胞の研究だった——。或いはジャクソンの「進化の逆行」を示す症状分析やバスティアンの機能修正説を通して、部分的な破壊、もしくは段階的な破壊によって刻々と変化する条件下において、それぞれの神経細胞は請け負う役割を変化させ「戦闘」をくぐり抜けその都度「最適の状態」へと至るのを見た。『失語論』には、このような機能修正がいかにして可能となるのか、我々にはまったく見当もつかないというフロイトの驚嘆があった。そのフロイトが、『快原理の彼岸』に至って、

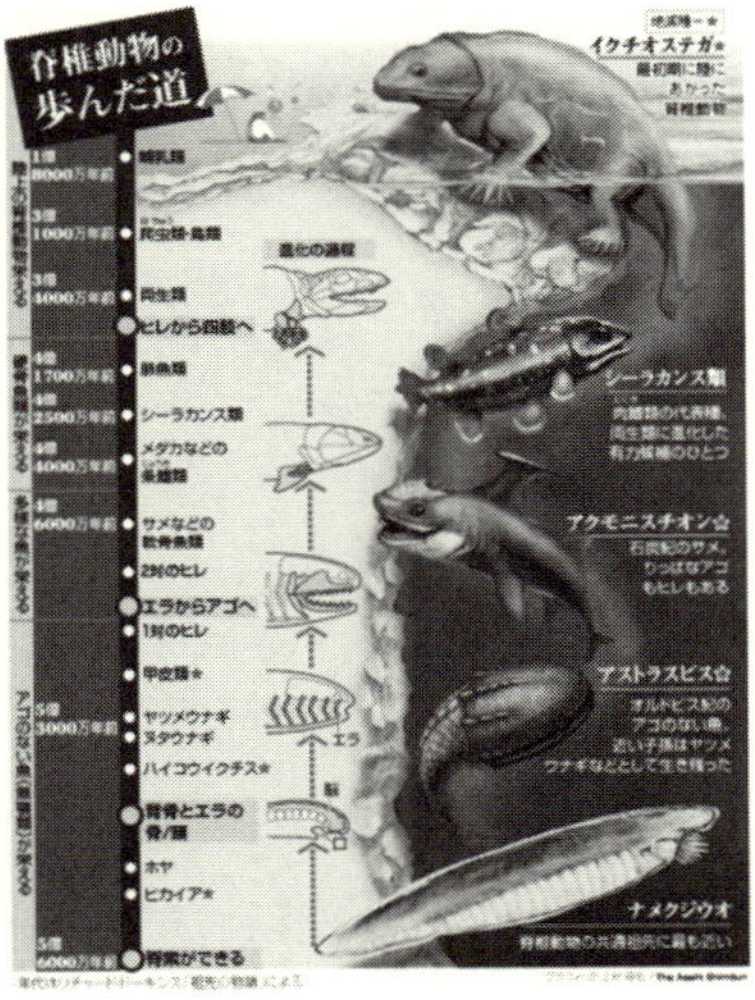

朝日新聞 2008 年 8 月 18 日朝刊より。脊椎動物の祖先はナメクジウオという説が発表された。

神経細胞が経てきた様態変化のすべてを、「外部の妨害力の影響のため」、「生命の推移において強制されたすべての変動を受け入れ」るためであったと結論する。生命が、海をあとにし膜を作り終末器官を分化させてさまざまな情報を収集しつつ外界の刺激から自己を守り、その都度の条件に応じてそれぞれに能力を特化させ表象能力を研ぎ澄ませていったのも、すべては、押し寄せる妨害を交わしつつ受け止めつつ、やがては初期の状態へと回帰することだけを目指してのことだったことになる。

自我はなんといってもエスの一部分、つまり危険な外界が近いために目的に適うように変化させられたエスの一部分であるにすぎません。力動的な点においては自我は弱く、そのエネルギーはエスから借りているのです。［Freud (1933): 294］

エスのうちの最も外界に近い一部が、「目的に適うように変化させられて」つまり「組み替えられて」自我を形成する。そのような変化が起こるのは、外界から押し寄せる変動にさらされているがためであり、否応なく変化を強いられるからである。強いられさえしなければ、有機体は、初期の状態のままとどまって、何も変わらずにいられただろう。実際種子は、条件を得なければ発芽することはない。或いは、フロイトが言うように、変化を強いられさえしなければ、そもそも物質が生命を得ることもなかったというべきか。我々はフロイトと共に言語をめぐる言説を繙き、

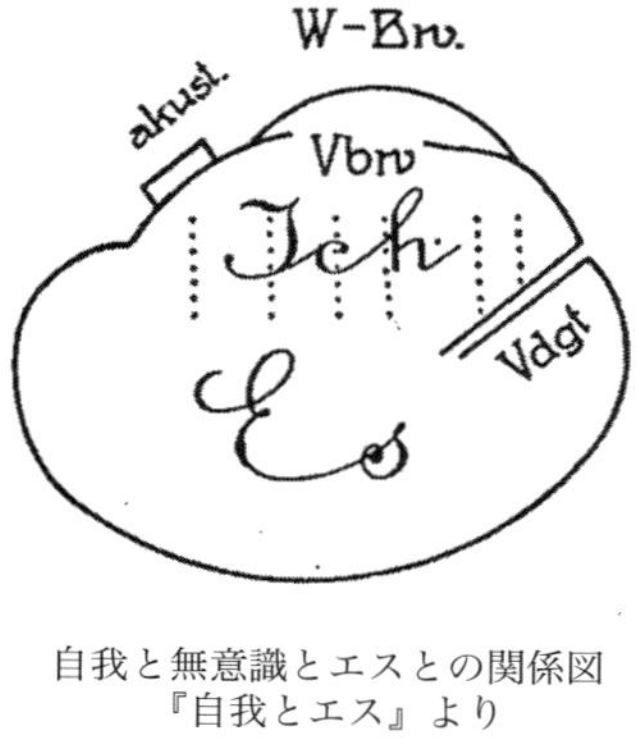

自我と無意識とエスとの関係図
『自我とエス』より

神経細胞が経てきた進化の長い道のりを辿り、それに対するフロイトの驚嘆を共有したあとで、これらの長い道のりはただ、あらゆる変化をくぐり抜けて、かつての状態に回帰することだけをひたすらに目指した原初的な生命体の欲望だったと通告されるとき、先に抱いた驚嘆の大きさの分だけいっそう愕然とさせられるのである。

自我には、その都度繰り返される機能修正／様態変化の歴史／痕跡がある。エスと外界との間にあって、エスからエネルギーを補給されつつ、自我は、絶えざる機能修正を強いられる。こうした機能修正の能力、記憶と想起の能力によって、時間的にも空間的にも有るとはいわれえない場が、表象の場が言語によって構想される。エスが、数々の妨害をくぐり抜けて頑迷にかつての状態への回帰を目指す一方で、自我は、幾重にも折れ曲がったフロイトの語表象の図譜のように、外部からの妨害のたびに方向を転々としてさまようのだろうか。エスは、人間存在のように二つの原理に引き裂かれることなく、原生動物さながらに、快／不快というただ一つの原理のみによって生き、時間を知らぬものであり続ける。「エスは、価値判断ということを知らず、善を知らず悪を知らず、道徳を知らないで一切の過程を支配」する［Freud (1933): 292］。

こうしたエスの描写の背景には、フロイトに影響を与えた二人の人物の考えを瞥し見ることができる。一人はブリュッケである。ジョーンズが、シャルコーやジャクソン以上にブリュッケの影響が大きかったと述べていることは既に述べた。そのジョーンズはブリュッケの生理学の特徴を以下のように簡潔にまとめている。

有機物は物理学的宇宙の一部であるばかりでなく、有機界それ自体が一家族をなしている。その有する雑多な外観は、最初の微少な単細胞である「原有機体」が分岐発達を遂げた結果である。この家族には類人猿の群から当代西欧文明の最高峰にいたるまでの人間と共に植物、下等高等の動物も含まれる。この生命の進化には、精神も、霊的実在も、エンテレキーも、天の摂理も、究極の目的も働いてはいない。物理的エネルギーのみが結果を生み出すのだ――いかにしてかは分からぬが。[Jones: 63f./ 49]

ここにはもはや、あらゆる物質を包む宇宙的気息もそれらすべての外側の「最終根拠」(「究極の目的」)もない。フロイトの精神分析理論は、すべてを「性的な要素」に還元したと批判されるが、フロイトにとって「性的な要素」とは、まず以て「神経の興奮の増減」、即ち神経細胞が受け渡しするエネルギーから語られるものであった。「最初の微少な単細胞」が無限に機能修正を繰り返し分岐発達を遂げ、有機界という巨大な一家族を形成した。そのすべては物理的エネルギーが生み出した結果である。ブリュッケ生理学の根幹となるエネルギーの捉え方は、「最初の微少な単細胞」もろとも、フロイトのエスに一つのモデルを与えたと言えるだろう。エスこそは自我にエネルギーを供給し続けるものである。但し、ブリュッケはすべてを物理的エネルギーに還元し、その目的も原因も分からないとしたが、フロイトはエスに、究極の目標として「原状復帰」を与えた。そのエスの視覚的イメージは、フロイトがマイネルトから引用した言葉を彷彿とさせるものである。

ちょうど、軟体動物が触手を外界に向けてのばし、他方では触糸を通して獲物を取り込むように、そのようにまた、合成された原形質的な存在である前脳の皮質は、求心的に伝導する突起のために、触角や、運動神経の場合には触手を備えているように思われる。[……] 前脳が一つの生命体のように、世界の像を己れのうちに取り込みその像に対して作用を及ぼすための条件を満たすのは、この触角や触手なのである。[Meynert

(*Psychiatrie*): 127f.]（一三〇頁以下に既出。）

フロイトはエスを構想したとき、その原イメージとしてマイネルトが描いた脳のこの比喩を想念してはいなかったろうか。皮質のみならず、神経系全体が心の器官であるというバスティアンの言葉もそこには働いていただろう。脳は、神経系のうち外界と接する一番の末端を終末器官として分化させ発達させながら、自らが一つの生命体のように、原形質のように、解明されずにあり続ける。脳画像のなかにさまざまな反応を示しつつ、「そこで何かが起こっている」ことを予感させつつ、何が起こっているのかを明かすことはない。ただその反応に随伴して起こる症状によって、我々は幾ばくかの類推を試みるばかりである。「目下それについてわれわれは何も知らないにもかかわらず、ある過程が目下活動していると仮定せざるをえない場合に、これを無意識的と呼ぶ」[Freud (1933): 286]。それについての類推は限りない蓋然性を確保したとしても、それが確かであるとする最終的な根拠には届かない。そうして、脳が示す反応と随伴して起こる感情との間に想定しうる関係性がどのようなものであるかについて、最後のところで確証は得られないままなのではないだろうか。しかも脳の側からすれば、脳こそが、「直接的な感覚印象には欠けているものを補っている」のである。[193] その脳が、我々には何らかの反応を示しながらもその最終的な目標を明らかにすることはない。

ファランワイダーは、『失語論』でマイネルト的モデルを批判したフロイトは、『心理学草案』ではむしろマイネルト的モデルに回帰していると指摘する[Fullinwider: 40]。フロイトが晩年まで所蔵していたマイネルトの講演録「脳構造のメカニズムについて」では、投射システムと連合システムのそれぞれの働きのおかげで、脳の半球は、至るところで作用する「推論装置 Schluss-apparat」というシステムであると述べていた[Meynert (1872): 29]。「主観的な因果性の結びつきが事物同士の法則性のある結びつきと一致する場合、外的に現れることが繰り返されることによってこの結びつきは脳内にも持続するものとなる。推論を形成する事象は、のちに再生産されるに必要な強度を獲得する」［Meynert (1872): 33］と。

このような脳が最終的に目指すところは、はたして、マイネルトが構想したように、「宇宙的な身体」の獲得であったろうか。入力される直接的な感覚データには欠けているものを補いつつ、「推論」を積み重ねてゆく果てに見えてくるのは、かつてあったことはなく、いつかあるともおよそ考えられない「身体」だったろうか。生物学が教えるのは――少なくともフロイトの時代においては――、脳はいざ知らず、エスの目指すところ、「すべての有機体の営みの目標」、「すべての生命の目標」が、これまで一度も達成されたことのないような状態であると考えることはできないということであった。それどころか逆に、「生命は、発展のすべての迂回路を経ながら、生命体がかつて捨て去った状態に復帰しようと努力している」と考えるべき」なのである［Freud (1920): 159f.］[194]。

私がそれによってさしあたって毎日を生きている基本認識である「私は在る」は、無意識においては「私はかつて生きていた」として書かれている。無意識からの話は、まるで死者からの言づてのように響くことになる。

無意識において現れ出てくるさまざまな表象は、私が生きていたということについて何事かを物語るためのものである。そこでは、私が生きていたということを私が確認することだけが、私に課せられ、また許された仕事なのだ。私は、私の生命が消え去った現場を目撃することによって、私のかつての生命の証人となることを欲するのである。［新宮：65-66］

いかなる契機を得てか物質はあるとき生命的なもの、生命の兆しを得た。同時に、それを変化させることを余儀なくされた。そして押し寄せるすべての変動を受け入れつつ生き延びたのは、無理矢理引き離された初期の状態へと戻るためだった。生体は、外界に接した表面を外界に応じて変形させそこに自我を形成しながら、その奥底には徹底した原状復帰を目指す衝動、〈死の欲動〉を宿している。しかしその生体は、幾層もの階層構造を成しており、また身体自体が、いくつものシステムの組み合わせによって構成されるものである。このように、物質から発して再び生命のない、意識のない状態へと戻るための大いなる迂回路のなかで、神経系の一番外側では、「私がかつて生きていた」ことを証言し続けようとする欲望が動いている。「私がかつて生きていた」とはしかし同時に、「私はもはや生きていない」ことの証言である。「私はもはや生きていない」ことを証明し続ける作業は、いつかかつての状態、初期の状態へと還るまでの、この遠い迂回路を堪え忍ぶためのせめてもの口実であり慰めであっただろうか。初期の状態へと還るためには、まず現在を堪えてしのがなくてはならない。この現在を突き抜けた先を目指さなくてはならない。そのように突き動かす動力、欲動は、いつか初期の状態へと辿り着いたとき、ようやく已むのだろうか。「患者が自己の病において、自己の現在を非現実化する場合、そこに彼が発見する利益とは、この現在に対して自己防衛する、という欲求に根ざしている」。「患者が、自己の置かれた状況に対して示す逃避と防衛の総体――これが病の内容なのである」[フーコー(1954): 63]。何ものかを「非現実化」する瞬間というものが設定されたとき、その瞬間こそが、想像の機能とともに記号の空間が拓かれるときだとデリダは言った。ヒステリーにおいて想像の重要性を最初に指摘したのは一七八七年にメスマーの動物磁気説に関する報告を行った天文学者バイイである(「想像《イマジナシオン》は磁気術なしでもけいれんをひき起こす。……磁気術は想像なしには何も生み出さない」)[シエルトーク&ソシュール: 16]。そしてアガンベンは、こうした非現実の空間にこそ、人間の文化の創造はいつの日か据えられることになるだろうと言った［Agamben: 55/ 46］。その非現実の空間とは、言葉（記号）と象徴形式の場に他ならない。そして我々はそのような場を得て、「うしろめたさも恥じらいもなく、自らの幻想を享受する」ことができるのだが、そのような場が拓かれるのは、自己の現在の非現実化によって経験される何ものかの〈死〉を以てなのである。

原状復帰を目指すエスの欲動は〈死の欲動〉といわれるが、いつの日か「原状」に達したとき、そのときにも欲動は、脳が休止している間にも現状維持のための緊張状態にあるといわれたように、完全に已むことはないのではないだろうか。フロイトは、無意識的な衝動こそが、「我々の本質の核」であるとした［Freud (1900): 375］。こうした核をジジェクは、シェリング哲学の根底に見ている。「それがするかもしれない、あるいはなるかもしれないものが未定であること、その「かくありたい „Seinswollen"/ 'want-to-be'」が、そのまさに存在の核心なのである」と［Zizek: 44］。「かくありたい／有ることを欲する」と欲するのはそれが現にいまはそうでない／無いからであるが、欲する者自身は、そう欲するとき、既に存在しているはずである。欲望と欲望する主体との間にあるこうしたズレはおそらくは事後性という言葉で表明されるものである。このような事後性は、いつか（かつて）「原状」に復したときのエスの緊張状態に作動しないでいる（た）だろうか。

近年ヘルムホルツ派の精神物理学がブリュッケを介してフロイトに与えた影響はしばしば強調されるが、これに異論を唱えたのが、シェルトークとド・ソシュールである。精神物理学によっては生体と環境（外界）という自己・非自己の対立が捉えられるにすぎない。ピネルによって始まった精神療法の時代以降、医者と患者との関係の中で——フーコーはそれを「権力関係」として捉えた——、フロイトこそ「医者と患者を互いに結びつけている感情の流れを引き出すことができた最初の人」である［シェルトーク&ソシュール：

164]。そして「転移の発見」こそがその後のあらゆる発見の道を開いたのであり、精神物理学的な説明から一歩踏み出すきっかけを作った。治療の場に関与し、治療関係の一部と化すことなくして力動精神医学はありえないからである。そしてこの系譜の根底にあるのは、「魂と身体の結合という大いなる秘密に関する思いがけない説明」（ライプニッツ）を求める人間の飽くことなき欲動である。この説明をフロイトは、ヒステリー症状の解明において、つまりヒステリーこそは精神と身体との交叉する場であると主張して果たしたのだった。

シェルトークとド・ソシュールが示した着眼点はグリンバーグとミッチェルに継承された[195]。精神物理学の力動的世界観によっては、主体が見ている風景に何故焦点化が生じるかまでは説明できない。感情の機能については「感情こそがすべての認知機能の目的を与える」という主張がなされ、それどころか感情を作ろうとする試みさえある[196]。或いはアガンベンは、何らかの〈死〉を以て初めて拓かれる記号の空間、想像の機能が拓く言葉と象徴の場を「否定性の場」としてさらに考察を展開する。人間の本質を規定する二つの能力、言語の能力と死ぬことができるという能力との本質的な関係について――それがほんとうに人間の本質を規定するものであるかどうかも含めて――思索することは、アガンベンがハイデガーから受け継いだ課題だった。しかしまたフロイトの第一の功績が医者（主体）と患者（主体）との関係において動く情動に着目した点にあるならば、欲動理論は、他者性という観点をこそ導入して次へと展開するのではないか。外界の事物が我々を触発し続けるがゆえに、我々はそれに対する表象を得るとカントは述べたが、そのカントこそが、主体Subjektを今日的な意味において確定したのだった。そしてレヴィナスは主観性／主体であることSubjektivitätを、「いかなる受動性にもまして受動的な」、他者性によって絶えず触発されるところのものと定義した。このような主観性の有りようは、エスのそれと不思議な相同性を持つ。レヴィナスは、質料性の中に閉じこめられて、自己から出て自己へと回帰する「自己同定性」の鎖を、他者性によって断ち切ったのだった。「有るとは別の仕方で――」有ること、有りたいと欲するのとは違う仕方で――有ること。この観点を留保しつつ、『失語論』以後のフロイトの精神分析を読み直すことが、他者性と倫理性を考えるための一つの有効な視点をもたらしてくれるはずである。

この本は、平成二十二年度科学研究費補助金（研究成果公開促進費）の交付を受けて出版されたものです。

註

［1］ジャン・マルタン・シャルコー（1825-1893）はフランスの神経学者。シャルコーは一八六六年からサルペトリエール病院で最初の連続臨床講義を始め、一八八二年には新たに創設された神経系統疾患講座の初代教授になったが、これは世界で初めて設けられた臨床神経学のポストだった。フロイトは一八八五年パリに留学し、十ヶ月間シャルコーのもとで学んだ。シャルコーの講義録をフロイトは二度にわたって翻訳している。

［2］但しこれは新書［TB］版による出版であり、『失語論』は一九九九年に刊行されたフィッシャー版全集補巻にも収録されなかった。以下、『失語論』からの引用は岩波版拙訳による。岩波版はTB版を底本としており、TB版の頁数も示されているため、本書における『失語論』からの引用個所は、［ ］内に、章をローマ数字で挙げ、TB版の頁数を記す。

［3］ヴィラーレ編纂のこの『医学中事典』*Handwörterbuch der gesamten Medizin* に収録された項目は無署名であるが、フリース宛て書簡などにおけるフロイトの記述から、これらの項目がフロイトによる執筆であるとされている。

［4］これは二巻本であり、第一版（一八九一年）ではフロイトは、ケストレによれば、短いがゆえに無署名の項目を含めて、二十項目ほどを担当している。ケストレは、ブムの事典第一版のうち、「失語」「健忘」がフロイトの執筆であるとして、その論考に再録している。第三版（一九〇〇-一九〇一年）では両巻とも執筆担当者としてフロイトの名が記載されているものの、フロイトの署名があるのは第一巻収録の「催眠」の項目のみであり、これのみが全集に収録された。ここでは筆者が確認できた分を挙げる。また、同じ編者、同じ出版社から一八九三年に『実地医家のための診断事典』*Diagnostisches Lexikon für praktische Ärzte* が四巻本で出ており、このうちフロイトが執筆した項目「失語」は、安田一郎による訳がある。

［5］フロイトは、『失語論』に「神経病理学 Neuropathologie」担当の私講師と署名している。

［6］ここでイギリス本土の図書館には一冊もないといわれた『失語論』初版だが、エレンベルガーによれば、大英博物館付属図書館とウェルカム医学史博物館付属図書館が一部ずつ所蔵しているという。またジョーンズは、イギリ

スの神経学の大家であるヘンリー・ヘッドもフロイトの研究に触れていないと述べているが、Henry Head: *Aphasia and Kindred Disorders of Speech*, Cambridge University Press, 1926, I, 105 には、フロイトが『失語論』の中で提唱した「失認症」についての概念が承認されているという［Ellenberger: 653］。

日本の大学図書館には『失語論』のドイツ語原本は、少なくとも二冊はあることが確認されている。邦訳としては、一九七四年に安田一郎が「失語症の理解のために」、『失語症と神経症』（誠信書房）としてシュテンゲルの英訳から訳出したものがある。その後、一九九五年に『失語論　批判的研究』（金関猛訳）が出版されたが、これはドイツ語原本からの訳出である。さらに二〇〇三年、安田一郎は、グリンバーグの『フロイトの失語症論』翻訳出版の際に、『失語論』を新たにドイツ語の初版本から訳し直して同時収録している。両者ともその際底本としたのは、京都大学所蔵のものである。また大阪大学所蔵のものは、岩波書店のフロイト全集版の翻訳に参照された。フロイト全集第一巻（岩波書店、二〇〇九年）解題参照。

［7］雑誌『ブレイン』*Brain* は脳神経学に関する雑誌として一八七八年に発刊された。

［8］ロイシュナーは、一九六〇年に出たドイツ語版を参照しているが、英語版は一九五三年に出版されている。

［9］六〇年代後半から七〇年代にかけて、フォーゲルは精神分析以前のフロイトの著作を四巻本で出版する準備をしていたが、その仕事を完成させる前に亡くなった。『失語論』に関してフォーゲルは、編者のまえがきといくつかの脚注を用意していた。この仕事はインゲボルク・マイヤー＝パルメドに引き継がれ、一九九二年にフィッシャーから出版された。TB版編注は特に断りがない限り、パルメドによる註である。

［10］ルドルフ・ティーレが担当した「失語症 *Aphasie*、失行症 *Apraxie*、失認 *Agnosie*」の項目のこと［Vogel: 38］。

［11］ヒューリングス・ジャクソン（1835-1911）。イギリスの神経学者。てんかんの研究者として知られ、「ジャクソンてんかん」などの名がある。初期の論考としては「発話喪失」"Clinical Lectures and Reports", London Hospital, 1864, Vol. i. がある。「解体 Dissolution」説に関しては『神経系の進化と解体』（いわゆる『クローニアン講義』）（一八八四年）において詳しく述べられている。

［12］テーオドーア・マイネルト（1833-1892）はドレスデン生まれの精神医学者で神経解剖学者。一八七〇年よりウィーン大学の解剖学の教授。一八九〇年に出版された彼の講演集は二〇〇六年にリプリント版が出版されたが、そこ

には、オーストリアでは脳の構造や機能に関する彼の研究によって、精神医学が大学の専門分野へと高められたと紹介されている。フロイトは一時期彼の研究室で働いていた。

[13] シュテンゲルは「言語装置」という言葉をマイネルトに由来するものとしているが、『失語論』では、ヴェルニケ批判の中で言及されている。

[14]「充当」とも訳される。「リビドーが備給される」などと使われる。„besetzen": occupation, occupy; cathexis, cathect.

[15]『失語論』で 'overdetermination' に相当するのは überbestimmt である。

[16] ヴィラーレ編『医学中事典』は第一巻が一八八八年、第二巻が一八九一年に出版されている。

[17]『医学中事典』の諸項目のうち、「ヒステリー」と「ヒステロエピレプシー」という項目だけが全集に収録された。ソルムスとセイリングは、フリース宛の手紙などを参考にして上記二項目以外に、「失語」と「脳」とがフロイトによる執筆であるとしている [Solms & Saling: 7-12]。これら以外にさらに、「小児麻痺」「麻痺」がフロイトの執筆であるとされている。その参考として、フロイトは『失語論』出版と同じ年に、小児科医オスカー・リーとの共著で『小児の片側脳性麻痺に関する臨床研究』という本を出版している [一六-一七頁の表1]。これは総二一〇頁に及ぶ大部のものであり、ジョーンズは、「この書によってフロイトの名がついに、そして今もなお、世界の神経学者によって記憶されるようになった仕事」と評価している。註4参照。

[18] ソルムスは、ルリヤの Traumatic Aphasia（1947）がフロイトの『失語論』に多くを負っていることを指摘しつつ、フロイトの精神分析理論における神経学的アプローチの重要性を明らかにしたが、こうした研究を背景として今日神経学的精神分析を提唱している（M. Solms & M. Saling: *A Moment of Transition, Two Neuroscientific Articles by Sigmund Freud.* 1990, Mark Solms & Oliver Turnbull: *the Brain and the inner World – An introduction to the neuroscience of subjective experience.* 2002）。

[19] ジョーンズによれば、フロイトが男性にもヒステリーがあると主張したこと、また、既に旧式となりつつあった電気療法を捨てて最新の催眠療法を取り入れようとしたことなどをめぐって、フロイトとマイネルトの関係は急速に悪化した。マイネルトはフロイトを「催眠術師」だと批判し、治療手段としての催眠を認めなかった。それに対してフロイトは、フォレルの書物に寄せた書評（一八八九年）の中でこのように反論した [Jones: 210/165]。

［20］Freud: *Rezension von Auguste Forel, Der Hypnotismus* (1889), *S.* 127. フロイトはここで、「知的な偉大さ」と「事実」とを尊敬の対象として比較しているが、たとえばスティーヴンは、十八世紀のイギリス思想を概括した書の中で、イギリス的精神の強みはそれが具体的事実を確実に把握するという点に存すると述べている。「もしも一つの体系を構築するためにある種の難点を見て見ない振りをする勇気が、はっきり確認された原理を踏みこえて進むことを拒絶する慎重さ以上に一層望ましいと考えられるならば、所詮彼ら［ロックおよびその後継者たち］は二流哲学者としての地位に甘んじねばなるまい。たしかに壮大な体系作りに対するわれわれの反感はしばしばわれわれをして、たとえ多くの間違った総括を含むにもせよなおかつ思惟を刺戟するにたる視野の広大さを有する果敢な思想家の功績を見失わせがちにすることは否定しえぬ事実である。しかし他方わが国の哲学者たちの、たとえ狭隘で一面的であるにせよ鋭敏で着実な思弁のもつ長所は、それがはらいのけた非現実的な構築物の無意味さをわれわれが知るにつれてもっと高く評価されるようになるであろう」［スティーヴン：39-40］と。スティーヴンのこの言葉は、このの ち、ライプニッツに始まるドイツ観念論やそれに続く十九世紀の「脳神話学」などを見てゆく中で、いかにも示唆に富むものであることが確認されるだろう。

［21］石澤は失語研究の観点からではなく、精神分析、とりわけフロイト＝ラカン精神分析の視座から『失語論』に注目していた。それは一九九六年に『翻訳としての人間』にまとめられたが、その元となった諸論文は八〇年代に発表されている。

［22］運動性失語が「ブローカ失語」とも呼ばれる所以である。また、ヴェルニケが『失語症候複合』において「感覚失語」と命名した失語の型は、現在では「ウェルニッケ失語」と呼ばれている。しかし、ブローカ中枢に関してはなお議論があり、一九〇六年、フランスの失語研究者ピエール・マリーは、ブローカ失語を左側第三前頭回に局在させる説は誤りだと主張して、失語論争を引き起こした（ピエール・マリー「失語症の問題に関する再吟味」、邦訳は大橋博司・濱中淑彦編著『Broca 中枢の謎——言語機能局在をめぐる失語研究の軌跡』所収）。

［23］ブヨウ（1796-1881）は一八二五年に失語の型を、中枢に受けた損傷に起因するものと、聴覚に受けた損傷に起因するものとに初めて分けた。

［24］カール・ヴェルニケ（1848-1905）。一八七四年に『失語症候複合』を発表。一八八五年にブレスラウ大学の准教

授となり、一八九〇年、新しく創設された精神医学と神経学のポストに正教授として就任。五十代後半で事故死した。この書以外に彼の業績として、『医師や学生のための脳疾患に関する教本』（一八八一年）、『精神医学概説』（一九〇〇年）がある。ドイツの精神医学者エーミール・クレペリンの疾病記述学とは対立的な立場をとったが、もしもヴェルニケがクレペリンとの議論をさらに展開してゆくことができていたら、「近代の精神医学はもっと違ったものとなっていただろう」（ピショー）と言われている［Tesak: 9］。

［25］この小論は、ヴェルニケの別の失語論文（「失語に関する近年の研究」［フロイトが『失語論』の原注4で挙げる文献］など）と共に、一八九三年に『神経系の病理学に関する論文集及び批判的報告集』に収録されて出版された。この論集はその後リプリント版（二〇〇六年）が出ている。テザクの『カール・ヴェルニケの「失語症候複合」』には一八九三年版の原文が再録されている。

［26］アドルフ・クスマウル（1822-1902）はドイツの神経学者。主著『言語の諸障害』は、失語研究において大きな影響を与えた。フロイトも『失語論』の原注19その他でこの書を参照している。

［27］ヨハン・ペーター・ジュースミルヒ（1707-1767）。主著に „*Die Göttliche Ordnung in den Veränderungen des menschlichen Geschlechts, aus der Geburt, Tod, und Fortpflanzung desselben erwiesen*" があり、これをもって「人口統計学の創立者」とされている。この主著が認められて一七四五年にベルリン・アカデミーの会員となった。二十二年間の会員期間の間に三十一回の講演を行っており、そのうちの一つが言語の起源をめぐるものだった［Kim: 79］。

［28］ヨハン・ゴットフリート・ヘルダー（1744-1803）。この懸賞論文がベルリン・アカデミーに提出されたのは一七七〇年、出版されたのは一七七二年である。

［29］ベルトルト・デルブリュック（1842-1922）は言語学者。『インド・ゲルマン語研究入門――比較言語研究の歴史と方法』［初版は一八八〇年］、『言語研究の根本問題――W・ヴントの言語心理学を顧慮した論究』（一九〇一年）などの著作がある。ヴントが唱えた民族心理学の根幹となる「民族の精神」という考えを激しく批判した。

［30］フランツ・ヨゼフ・ガル（1758-1828）の仕事（1810-1819）は、古代ギリシアにおいてガレノスらが構想した局在に対して、近代における機能局在の端緒とされる。ゲーテとも親交があった。

［31］アウグスト・シュライヒャー（1821-1868）は言語学者でありヴァイマールとイェーナ大学の教授。インド・ゲル

マン語族の関連を研究。言語学を自然科学の一部と見なし、言語の変遷には進化論が適用できると考えた。デルブリュックは、シュライヒャーのこの論考を、言語科学の歴史においてボップに始まった一つのエポックを締め括るものと見なしている。曰く、「ボップはインド＝ゲルマン語系の言語に共通する本質的な同一性を証明しなくてはならなかったが、シュライヒャーはそれを既に証明されたものとして前提した。つまり、ボップは開拓し、シュライヒャーは組織した」［Delbrück (Einleitung): 98］。

［32］マックス・ミュラー（1823-1900）は当時オックスフォード大学の比較言語学の教授だった。

［33］「我々の中で現在発達した脳と、発話能力との間の密接な関係は、脳が病変し、それによって特に発話が障害をうけた興味深いこれらの症例によって示される」［zitert nach: Marx: 333］。

［34］チャールトン・バスティアン（1837-1915）はイギリスの失語学者。初期の論考としては「脳の罹患における発話喪失のさまざまな型について」（一八六九年）がある。ジョーンズは、バスティアンは当時失語研究の第一人者であったとしている。

［35］フバート・G・グラースハイは失語症の発症を、もっぱら機能的な要因によってのみ説明できると主張し、局在論とは対極的な立場に立った。『失語論』第四章で、詳細にグラースハイの論文が検討される。

［36］ジェームズ・ロス（1837-1892）はイギリスの失語学者。『失語論』の冒頭においてフロイトは、ブローカの定理の逆を証明しようとする傾向について触れているが、ロスのこの書には以下のような言明がある。「左側、時として右側第三前頭回の損傷が運動失語を引き起こすことが証明されたからといって、この言語障害が、脳の別の部位の疾患によって引き起こされることはないということにはならない」［Ross: 59］。

［37］ジェームズ・バーネット（1714-1799）はスコットランドの裁判官。言語学的進化論を唱え、比較歴史言語学の創始者の一人として知られる。所領地にちなんでモンボッドと呼ばれた。

［38］この個所では、Anschauung に対して Beobachtung が対置されているのだが、邦訳では、同じパラグラフ内で Anschauung という言葉が「観察」と訳されたり「直観」と訳されたりしており、「観察」と訳された Beobachtung との区別が判然とせず、混乱を招きやすいので、原文にしたがって独自に訳した。参考までに邦訳の該当個所を挙げる。

[39] たとえば、投げ出されたものが一定程度上昇したのちに落下する、という程度ならば、日常的な感覚で理解することができる。しかしその時その物体が描く放物線の軌跡は、直観からだけでは得られない。放物線は二つの異なった力、最初の投げ出したときの力と重力という二つの力によって決定される「複合的な事象 ein komplexer Vorgang」[Cassirer: 12/(上)033-034] なのである。こうした自然科学的な概念形成の方法を、カッシーラーは resolutiv であり kompositiv であると名付けている。resolutieren とは、「大きな単位の数を、より小さな単位の数に変換すること」を意味する。

[40] この講演には、Vortrag, gehalten in der Naturforscher-Versammlung zu Wiesbaden und in der Wiener anthropolotischen Gesellschaft, 1872 と記されている。この講演録が収録されたマイネルトの講演集は二〇〇六年にリプリント版が出版されたが、そこには一八九一年十月付のマイネルトの前書きがあるのみで、元となった講演集の出版年は記されていない。フロイトの蔵書目録にはこの講演集がリストに挙がっておりそれによれば一八九二年出版。なお、この『脳のメカニズムについて』はこの講演集に収録されているが、それとは別にフロイトは、この講演録の単独の冊子も所蔵していた。その書誌情報は以下の通り。Meynert, Theodor: *Zur Mechanik des Gehirnbaues*. Ein Vortrag, gehalten in der Naturforscher- Versammlung zu Wiesbaden und in der Wiener anthropologischen Gesellschaft, veröffentlicht in der »Presse« Nr. 158–159. Vienna: Wilhelm Braumüller 1874.

[41] ここで言及される「半球の髄質」とか「細胞体」といった用語は、現在では使われない。マイネルト一人の著作においてさえ、時代を追うごとに用語は変化しており、この時代、失語に関する研究論文間の応酬は、用語とその定義の模索でもあったと言える。

[42] 原文は以下の通り。it has the Power to repeat, compare, and unite them even to an almost infinite Variety, and so can make at Pleasure new complex *Ideas*. ロックはこの複雑観念について、「どんなに複合され、また複合を重ねられたものであっても however compounded and decompounded」と述べている(第二巻第十二章)[Locke: 164/(二)9]。decompound には、重複複合させるという意味と分解させるという意味の両方がある。

[43] 従来日本語の訳語としては「動物精気」が用いられているが、訳者は「動物精気」という言葉が誤解されやすいという危惧から、「霊魂的な気息」と訳したと断っている。

［44］但し、これが完成したときにはロックが亡くなったため、ライプニッツはこれを出版しなかったという。そのためこの書は一七六五年にラスペによって出版されるまでは一般に知られることはなく、「この書物が知られるに至ったときには、十八世紀思想はすでに大部分自らの展開と進化を完了していた」［Cassirer:44／（上）070］。

［45］邦訳を参照したが、独自に訳した。参考のため、邦訳の該当個所を挙げる。

［46］この論考は、一九七一年に発表されたドイツ語論文 *Die Anfänge der algebraischen Denkweise im 17. Jahrhundert* に基づいている。一九八〇年に論集に収録される際、著者自身によって英訳された。マホーニィの他のいくつかの論考と共に編纂されて『歴史の中の数学』に収録された邦訳は英語版を元にしている。英語版を参照して、一部語句を改めた。

［47］邦訳を参照したが、一部改めた個所がある。

［48］岩波文庫『単子論』では perzeption は「表象」と訳されている。ラテン語‐ドイツ語辞書にはこれに近い言葉として、Erkenntnisvermögen があるが、Vorstellung そのものは見あたらない。実際この書では、perzeption を Vorstellung と言い換えているところもあるが、別の個所では、perzeption の一種として affection と述べるところもあり、これらの使い方はそれぞれの個所の特殊な文脈によると捉えることも可能である。

［49］セクストス・エンペイリコス『学者たちへの論駁1』、二七一頁参照。ちなみに patheia は、動詞 paschein（情態をこうむる）の名詞形 pathos（こうむった情態）が、sym‐と一緒になるときに、patheia に変化したものであり、英語で paschein は be affected、pathos は affection（感情、作用、疾患など）と訳されることもある。

［50］言葉の成り立ち（perceive の語源は per 通って＋ capere 掴む）からすれば、この語の意味は、客体に対する主体の積極的で能動的な行為である。

［51］量義治は言う、「モナドは精神的・個体的実体」であると。「デカルトにおいては三つの実体が考えられていた。すなわち、無限実体としての神と、有限実体としての精神と物体とである。スピノザにおいては無限なる神のみが唯一の実体であった。精神と物体は唯一の実体の様態であった。しかし、ライプニッツにおいてはモナドとしての実体の数は無限である。精神的個体の数だけモナド、すなわち実体があるのである」［量：132］。

［52］affection は、スピノザにおいては、身体に引き起こされる affection というように使われ、邦訳では「変状」とい

う訳語が充てられている。この言葉は、十九世紀の神経学においてはもっぱら「疾患」として理解されるのだが、心身併行説を唱えたジャクソンの主たる論文でありフロイトの『失語論』が立脚する論文のタイトルは「脳の罹患によって発話が被る疾患について」"On affections of speech from disease of the brain" である。この場合の affection は「疾患」と訳されるのが妥当ではあるが、しかしジャクソンは、疾患とは神経配列の破壊の結果にすぎないと述べていることから、神経配列の破壊によって引き起こされた「変状」と捉えることもできるだろう。「退行」が「進化とは逆のプロセス」であるという捉え方からしても、「健康」に対する「病気」として否定的に捉えるよりは、「変化をこうむった状態」という捉え方の方が適っているように思われる。この論考は『ブレイン』創刊号より連続して掲載された（以下、一八七八-七九年掲載分を第一論文、一八七九-八〇年掲載分のうち二〇三-二二二頁を第二論文、三二三-三五六頁を第三論文と略記）。

[53] シェリング『人間的自由の本質』（一八〇九年）。

[54] ここでは representer が独訳では vorstellen、exprimere が ausdrücken となっており、それぞれ「表象する」、「表現する」と訳した。

[55] 『人間認識起源論』には「ライプニッツ主義者」に対する批判があるが、ライプニッツの「主著」である『人間知性新論』は、一七〇四年に書かれながら手稿のままにおかれて出版されていなかった。これがようやく出版されて人々の目に触れるようになったのは一七六五年になってからである。

[56] コンディヤック『人間認識起源論』第二部「言語と方法について」第一章「言語の起源と進歩について」。

[57] 「たわいなさの考古学」と題されたこの「序論」はその後単独で一九九〇年にガリレ社から刊行された。邦訳はこの一九九〇年版を底本としている。

[58] ウェルズは、コンディヤックの思想が埋もれていることの証左として、ジョージ・シュタイナーのフンボルト論『バベルの後に』（一九七五年）がコンディヤックを完全に無視していることを挙げている。

[59] 「換言すれば、そうした事物が心の外で、すなわち、それらを知覚するところの思考する事物の外で、かりそめにも存在することは、不可能なのである」。引用は量による［量：181］。

[60] コンディヤックの『人間認識起源論』には、「制度的な記号を選んだり、それを様々な観念に結びつけたりするの

に十分な程度の反省を働かせることが予め可能になっているのでなければ、その制度的記号を利用することもできないであろうと思われる」と述べられている［Condillac: 133/（上）92］。

［61］これはまた、「人々が考えることを学ぶためにことば《パロール》を必要としたとすれば、彼らはことば《パロール》の技術を見出すために考えることを知る必要がなおいっそうあった」という形でも定式化される［Rousseau: 220f./ 61］。

［62］こうした原初の人間、「純粋な自然状態」の人間という発想は、当時文学者たちの想像力をも大いに刺激した。一七四四年に発表されたマリヴォーの作品『諍い』は、主としては宮廷批判とされるが、こうした思考実験を文学的に表現したものでもある。これは、アダムとイブのどちらが最初に裏切ったかということを検証するために、自分と肌の黒い召使い以外いかなる人間をも知らぬままに成長して年頃になった男女をそれぞれ三人ずつ用意し、ひと組ずつめあわせてそれぞれが恋に陥った後、別のペアの異性と会ったとき、最初に裏切るのは男か女のどちらかを確認するという話である。また、一七九二年のジャン・パウルの『見えないロッジ』では、ヘルンフート派の熱心な信者を祖母に持つ子供が、生まれてすぐに両親から引き離され、彼の世話人として「天使」と名づけられた少年とともに何不自由なく地下で暮らし、世の中の美しいもののみを教えられて育てられる。

［63］ジュースミルヒはこの講演を司祭として行ったのだが、十年後になって「ことの重大さ」に鑑みて、それを出版したと自ら序において述べている。ジュースミルヒからの引用はキムによる［Kim: 79］。

［64］アルノ・ボルストは、この記述に関する脚注として、モーペルテュイの*“Réflexions philosophiques sur l'origine des langues et la signification des mots”*を挙げている。

［65］こうした分類法をもう一つ紹介すれば、コンディヤックの『人間認識起源論』の翻訳者である古茂田宏は、同書の訳注の一つで、「図式的な説明になるが」と断った上で、デカルト、ライプニッツ、マールブランショが数学を重視した大陸合理論を代表し、医学を修めたロックがイギリス経験論を代表するのは偶然ではないとしている［古茂田：309］。医学と比較解剖学（さらには、軍医として多くの負傷兵を診察した経験）に基づいてラ・メトリは『人間機械論』（一七四七年）において徹底した唯物論を展開した。キムはジュースミルヒ対モーペルテュイの対立を、ドイツのアカデミー対フランスのアカデミーの対立とするスタムの論を紹介している。しかしキム自身は、ジュースミルヒがルソーの『人間不平等起原論』に基づきつつメンデルスゾーンを批判していることを指摘しつつ、スタム

のような見方は誇張されていると述べている［Kim: 79f.］。

［66］既出。『人間不平等起原論』第一部にある言葉。邦訳六十六頁以下。

［67］麻生によれば、ヘルダーによるジュースミルヒ批判は『言語起源論』以前に遡る。ヘルダーの初期の文学論『現代ドイツ文学断章』（一七六七–六八年）には、言語がギリシア文学以来いかに発展してきたか、またドイツ語が他言語からの翻訳を経ていかに洗練され豊かになり、そうして成長してきたかが述べられている。

［68］この個所の前でヘルダーは、「観念を恣意的な記号と結びつける習慣を魂に与えたのは感覚の叫び声である」というコンディヤックの言葉を引いている。ヘルダーは、動物の発する言葉の延長線上に人間の言語があるとは認めない。

［69］木村直司訳を参照したが、ドイツ語に基づいて語句を改めた。参考のため、邦訳の該当個所を挙げる。

［70］グリンバーグは、クスマウルの別の言葉を引きつつ、ダマシオの以下の記述との類似性を指摘するが、その類似性はヘルダーの「多くの異なった感官を通して一度に感受する感性的被造物の場合には、観念がこのように集合することは避けがたい」という記述にもあてはまるだろう。「脳は知覚と行為を多くの異なった次元に沿って同時に分類するから、隠喩のような象徴的表現［代理表象］はこの構造物［脳］から容易に浮かび上がることが可能である。」because the brain categorizes perceptions and actions simultaneously along many different dimensions, symbolic representations such as metaphor can easily emerge from this architecture.［Damasio & Hanna: 21f.］

［71］これはアリストテレスの『霊魂について』の「共通感覚 koine aisthesis」に由来する概念である。諸感覚を比較しつつ統合する働きが共通感覚 sensus communis であり、その感官が sensorium commune である。ドイツ語の Gefühl は、動詞 fühlen（感じる）の名詞であり、一般には「感情」と訳されるが、ヘルダーの時代、触覚的な性質が強かった。木村直司による『言語起源論』訳注3参照。また、コンディヤックが触覚を特権化していることについては本書二一三頁参照。弘田陽介は、カントにおける「共通感官」について論じながら、カントにおいて Geschmack には五官の一つである味覚が含まれるように、Gefühl には「感情」のみならず、触感という意味が含意されているとする［弘田：273–277］。

［72］濱中淑彦「失語の神経心理学史」参照。

［73］こうした進化論的な観点から言語の成立を説明する仕方に対する反論として、マークスは、マックス・ミュラーの考えることと話すこととは分離できないという考えを挙げている［Marx: 332］。

［74］ルードヴィヒ・リヒトハイム（1845-1915）。ヴェルニケの失語研究を引きついで、失語が発症する仕組みを表す図式を考案。ヴェルニケ以降、失語症を図式によって表そうとする試みはさまざまになされたが、「図式の考案者たち diagram makers」（ヘンリー・ヘッド）と揶揄されることにもなった［Greenberg: 192/277］。

［75］但しマークスの引用は正確ではない。マークスが参照する該当個所は以下のとおりである。「言語の有機的機構は、語るという人間の一般的な能力と必要性から生じた。［……］有機的機構は知的人間の生理学を成し、一連の歴史的発展を形成している。」Der Organismus der Sprachen entspringt aus dem allgemeinen Vermögen und Bedürfniss des Menschen zu reden [...]. Der Organismus gehört zur Physiologie des intellectuellen Menschen, die Ausbildung zur Reihe der geschichtlichen Entwicklungen. ［Humboldt: 8f.］

［76］フランツ・ボップ（1791-1867）は言語学者。一八〇八年のシュレーゲルの論考に触発されてアジア言語に関心をもち、一八一六年の著書 *Über das Conjugationssystem der Sanskritsprache in Vergleichung mit jenem der griechischen, lateinischen, persischen und germanischen Sprache* でもって「インド＝ゲルマン語学」を確立した。

［77］デルブリュックは、ミュラーの一番の功績はサンスクリットの領域にあるとして、『リグヴェーダ』の出版（1849-75）と *History of ancient sanskrit literature*（1860）を挙げている。ミュラーをもっとも正当に評価したものとしてホイットニーの *Max Müller and the science of language*（New York 1892）を挙げている［Delbrück (Einleitung): 94］。

［78］「身振り言語」を手がかりとして、「言語は発明されたものである」とする説の系譜の中でシュレーゲルを位置づけ紹介する際、ウェルズは、原始的な言語を話す人々とサンスクリットを話す人々とを区別して後者を「より高貴な舌 the nobler tongues」と表現している［Wells: 53］。この表現は、「母語」を意味する以上に、発声器官としての「舌」というニュアンスを響かせ、生物的な面を強調している点で、とりわけこの文脈においては印象的である。

［79］デルブリュックはシュレーゲルの論考にある「有機体が成長し、内側から展開するというイメージ」について、「好んで植物的な有機体という像を借用し、語形変化／音韻変化が、芽吹き、花咲き、萎れる行程として記されるのは、ひょっとしたらゲーテの植物のメタモルフォーゼを思い浮かべてのことといえるかもしれない」［Delbrück

(Einleitung): 43f.］と述べている。自然は絶えず変転するものであるが、その中にも「法則性」があると考えたゲーテはまず植物学において植物の生長に関する「法則性」を考察した（『植物のメタモルフォーゼを説明する試み』*Der Versuch, die Metamorphose der Pflanzen zu erklären* (1790)）。複雑に展開した現象（パターン）から、一つの単純な「型」に遡行しうるという考えは、ダーウィン以前の進化論的な発想として近年改めて再評価を受けている（現代の生物学において、ゲーテの「原型」と「パターン」という考えがどう展開したかについては、戸田山和久「人文学は自然科学の「進歩」に貢献できるのか」参照）。「原植物 Urpflanze」という言葉は、一七八七年に初めてヘルダー宛の手紙の中で使われた（これは後に『イタリア紀行』として出版された）。上記「メタモルフォーゼ」に関する論考にはこの言葉はない。しかし、同じ主題でゲーテは、一七九八年に『植物のメタモルフォーゼ』*Die Metamorphose der Pflanzen* という詩を書いている。「種子のうちには力が眠っている。始まろうとしている模範がある。／己れ自身の中に閉じこもって、被いの下で／葉と根と萌芽が、半ば形を成しつつしかし色づかぬまま身を折りたたみ／乾いたまま、そんなふうにして核（芯）は、穏やかな生命を隠し保っている／湧き出でて高みへと向かえよ［……］」。

シュレーゲルはここで「語根自体は本来変化しない」と言うが、ウィリアム・ジョーンズらが明らかにしたところによれば、変質しているのはむしろ語根の方で、相異なる言語間に共通して、屈折の変化の一定の法則が発見されたのである（本書九三頁）。言語の指示機能と分節機能でいえば、語根が指示機能（意味）に、屈折は分節機能（形態）に対応し、以後、形態は語根（意味）自体をも変えるという認識が可能となった［フーコー (1966): 254-255］。

［80］シュタインタール (1823-1899) はアジアの言語と言語学の教授。十九世紀後半に書かれた彼の本は古典にはなったが、今日なお有効で信頼できるものであると、マークスは高く評価している［Marx: 333］。エレンベルガーは、シュタインタール学説の重要性を指摘した文献として、Henri Delacroix: *Linguistique et psychologie*, in: *Journal de Psychologie*, XX 1923, 798-825, および Ders: *Le Langage et la pensée*, Paris: Alcan, 1924, 493-494 と、すでに本論で何度も言及している Marx: *Aphasia Studies and Language Theory in the* 19th *Century* を挙げている［Ellenberger: 653, Anmerkung 249］。

［81］ヘルマン・パウル (1846-1921) は言語学者。主著に『言語史原理』（一八八〇年）がある。デルブリュックと並んで、実証主義を旨とした「青年文法学派」を代表する一人。

[82] ブリュッケの講義の元のタイトルは分からない。当然ドイツ語であり、ジョーンズはそれを'The Physiology of Voice and Speech'と訳した。それを邦訳では「音声と言語の生理学」としているが、音声との関連から、またのちに第三章第一節で見るように、語られた言葉が問題となるため、ジョーンズがLanguageではなくSpeechと訳したことに鑑みて、「発話」とした。

[83] デリダは、一九七三年にガリレ社からコンディヤックの『人間認識起源論』の新版が出される際に「序論」を寄せている。デリダは『グラマトロジーについて』(一九六七年)においてルソーの言語起源論を論じている。

[84] プリンキピアの第三部「世界体系について」の一部。「我仮説を立てずHypotheses non fingo」という宣言がある。

[85] これを端的に表現するものとしてカッシーラーは、「理性の固有な根元力は真理の所有にではなくその獲得にこそ求められねばならない」というレッシングの言葉を挙げている[Cassirer: 17/(上) 039]。

[86] さらに言うならばカッシーラーは、思考一般は「計算Rechnen」であると主張したホッブズは十八世紀の思想を先取りしていたとする[Cassirer: 24/(上) 047]。

[87] カッシーラーが参照するのは以下の個所である。Maupertuis: *Système de la Nature*, Sect. III. IV, XIV, XXII: *Oeuvres*, Lyon 1756, T. II. S. 139ff.

[88] Maupertuis (1756): *Système de la Nature*, In: *Oeuvres* II, Lyon Georg Olms Verlagsbuchhandlung Hildesheim 1965, T. II. 135-184.

[89] 山本義隆は、「力Kraft」という言葉が意味するものと「エネルギー」との区別がまだ明瞭でなかった時期が長らく続いたことを指摘する。十九世紀になって『力恒存の法則』を著したヘルムホルツが「力」という言葉によって指していたのはむしろ、「エネルギー」であった[山本:294]。

[90] フレクシヒ(1847-1929)はライプツィヒ大学の精神医学の教授。大脳皮質は、人間の発達過程において、部位ごとに形成される時期が異なることを証明した。シュレーバー症候で有名となったダニエル・シュレーバーの主治医として知られる。クレペリンの指導教官でもあった。

[91] 「心理学の歴史　1850-1950」。初出はD・ユイスマンスとA・ウェペール共編『ヨーロッパ哲学史』第二巻「現代哲学の諸相」、パリ、一九五七年。

[92]この『哲学大系』は、『生物学原理』*Principles of Biology*（1864）、『心理学原理』*Principles of Psychology*（1870）、『社会学原理』*Principles of Sociology*（1874-96）から成る。

[93]ヤスパース（1883-1969）は精神病院に医師として勤務したが、一九一三年より大学で精神医学を教えるようになり、以後臨床に戻ることはなかった。『精神病理学原論』（一九一三年）は、ヤスパースが精神医学から哲学へと転向した記念碑となった。

[94]フランソワ・ルーレ（1797-1851）は、フランスの解剖学者であり精神医学者。グラシオルとの共著として Fr. Leuret et P. Gratiolet: *Anatomie comparée du système nerveux considéré dans ses rapports avec l'intelligence*, Paris : J.-B. Baillière et Fils, 1839-1857 があり、また単著では Leuret: *Du traitement moral de la folie*. 1840. がある。この『道徳療法』については フーコーが一九七三年の講義の中で主として論じている。「精神医学の権力——フランソワ・ルーレの治療法とその戦略的要素」参照。ルーレの解剖学的知見と精神医学における応用については、後述するマイネルトの世界観やクスマウルの「道徳療法／心的処理」についての言及などと合わせて考察すると興味深い。

[95]上記引用個所で言う「六億をはるかにこえる皮質体」という記述は、ヴェルニケの『失語症候複合』に引用され、それを応用してヴェルニケが述べた言葉もろとも、『失語論』に引用されている。

[96]「皮質体」と訳したのは、原語では Rindenkörper である。字義通りに訳したが、「皮質体」という言葉は現在では用いられない。

[97]ヨハネス・ミュラー（1801-58）はベルリン大学の生理学者であり解剖学者。彼のもとでブリュッケ、ヘルムホルツ、デュ・ボワ＝レイモンらが学んだ。ミュラーの生気論に対する彼らの反抗でもって、歴史家たち（ジョーンズなど）はフロイトの学問的背景についての研究を始めるのを常としているとファランワイダーは述べている［Fullinwider (1991): 21］。ファランワイダーが参照するミュラーの文献は一八四〇年出版の英語版。Müller: *Elements of Physiology*, Vol. 1, 2nd edn (tr. William Baly), London 1840.「音も色も光もそれ自体では単に主観的であるにすぎないのではなく、これらは本有的な innate ものなのである」［Fullinwider (1991): 22］。だからこそ、そこから間主観的な認識への到達も可能性を持ちうる。ファランワイダーは、ミュラーのこうした考えの背景にはカント-ライプニッツの伝統があり、だからこそ広く受容されていったのだとしている。ファランワイダーは、これらの人たちと、それ

よりひと世代あとのフロイトとの一番大きな違いは、フロイトが学生の頃にはダーウィンの進化論が既に隆盛となっていた点にあるとしている。

[98]「さて、さまざまな感覚に対して記憶心像が皮質上にもつテリトリーは、単に境界によって隔てられているのではなく、まさに機能上の隙間によって隔てられている」[Meynert (Psychiatrie): 140]。ここで「占拠」と訳した語 besetzt は、精神分析においては「備給」もしくは「充当」と訳される用語であり、主にはリビドーに関して用いられるが、既にヒステリー研究において重要なものである。フロイトがその研究活動の中で最初にこの言葉を使ったのはマイネルトを批判する中で、マイネルトの用語を用いたこのときだったとシュテンゲルらは指摘している。

[99]なお、この最後の「議論の余地のある機能」について後年、この論考を論集に収録した際に（一八九三年）、ヴェルニケは以下の注を付している。「当時はそうだった。現在では、中心後回、つまり頭頂葉下部と、少なくとも部分的には頭頂葉上部［これらの部位は現在では「一次体性感覚野」とされている］もさらに、いわゆる脳の運動部位に数えられることが分かっている」[Wernicke (1893): 322]。

[100]フロイトの引用は正確ではない。フロイトは、参照するヴェルニケの当該個所から省略記号を用いないまま、二つの文の間にある以下の記述を省略している。「ごく短時間しか作用しない刺激から持続する分子の変化を被るという大脳皮質細胞の役目に、何か特殊なもの、未曾有のものを見いだすべきではない。それは末梢神経にも認められる役目の類似物であり、解剖学的な状況のおかげで高次となったのである。」[Wernicke (1874): 5]

[101]藤井俊勝・山鳥重「大脳局在論」、前掲『失語症臨床ハンドブック』所収、

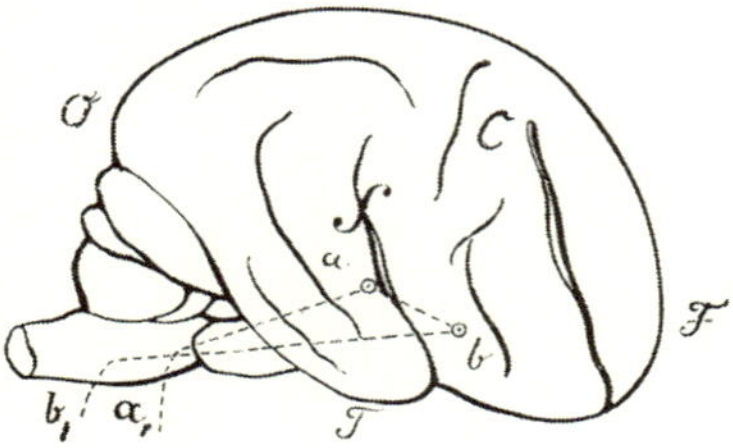

Wernicke（1874）

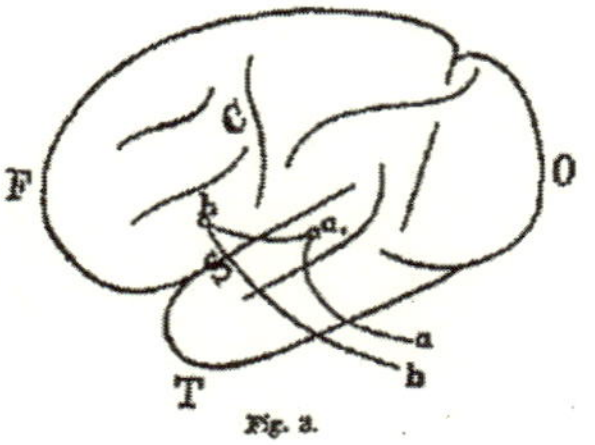

Wernicke（1893）

八八頁参照。

［102］このように、ヴェルニケの図は解剖学的に忠実で正確であるはずだったが、テザクは、ヴェルニケの『失語症候複合』が一八九三年に論集に収録される際、図が変更されていることを指摘している。変更の理由として、一八七四年版において用いられた図は、「右半球図であったばかりか、さらに余計なことに、ヒトの脳ではなく、霊長類の脳であった」とする説を紹介している［Tesak: 37］。フロイトが『失語論』において引用するのは一八七四年版の図である。フロイトは、ヴェルニケを批判しはするが、ヴェルニケが用いた図が霊長類の右半球であったことには言及していない。霊長類であれば「言語中枢」をそもそも持たないため、右半球であろうと左半球であろうと、違いはないことになる。ヴェルニケ一八九三年版では右図のような簡略図に差し替えられた。

［103］「オーギュスト・フォレル著『催眠』についての論評」の中で師マイネルトを批判する際にフロイトが述べた言葉。序章第二節参照。

［104］この講演は研究者たちを対象として行われており、出版もされている。Vortrag in der Versammlung der Naturforscher und Ärzte in Cöln. September 1888.

［105］皮質はここで「合成された」ものと表現されているが、こうした捉え方の源には脳の分散処理という考え方がある。そしてマイネルトは、脳の各部位は孤立して作用すると考えた。それもまた『失語論』においてフロイトが批判する点である。マイネルトは、皮質の全領域が連携して機能するという考え方を否定していることからすれば、マイネルトはこの「合成された」という表現をあくまでも皮質に限定して、皮質の各部位に関して述べているのであり、のちに見るようにクスマウルの言う意味で理解されてはならない。

［106］マイネルトは、刺激が皮質下において出会う抵抗と、その抵抗を克服して皮質へと至った興奮との対比を行った。そのマイネルトも、「生得的な観念」や「本能」という術語を用いることは否定した。

［107］引用は澁谷による［澁谷：95–96］。

［108］エルンスト・ヴィルヘルム・フォン・ブリュッケ（1819-92）は一八四九年から一八九〇年までウィーン大学の生理学の教授だった。当時ブリュッケの研究所は、「医学におけるヘルムホルツ学派として最もよく知られている広範囲にわたる科学上の運動の重要な一部分を占めていた」［Jones: 62/ 48］。

［109］エレンベルガーはこれを、「防衛 Verteidigung」と「攻撃 Angriff」とし、前者がのちにフロイトの「防衛理論」に展開したと見ている［Ellenberger: 671/ 80］。

［110］原語では代名詞であるが、直前にある Le corps を受ける。訳者は［脳］と補っている。

［111］これは『人間認識起源論』の第二章で論じられているが、その際コンディヤックは、ressouvenir という言葉を使っている。souvenir は既に想起、記憶を意味する。であるが、そもそも想起は既に二次的なもののはずである。コンディヤックのこの言葉の選択は、フッサールが記憶について論ずる際に Wieder- erinnerung という言葉を使ったことを想い出させる。

［112］上行性とは末梢から中枢へ向かう連絡を言い、下行性とは中枢から末梢への連絡を表す神経学用語である。この点に関してベルクソンは、バスティアンの論考（一八八七年）を参照として挙げているが、フロイト自身はこのように、二つの中枢を結ぶ方向の違う二通りの経路について、グラースハイ（一八八五年）批判の中で論究している。しかしその際にはバスティアンには触れていない。

［113］邦訳には二種類がありそれぞれを参考としたが、神経学用語の統一などの観点から、適宜訳し直した。

［114］ベルクソンはここでそれぞれの人名に脚注をつけ、文献を挙げているが、フロイトの『失語論』に関しては、出版地名に誤植がある。

［115］アイゼンローアがリヒトハイムの図に関して述べた言葉。『失語論』でフロイトが引用している［*Aphasien* I: 49］。Eisenlohr, Carl: *Beiträge zur Lehre von der Aphasie*. In: *Deutsche medicinische Wochenschrift*, Bd. 15, 1889, S.737-742. ヴェルニケやリヒトハイムの失語図譜については、兼本浩祐が症例に則して説明している［兼本：156-158］。

［116］「解離 Dissoziation」は元々化学用語であるが、ここでは、話しかけられた内容を理解する、それを復唱する、自発的に話すなどの遂行能力のうち、いずれかに、もしくは複数に障害が生じて、そもそもの言語能力が分離した結果、話された内容は理解できるが復唱はできない、復唱はできるが自発的に話すことができないなど、言語機能が部分的に欠落したさまを表す。ここにも「要素への分解」というフーコーの言う「化学的モデル」を見ることができる。また、拙訳『失語症の理解にむけて』第一章編注15参照。

フロイトはこの用語を、ヴェルニケの論を紹介する中で使っているが、ヴェルニケの当該書にこの言葉はなかった。当該書には、「聾唖は非常にしばしば見受けられる症候複合であり、二つの症候の同時共存 die Coincidenz beider Symptome はいつも自明のものとみなされるので、これを失語と関係づけることをしない」とか、「組み合わされた型 die combinirten Formen〔sic〕」、「正常な言語事象をさまざまな中枢に解体すること die Zerlegung des normalen Sprachvorganges in verschiedene Centren」といった言及はあるが、それは、症候の複合という考えに基づいて、その症状の原因を脳の別々の部位に起こった事象に関連づけるという言及である。言語事象を成立させるさまざまな言語機能のうち、どれが無事に保たれていて、どれが機能不全になったかが論じられる際にも、「解離」という言葉は使われていない〔Wernicke (1874): 52, 60, 89〕。

〔117〕ここでマイネルト自身が挙げている論文の当該個所は以下のとおりである。「運動知覚が随伴することによりそこから運動表象が生ずるためには、発展脊髄の前根は反射装置〔……〕と結びついているのでなくてはならない。大脳内部においてこのような反射を担った物質と結びつく経路は、大脳脚の被蓋にある。さらに言うならば、生じた運動表象が運動インパルスとして有効となるために、この運動表象には同時に、前根へと接続する遠心性の経路が割り当てられているのでなくてはならない。表象が脊髄の神経根前根に及ぼす影響を媒介するこれらの経路は、大脳脚の足部に含み込まれている。」〔Meynert (*Ursprung*, 1969): 461〕〔『失語論』原注44〕

〔118〕ヴィゴツキー（1896-1934）はロシアの心理学者であり、今日においては発達心理学という分野においてその名を残している。

〔119〕ヴントはシュタインタールと共に「民族の精神」を提唱した。マイネルトが、「神経支配感」こそが意思であると最初に表明したのは自分であると主張していることも、そうした考えに対するフロイトの批判も、心理学が学問として確立されてゆく流れの中で捉えることができる。

〔120〕ヴィゴツキー『《最後の手稿》情動の理論――心身をめぐるデカルト、スピノザとの対話』、二五六頁以下。テクストとなったのは『情動に関する学説』*The Teaching about Emotions*（1931-33, 180f.）。

〔121〕この〔身体に依存しない情動と遠心性理論〕という見出しは、第十五章〔デカルト情念論の基礎としての心身併行論〕のうち、最初のパラグラフに訳者によってつけられた。本文中にヴィゴツキー自身の言葉としてこの言葉があるわけではない。

[122] 他にも「言語器官の運動装置 die motorischen Apparate der Sprachwerkzeuge」[Kussmaul: 15] という表現がある。またナウニン（一八八七年）には「言語のメカニズムのための装置 die Apparate für den Mechanismus der Sprache」という言葉がある。

[123] バスティアンは、神経活動の結果としての心を、（一）感触、感覚もしくは情動 feeling, sensation or emotion、（二）知性、本能、もしくは思考 intelligence, instinct or thought、（三）注意、意思もしくは意志 attention, volition or will という三つのカテゴリーに分けている。その上で、あまり意識されない神経活動の無数の結果が我々の精神生活の不可欠の部分としてあることを認めている。（we do not exclude the multitudinous results of mere unconscious nerve actions which constitute so many integral parts of our mental life.）[Bastian (1887): 931]

[124] 十九世紀後半のジャクソンに対する評価については、拙訳『失語症の理解にむけて』の第二章編注4を参照。

[125] フロイトは、進化の逆行、つまり「機能上の逆形成」という考えをジャクソンから学んだとしながら、ジャクソンが用いた Dissolution という言葉をここで Dis-involution と表記している。「それは、これらの反応の仕方はすべて、高次に組織化された装置の機能上の逆形成（退化）*funktioneller Rückbildung*（Dis-involution）という症例を示して」いる [*Aphasien* VI: 131f.]。しかもTB版編注によれば、フロイトが参照させているジャクソンの著作の中に Dis-involution という言葉はない。ジャクソンはこの用語をハーバート・スペンサーから借りたとしている。スペンサーは、社会進化論的な発想で知られる哲学者であり、「適者生存 survival of the fittest」という言葉は、スペンサーの『生物学原理』（一八六四年）に由来する。つまり、Dis-involution という語はフロイトの造語であることになる。拙訳『失語症の理解にむけて』第六章編注31参照。さらにまたここでフロイトは「機能上の逆形成」であると言葉を補っているが、「機能」という言葉をジャクソン自身が慎重に使っていることを考えれば、この言い換えの問題はさらに考察を必要とするだろう。

[126]『自我とエス』においてフロイトは、「現実吟味」の役割を超自我に割り当てていたが、それは本来、自我に割り当てられるものだったとここで修正している。

[127] Cabanac, Michel (1999): *Emotion and phylogeny*, Japanese Journal of Physiology, 49, 1-10. Cabanac, M., Cabanac, A. J., & Parent, A. (2009): *The emergence of consciousness in phylogeny* , Behavioral Brain Research, 198, 267-272.

[128] 佐藤德「身体化された自己から言語制作される自己へ——共有表象と自他弁別」参照。

[129] ちなみにここでフロイトは、「リヒトハイムの、いわゆる超皮質性運動失語」というように、二重に留保した表現をするが、フロイトはそもそも「超皮質性」という分類を否定することになる。

[130] 翻訳は、グリンバーグによる引用の安田一郎訳。

[131] 神経細胞は互いに突起によって連絡し合うという考えはロスにも表れているが、神経細胞は互いに接しているだけで繋がってはおらず、一つ一つが独立しているという、今日で言う「ニューロン説」を提唱したのは、一八九四年のスペインの神経解剖学者サンティアゴ・ラモン・イ・カハール（1852-1934）だとされている。カハールはこの功績を以て、ゴルジと共に一九〇六年にノーベル生理学・医学賞を受賞した。ちなみにゴルジ自身は、神経細胞は網のように繋がり、全体として機能しているという網状説を主張したが、彼の開発した染色法を用いて神経系の微細な構造の研究が始まった。ニューロン同士の間には隙間があるのか、あるいは網目状に繋がっているのかというカハールとゴルジの論争に決着が着いたのは、一九五〇年代の電子顕微鏡の発見を俟ってである。

[132] これは一八八二年に発表された論文 Die Struktur der Elemente des Nevensystems を指す［本書一六頁表Ⅰ参照］。ニューロン説が最終的に確立したのは一八九一年のヴァルダイアー Waldeyer の論考によってであり、神経系を構成する最小単位である神経細胞を表す用語として、「ニューロン neurone」という言葉がこの論文の中で初めて使われた。また、神経細胞の末端は別の神経細胞と接しているとして、この接点を初めにシナプスと呼んだのはチャールズ・シェリントンである（一八九七年）。シェリントンは、興奮は、シナプスを超えて一方向に伝えられると説明した。ジョーンズの邦訳では 'neurone' が「神経元」と訳されているが、現在の用語にあわせて「ニューロン」と訳した。

[133] 「連帯して反応する」ことの否定をマイネルトは、早くには一八六七年にも表明している［Meynert (*Der Bau*, 1867): 83f.］

[134] 大脳で遂行される連合という機能と「推論」という操作については、マイネルトはすでに一八六八年の講演においても言及しているが、それを「連合システム」「推論装置」と表現するのはこの一八七二年の講演においてである。ファランワイダーは、ヘルムホルツが採用した「無意識的な推論 the 'unconscious inference'」はカント-ライプニッツの伝統から生じたものであり、マイネルトの推論装置もその流れのなかにあるとする。そして『失語論』以後

のフロイトはむしろマイネルトの推論装置という発想に回帰してゆくと述べている［Fullinwider (1991): 26, 40］。カントにおける空間表象については、戸田山和久「宇宙全体のかたちと〈左手と右手の区別〉」参照。

［135］この注釈は、『失語症候複合』中の図三（『失語論』でフロイトが図二として引用した図、本書三三六頁）にある経路b'b'についての説明［Wernicke (2005): 59］に対して付せられた［Wernicke (2005): 93］。

［136］ジョーンズによれば、フレクシヒの胎生学上の発見は、当時主流であった唯一の方法、即ち「一連のおびただしい数の連続切片のスライドを研究するという方法」よりもはるかにすぐれたものであるとフロイトは考え、胎児の脳を用いた研究を行うようになった［Jones: 189/149］。本書一七九頁でマイネルトの『精神医学』から引用した個所では、脊髄の横断像と皮質の横断像との比較がマイネルトの論拠となっていた。

［137］フレクシヒはダニエル・シュレーバーの主治医でもあり、フロイトとフレクシヒの研究上の関係は、フロイトによるシュレーバー症例の分析のなかでその後の展開を見る。シュレーバーの『ある神経病者の回想録』は一九〇三年に出版され、フロイトは、この自伝に触発されて、一九一〇年に『自伝的に記述されたパラノイアの一症例に関する精神分析的考察』を書き上げている。これが刊行されたのは一九一一年。

［138］この個所に関してTB版編者は、皮質部分で起こる事象と皮質下部分で起こる事象との関係について述べた、「H・ベルネーム著『暗示とその治療効果』への訳者序文」（GW-Nb 119）を参照させている。そこでフロイトは、「催眠状態における興奮しやすさの変化は、その都度大脳皮質の領域にのみ関わるのか」という問題と関連づけて以下のように述べている。「大脳皮質を、ここで起こっているように、それ以外の神経系に対比させることは不当である。大脳皮質に生じた機能上の変化は深い影響を及ぼすものであるのに、この変化に伴って、脳のそれ以外の部分の興奮しやすさが有意味に変化することがないと考えるのは、あまり本当らしくない。一体何でもって、生理学上の事象から心的事象を分かち、皮質下で起こる行程から大脳皮質で起こる行程を分かつことができるのか、その判断基準を我々はもたない［……］。」

［139］これについては拙訳『失語症の理解にむけて』第五章編注35を参照。そこでフロイトは、意識化された事象を皮質に、意識されない事象を皮質下に割り当てようとする試みを批判している。

［140］Vgl. Craig, A. D.: *How do you feel – now? The anterior insula and human awareness. Nature Review Neuroscience*, 10, 2009,

59-70.

［141］ソマティック・マーカー説とは、「脳に表象された感情が意思決定にも影響を与えるという仮説」であり、損傷脳研究に基づいた、いわば現代版心身併行説である。この説が提唱された当時はまだ脳機能画像研究は黎明期だった。長年の症例観察に基づいて、ダマシオが、意思決定に影響する身体からの信号をソマティック・マーカーと呼んだことからこう呼ばれた［大平：78］。これに関しては以下の文献を参照。Damasio (1994): *Descartes' Error: Emotion, Reason, and the Human Brain. Avon Books.*（邦訳『生存する脳――心と脳と身体の神秘』田中三彦訳、講談社　二〇〇〇年。）――(1999): *The feeling of What Happens: Body and Emotion in the Making of Consciousness*. Harcourt.（邦訳『無意識の脳・自己意識の脳――身体と情動と感情の神秘』田中三彦訳、講談社　二〇〇三年。）――(2003): *Looking for Spinoza: Joy, Sorrow, and the Feeling Brain*. Harcourt 2003.（邦訳『感じる脳――情動と感情の脳科学　よみがえるスピノザ』田中三彦訳、ダイヤモンド社　二〇〇五年。）

［142］このような文脈で virtuel という言葉が用いられたことは興味深い。この言葉には、事実上の、虚像の、仮想の、固有の力をもつ、といった訳語が対応し、語源は virtus（能力）である。ここでは réel と対比的に用いられているため、仮想の、虚像の、が近いが、哲学用語とすれば、潜勢的な、という意味になる。ヘルダーにとって言語は、人間の表象能力 Vorstellungskraft の凝縮した形態としてあった。言語の問題を「言語装置」として定式化するとき、生物としての人間の器質的な能力と、精神性を備えた存在としての人間の能力とを極限まで推し進めたとき、それはいかなる形態を取るのかという問題に行き着く。神経病理学者として出発したフロイトが、脳解剖の実験を重ね、「麻痺」という現象を通してその機能性について考察をめぐらす中で、言語の問題へと導かれたということは、まことに必然であったと言える。

［143］「すべては感覚器官を指し示している。感覚器官の質はまさに、ニューロンの動きのさまざまな周期によって示されることになるだろう。感覚器官は、あらゆる神経装置と同様にQ－スクリーンとして作用するばかりではない。感覚器官は、特定の周期をもった一定の事象から誘発を通過させることによって、フィルターとしてもまた作用するのである。」［Entwurf: 403］こうした「身体的現在のメタ表象」に関する言説は、もっと以前にも探すことができる。一般にカントは身体について論じていないといわれるが、弘田はカントの身体論を抽出する試みの中で、『実用的見

地における人間学』（一七九八年）にある以下の言葉を挙げている。「認識能力における感性（直観においての表象能力）は、感官と構想力の二つの部分を含んでいる。前者は対象が現にある場合に働く直観の能力、後者は対象が現にない場合でも働く能力である。——しかし、感官はさらにまた外的感官および内的感官に分けられる。このうち外的感官とは、そこにおいて人間の身体 menschicher Körper が物体的物 körperliches Ding によって触発される感官である、また内的感官とは、そこにおいて人間の身体が心 Gemüt によって触発される感官である」［引用は弘田による。弘田：176］。かくの如く人間の身体は、内側からの触発と外側からの触発が交叉する物体（場）である。我々が事物に対する表象を得るのは、その事物によって触発されるからでありその表象には事物によって触発される仕方が含まれているのであるが、身体に関しては、身体そのものによって触発されるというよりは、こうした両側からの触発の交叉において、双方の触発の仕方を含み込んで、身体表象が成立すると言えるだろうか。

［144］邦訳では、Empfindung と Perzeption が共に知覚と訳され、Selbstgefühl と Bewußtsein がそれぞれ自意識、意識と訳されているため、邦訳を参考にしつつ独自に訳した。

［145］Mitwissen という言葉は、「（特に他人の秘密・悪事などを）関知していること、あずかり知っていること」を意味する。その派生語として Mitwisserschaft という言葉があるが、シェリングは Mitwissenschaft という言葉を使っている。ジジェクはシェリングのこの個所を引用する際、"a conscience/co-knowledge [Mitwissenschaft] of creation" としている［Zizek: 15］。conscience は、con（共に）＋ scre（知る）であり、ジジェクの論の邦訳ではこれを受けて、「創造について後ろめたさ／共犯者的知識［Mitwissenschaft］」と訳している［ジジェク：36］。ジジェクはシェリングの英訳（Andrew Bowie, *Schelling and Modern European Philosophy*, New York and London: Routledge 1993, p.101）から引用したと記している［Zizek: 79f.］。ここではジジェクの論考の邦訳を参照しつつ、多少語句をドイツ語にそって改めた。特に、「時間」については、ドイツ語では複数形であるので、「諸時代」が原語の意味に近いかと思う。

［146］ジジェクのシェリング論（一九九六年）は「決して解消されることのない残余 der nie aufgehende Rest」というシェリング自身の言葉からとられている。この論は英語で書かれており、タイトルは The indivisible Remainder となっている。邦訳では「仮想化しきれない残余」と訳された。

［147］ウェルズはこの Aufgehen を Burgeoning と訳している。

[148] この「流出」という考えについて、シュヴェーグラーは、以下のように説明している。「あらゆる流出説は、したがって新プラトン学派のそれも、世界を神の放射あるいは流出と考え、流出したものがその源から遠ざかるにつれて完全の程度を減じ、かくして存在全体は下降的な段階関係をなしているとする」[シュヴェーグラー（上）：285]。新プラトン学派の代表はプロティノス（205-270）とされ、彼の主著として『エネアデス』がある。

[149]「言語装置」に類似の言葉でこれに先行するものとしては、ヴェルニケが一八八五年の論考の中で用いたSprechapparat がある。一八七四年の『失語症候複合』にはこの言葉はない。

[150]「ロマン派の人々は個人主義的な啓蒙主義をあまり評価することなくこれと戦った。この戦いを通して、ロマン派の人々の感性は、昏い時代へと方向づけられた。その時代においては人々の生は、個々の人格によってよりは、諸民族の胎内に内蔵された（「有機的な」）諸力によって規定されている」[Delbrück (Einleitung): 43]。デルブリュックが「機械的」に対立させる「有機的」とは、シュレーゲルにおける植物的なイメージに基づいたものであるが（註79参照）、当時、「有機的」であることと「機械的」であることは単純な対立関係ではなかった。ラ・メトリの『人間機械論』で言う「機械的」とは、生理学的、比較解剖学的に観察された人間の身体組織を言う。一方、organisch という言葉は、有機的とも、また器質的とも訳される。また、サンスクリット文法学における文構造については畝部俊也「言語表象から見た環境生成のメカニズム――インド思想の視座より――」参照。

[151] ちなみにここで概念に関して問題となる「事物との一致」という指標は、ロックにおいて示されていたものである。ロックは、「適応した観念と不適応な観念」、また「明瞭な観念と混濁した観念」という対立項で観念について論じている。

[152] デリダの『たわいなさの考古学』参照。

[153] デリダは、コンディヤックがここで「統御」を強調する点に注目する。しかもコンディヤックはこの「統御」を「欲望」に結びつけるのである。曰く、「魂は欲望にしたがって注意を統御する」。

[154] Wysman, J. W. H.: *Aphasie und verwandte Zustände*. In: *Deutsches Archiv für klinische Medicin*, Bd. 47, 1891, S. 27 - 52.

[155] 但しグリンバーグは、Sprechapparat という言葉が使われているのはこの個所だけであると述べるが、『失語論』にはもう一個所、「視覚型の」話者 [ein »visueller« Sprecher] [*Aphasien* VI: 144] について述べたところでこの言葉が使

われている。英訳者シュテンゲルはSprachapparatを、the apparatus of speech もしくは the speech apparatus と訳しているが、Sprechapparat は二回とも the speech apparatus と訳していて、両者を訳し分けてはいない。同様に、仏訳ではどちらも l'appareil du langage であり、訳し分けられていない。

[156] しかしまた、そもそも『失語論』において Sprachstörung を「発話障害」と訳すか「言語障害」と訳すかは常に難点である。発話だけが障害を被っているのか、或いは言語能力そのものに関わる障害なのかという使い分けがドイツ語からは見極めがたいことがしばしばあるからである。それは、artikulieren を「構音」と訳すか「分節」と訳すかという問題にも似ている。言語理解力が障害を受けたのか、或いはただ発話という運動性の障害だけなのか、もしくは、理解力も、発話も障害を受けていないにもかかわらず、何らかの連絡が遮断されたということがありうるのか、というように、問題がますます複雑になっていったからである。こうした難点は、運動性の発話障害のみならず、感覚性の発話障害を射程に入れて以降の「失語」の問題そのものでもある。

[157] 同様の表現は、多少の違いはあるが、『失語論』六一、六二、一〇五、一三三、一三五頁にもある。

[158] 「この症例の特異な点は、ばらばらの標語のように浮かび上がってくる単語から私たちが文を作り上げねばならないというところにしかない。というのは、通常手で押さえることによって出てくるあらゆる思いつきや場面にも見かけ上は相互の関係や連関はないのであって、その点では、この症例でお告げのように発せられる単語と変わるところはないからだ。さらに追究すると、見かけは連関のない回想が想念の絆によって緊密につながっていて、それらは探し求める病因性の要因にまっすぐに行き着くことが明らかになるのである」[Freud (1895): 292f./(下)156-157]。

[159] 『ヒステリー研究』でフロイトが報告する症例は、一八八九年の診察から始まっている。

[160] 「健忘失語」の歴史的定義としては、『失語症臨床ハンドブック』一三九頁を参照。フロイトは、バスティアンを引用しつつ、「健忘失語と運動失調性失語[ataktische Aphasie]との区別は、一八六六年になってザンダースによって呈示された」と注記している。フロイトが訳したシャルコーの講義録の中でシャルコーは、「「健忘失語」と記述される症候像は、こう述べると一般的に支配的な見解とは著しい対極をなすことにはなるが、まったく統一性をもっていない」と述べている。

[161] グラースハイの論を検証するにあたって、フロイトの引用は決して正確とは言えない。グラースハイはいったん

「二対二で連絡し合う経路」を想定した上で、それを自ら否定したが、まさにこの点にフロイトはグラースハイの「功績」を認めている。実際にはこのような経路を発想したのはバスティアンであり、グラースハイは、初めからこうした説明の仕方は納得できないものとして扱っているのである。そしてバスティアン的な説明方法に対するグラースハイの評価を表した一文、この引用の最初の一文をフロイトは引用しないのである。それによって、「こうした方法であれば、どんな症候も最終的には説明されるだろう」というグラースハイの言葉のニュアンスは伝わりにくいものとなってしまっている。

［162］以下、TB版一二三頁の「こうした把握を要請する症例」で終わるまでの部分は、批判全集版第三巻のフロイトの論文「無意識」*Das Unbewußte*（1915）に対する補遺として、「単語と物」*Wort und Ding* として転載されている。そこでは、編集者の前書きで、フロイトののちの見解との関連や、用語上の違いもまた指摘されている。

［163］同時期に同じくインド思想の影響を強く受けた人物にショーペンハウアー（1788-1860）がいる。彼の博士学位請求論文は、*Ueber die vierfache Wurzel des Satzes vom zureichenden Grunde*（1813）と題されている。また、同じく東洋思想に影響を受けたユングにも *Von den Wurzeln des Bewußtseins*（1954）がある。

［164］ここでクスマウルは、語を「表象反射」として捉えた先行研究として、ラザルスとシュタインタールの名を挙げている。

［165］ここでクスマウルは、「語られた」語と述べている以上、これまで言語の生理学と訳してきた言葉は、むしろ「発話の病理学」と訳されるべきかもしれない。その意味では、フロイトが聴講したブリュッケの講義をジョーンズが 'The Physiology of Voice and Speech' と訳したのは、「発話」を考えてのことと言えるだろう。

［166］邦訳では「情動を欠いた想い出」とあり、Erinnerung も Erinnern もともに「想い出」と訳されているが、ここでは後者を動詞的な意味で捉えた。

［167］フィンケルンブルク「失語に関する講演」（*Niederrheinische Gesellschaft in Bonn. Medicinische Section. Sitzung vom 21. März 1870, Berliner klinische Wochenschrift*, Bd. 7, 1870, S.449-450, 460-462）、ここでは四六一頁右段。

［168］クスマウルによれば、フィンケルンブルクは「語を形成する能力を、記号やシンボル一般をつくり出す能力に還元した」。そしてフィンケルンブルクがこうした象徴能力を動物にまで認めたのに対して、クスマウルは、「動物に

は、精神的な意味も衝動も欠けているが故に動物は話すことをしない」とする。「象徴能力に関する我々のこうした理解は、この能力のための特別な器官を思考器官に仮定することとは相容れない。象徴能力は、一方では記憶力と結びつき、また一方では、思考器官とは連合装置と反射装置によって構成されるものであるが、これらの装置が表出運動のために連絡し合う総体と結びついている。このように言ったからといって、統一的に連絡し合う装置のこうした総体は、その個々の部位において別々に罹患することがないということを意味しない。思考器官の部分的な損傷は、象徴機能の部分的な障害を結果としてもたらすに違いない。」[Kussmaul: 26f.]

[169] シュテンゲルは 'überbestimmt' を 'overdetermination' と訳している。

[170] シャルコーはまた、「これら三つの大きなタイプはもちろん、混合型や移行型が発症するのを排除するものではない」とも述べる [Charcot (1886): 155f.]。

[171] de Watteville, Armand: *Note sur la cécité verbale*. In: *Le Progrès médical*, Jg. 13, 2. Folge, Bd. I (1885), 1, Semester, S. 226-228.

[172] ヒステリーに関してフロイトは、パリ留学から帰国した一八八六年に「あるヒステリー男性における重度片側感覚脱失の観察」を発表している。これは、男性ヒステリーを認めたのみならず、外傷性ヒステリーを認めた点において、多くの論争を引き起こした。本書『失語論』においてフロイトは自分の師であり当時脳解剖学の権威でもあったマイネルトを批判しているが、そのマイネルトはこのとき、外傷の経験の後に起こるてんかん発作の症例を語ることでもって、外傷性ヒステリーを否定した。マイネルトはそもそも男性にヒステリーを認めなかったのだが、のちにフロイトは『夢解釈』*Traumdeutung*（1900）の中で、以下のエピソードを紹介している。「私は男性ヒステリーに関して彼［マイネルト］と猛烈な筆戦をやった。彼は男性ヒステリーというものを否定していた。そして私が臨終の病床に彼を見舞ったとき、彼は自分の容体を詳細に説明して、最後をこういう言葉で結んだ、「ねえ君、じつはわたしはいつも男性ヒステリー症の完全な一ケースだったのだ。」彼があれほど永いあいだ執拗に反対したそのことを、こういうふうに承認したということはわたしを驚かせもし、また満足させもした」[Freud (1900)（邦訳下巻）: 164]。ジョーンズはこのエピソードを紹介しつつ、「偶然のことだが、彼［マイネルト］が非常に風がわりな神経症的人物で、ひどい飲酒家であったことが知られている。わずかばかりにすぎぬにせよ、ともかくフロイトをなぐさ

める事実ではある」と付け加えている［Jones: 207/163］。

［173］現在日本語に訳されたシャルコーの講義録としては、クリストファー・G・ゲッツ編纂の講義録（一九八七年）の翻訳がある（加我牧子・鈴木文晴訳『シャルコー　神経学講義』（一九九九年））。この講義録は、手書きの講義原稿の写しを一八八七年にリトグラフした「初版」と、シャルコーの死の前年に出版された印刷板の「第二版」とを参照し、八章構成で九症例についての講義を収録している。第五章以外はフロイトが訳したシャルコーの講義録と重なっている。

［174］TB版編者はこの個所と次の個所に関して、またもや『夢解釈』（一九〇〇年）における心的装置に関する論究を参照している。

［175］「表象の生理学的な相関項」に関するこうした考えがさらに展開したものとしてTB版編者は、『夢解釈』の第七章（一九〇〇年）の以下の個所を参照させている。「興奮の経過、もしくは推移の仕方」も同様に話題にされている。「その仮定は我々にとって容易なものであった。局在定位的な比喩の代わりに、実際の状況により適っていると思われるものとして、以下のような考え方を投入しよう。即ち、エネルギーの配当は、ある一定の配列におかれるか、もしくはその配列から撤収されるか［……］というものである。我々はここでまたもや、場所的に表象するという仕方に代えて力学的な表象の仕方を採用する。その結果、心的形成物が動くものとして我々に現れるのではなく、その神経伝達が現れることとなる。」［Freud (1900): 578］

［176］ブロイアーはこれを、ローンベルクの表現として引用している。

［177］カタルシスの由来について、『ヒステリー研究』の訳者である金関猛は、その解説の中で、フロイトの妻マルタ・ベルナイスの伯父、古典文献学者であるヤーコプ・ベルナイス（1824-81）のカタルシス論（*Gründzüge der verlorenen Abhandlung des Aristoteles über Wirkung der Tragödie*, 1857）を紹介している。この論考においてベルナイスは悲劇が果たす効用として、「（憐れみや畏れという）感情的情念の鎮静的放出 die erleichternde Entladung solcher (mitleidigen und furchtsamen) Gemüthsaffectionen」を挙げているという［金関（解説）：『ヒステリー研究』（下）：266］。

［178］「デフォールト・モード」とは一見何もしていない、安静状態における脳活動を言う。当然、そうした状態でも脳は活動しており、それを調べることによって自閉症や分裂病などの特徴が分かり、診断も高精度にできると考えら

れている。

[179]「語残渣は本質的に、音響知覚から発しているために、いわば特別な感覚源 Sinnesursprung がシステム Vbw のためには与えられている。語表象のうち視覚的な visuell 構成要素はさしあたって、[……] 無視して構わない。語の運動像 Bewegungsbilder も同様である。[……] 語は、そもそも聞かれた語の記憶残渣 Erinnerungsrest である。」これに関しては、シャルコーの対立する考えについてのフロイトの論究も参照。

[180] 早くからジャクソンは、単語と文脈との関連について述べていた、曰く、文脈の中におかれたとき、個々の単語はそれ自体としての意味を失うと。vgl. Jackson: *Notes on the Physiology and Pathology of Language.* (1866)

[181]「残渣」は、『夢解釈』において「昼間の残渣」として夢のなかに現れる。

[182] しかしヒュームがそこからさらに進めた推論は、「理性は、このような必然的連結を、一般的にすら考える能力をまったく持ち合わせていない」、というものであり、これは、「およそ形而上学なるものは存在しない、またいかなる形而上学も存在しうるものではない、と言うに等しい」[カント (1783) : 15]。そこにカントとヒュームの分岐点が生じる。カントの『プロレゴメナ』の正確なタイトルは、「およそ学として現れ得る限りの将来の形而上学のためのプロレゴメナ (序論)」なのである。

[183] フロイトがここで用いるのは a dependent concomitant であるが、TB版編者は、この言葉はフロイトが示した出典にはないことを指摘している。ジャクソン自身が併行現象について述べているのはたとえば以下の個所である。「これら二つのものは同時に起こる。というのも、どんな心的状態にとっても、それに対する相関的な神経状態があるからである。しかし両者の間に相互干渉はない。[……] 視覚的イメージは、純粋に心的状態であるのだが、こうした純粋に物質的な鎖の最も高度な二つの環の活動と併行して生ずる。但し (この活動から、ではなく) この活動の間、生ずるのである。」The visual image, a purely mental state, occurs in parallelism with ——arises during (not from) —— the activities of the two heighest links of this purely physical chain. [Jackson (1884): 72]

[184] ビネの本が出版されたのは一八九二年、フロイトとブロイアーの『ヒステリー研究』が出たのが一八九五年である。シェルトークとソシュールはフロイトとブロイアーの著作全体が、ビネのこのテクストに対する返答であると見なしている [シェルトーク&ソシュール : 258]。実際フロイトは『ヒステリー研究』の第一章でビネのこの書を引

用している。引用個所の訳は、［シェルトーク＆ソシュール：257］による。

［185］フーコーは『精神医学の権力』の中でこうしたピネルの改革を論じ、ここにおいて問題となるのは「権力の不均衡」であるとする［フーコー（2003）：19］。この書は一九七三年十一月七日から一九七四年二月六日まで行われた講義録であり、二〇〇三年に出版された。また、註94参照。

［186］フロイトがここで参照する「あるイギリスの著述家」とは、ジャクソン自身ではなく、ジャクソンが『ブレイン』掲載論文において引用している文筆家である。フロイトは、ジャクソンを経由して、患者たちの言語喪失という症状を、行為と言葉の代替性から説明する手がかりを得たことになる。

［187］この引用個所を含めてこの前後で頻繁に使われるAffektという語のうちの二つは、初版ではEffektと記されており、これはAffektの誤植だろうと編者は推測している［Freud (1893): 193, Anmerkung 1］。実際そうであろうが、しかしこの「誤植」は、二つの単語の綴りが似ているという以上に蓋然性がある。「効果Effekt」という語は、『失語論』ではいずれも損傷との関連において、とりわけ第六章では損傷の「作用結果Effekt」として用いられている。こうした用語法に鑑みれば、この「誤植／書き間違い」はそれなりに意味（作用結果）をもつのではないかという想像の戯れを誘発する。またフロイトは自分の夢についてシャルコーの用語「加工／仕上げAusarbeitung」を敷衍して、「私が日中ほんの短時間気にとめただけで、わずかに考えを巡らしはしたが解消するにはいたらなかった表象を仕上げてしまおうとするやむにやまれぬ気持ち」について言及している［Freud (1895): 88, Anm./（上）111］。

［188］Berlin, Rudolf: *Eine besondere Art der Wortblindheit (Dyslexie)*. Wiesbaden: Bergmann 1887.

［189］しかしまた一方で、症状は取り除かれねばならないのだが、一つの症状が取り除かれたとき、その症状の除去によって生じた場には、より困難な、より重い症状が現れて、その「隙間」をふさぐのである。取り除かれた症状は、より深刻な症状を押さえ込むための封印だったのである。

［190］フロイトは、ミルの『婦人の解放』を翻訳しており、ミルの著作には親しんでいた。ミルのドイツ語版全集のうち、フロイトが訳した巻はフロイトの蔵書目録にある。

［191］該当する言葉は以下のとおり。the science of the operations of the understanding which are subservient to the estimation of evidence: both the process itself of advancing from known truths to unknown, and all other intellectual operations in so far as auxiliary to this. [Mill: 6f.]

[192] ここで言う「対象が我々に与える感覚」の中に、触覚が加えられることについて、ミルは、この個所のしばらくあとに付せられた註において言及している。ミルによれば、「広がりや形の概念がどんな感覚から生じているかを問う」リードの挑戦に応じたのはブラウンであった。「彼［ブラウン］は広がりと形の概念に、これまで加えられていたいずれよりも強力な分析を加えて、これらの概念の由来する感覚は、触覚及びこれまで形而上学者が余り注意を払わなかった筋肉組織に基づく感覚であることを指摘した」。そしてハーバート・スペンサーの『心理学の原理』の中の「知覚」を参照させている［Mill: 100］。しかし、「触覚」の重視については註71参照。

[193] ブリュッケの『生理学講義』にある記述。引用はファランワイダーによる［Fullinwider: 30］。

[194] 外界に接した表面を変化させることについては、カイヨワの「擬態」という概念が示唆的である。弘田によればカイヨワ（『神話と人間』一九三八年）は、これを防御本能としては考えなかった。「擬態」とはまず以て自らの身体を「空間に似せる」ことであるが、「自分がどこにいるかを知っている。しかしそこにいるという感覚がしない」という統合失調症患者の感覚喪失に見られるように、擬態するものは、「空間の任意の一点」と化す。そのとき働いているのはむしろ、一種の「自己放棄本能」といわれるべきものなのである［弘田：211-212］。弘田は、フーコーが『言葉と物』（一九六六年）において説いた「人間の終焉」とカイヨワの「擬態」という概念を接続して、人間という有りようが近代になっての発明品であり［弘田：204-205］、一種の「擬態」であるとする。「擬態」こそは確かに様態変化の顕著な形態であり、生命体は表面を様態変化させてその「死」の上に自我を作り出したのだから、この「擬態」を可能にするのが〈死の欲動〉にも似た「自己放棄本能」とされるのは論理的に一貫している。そしてこの形態が時代に応じて作り出されたものであるならば、その有効期限はいずれ切れるものであろう。こうした「自己放棄本能」の作用結果としての「擬態」という考えと、アガンベンが展開した「非現実なもの」に「妄想的な現実」を与えるというメランコリー論とを接続して考察することは次に譲りたい。

[195] Greenberg, Jay R. & Mitchell, Stephen A.: *Object relations in psychoanalytic theory*. 1983.

[196] 柴田正良「感情のニューラル・ネットワークにクオリアを――人工のクオリアに向けて――」参照。

索引

本文および註で言及した研究者その他の人名を、人名索引に配列した。また同じく言及した学術用語等を、事項索引に配列した。

◉人名索引

【あ行】

アガンベン　Agamben, Giorgio（1942-）　135, 299, 317-319, 352

麻生健　55, 59, 65, 79-80, 88, 104-105, 208-210, 331

イェスペルセン　Jespersen, Otto（1860-1943）　98, 107-108

石澤誠一　28, 324

ヴィゴツキー　Vygotsky, Lev Semenovich（1896-1934）　157-158, 214, 339

ウェルズ　Wells, George Albert　39, 72-73, 93-94, 96, 108, 329, 332, 344

ヴェルニケ（ウェルニッケ）　Wernicke, Carl（1848-1905）　27-29, 31, 36, 91, 98, 114-117, 122-128, 144-148, 151-152, 162, 174, 183, 185-186, 188, 193-194, 219-220, 238, 248, 260-261, 266, 269, 323-325, 332, 335-339, 342, 345

畝部俊也　345

エドラー　Edler, Markus　40, 88

エレンベルガー　Ellenberger, Henri Frederic（1905-1993）　10-11, 23, 97, 116, 133-134, 173-174, 321-322, 333, 338

大平英樹　9, 12, 170-171, 177, 194, 197, 343

【か行】

カイヨワ　Caillois, Roger（1913-1978）　352

カッシーラー　Cassirer, Ernst（1874-1945）　9, 11, 40-41, 47, 50-52, 54, 64, 70, 72, 100-105, 112, 142, 200-201, 259, 273, 275, 279, 327-328, 334

兼本浩祐　9, 12, 168, 338

カバナック　Cabanac, Michel　171, 197, 340

ガル　Gall, Franz Joseph（1758-1828）　34-37, 90-91, 126, 325

カント　Kant, Immanuel（1724-1804）　259, 277-279, 299, 304-305, 307, 319, 331, 335, 341-343, 350

ギルマン　Gilman, Sander L.（1944- ）　264

クスマウル　Kussmaul, Adolf（1822-1902）　29, 32-33, 36, 39, 92, 98, 145, 147-150, 153, 158-161, 163, 167-168, 182, 184-185, 221-222, 224, 226, 233-234, 242, 244-247, 254, 256, 263-264, 283, 289, 291-292, 325, 331, 335, 337, 340, 347-348

グラースハイ　Grashey, Hubert G.（1839-1944）　29, 36, 176, 231, 234-238, 243, 251-253, 326, 338, 346-347

グリンバーグ　Greenberg, Valerie D.　10-11, 18, 32, 34, 36, 50, 106-107, 132, 148, 154, 161, 163, 178, 182, 185, 224-227, 229, 242, 253-254, 288, 292, 322, 331-332, 341, 345
グリーンフィールド　Greenfield, Susan A.　10, 170, 176-177, 190-192, 270
クレイグ　Craig, A. D.　194, 342
ゲーテ　Goethe, Johann Wolfgang von（1749-1832）　137, 142, 325, 332-333
ゲッツ　Goetz, Christopher G.　262, 349
コンディヤック　Condillac, Etienne Bonnot de（1714-1780＊）　34-35, 37, 39-40, 67-74, 76-78, 80, 85, 90, 99-100, 102-104, 106, 139-143, 181, 207, 212-219, 267, 274, 276-277, 303, 307, 329-331, 334, 338, 345

【さ行】

坂本百大　78-79, 90
佐々木力　113-114
佐藤徳　341
サロウェイ　Sulloway, Frank J.（1947- ）　24
シェリング　Schelling, Friedrich Wilhelm Joseph Ritter von（1775-1854）　62, 136-137, 203-204, 309-310, 318, 329, 344
シェルトークとド・ソシュール　Chertok, Léon & de Saussure, Raymond（1894-1971） 10, 287, 317-319, 350-351
ジジェク　Žižek, Slavoj（1949- ）　206, 318, 344
柴田正良　352
澁谷理江　135-137, 337
ジャクソン　Jackson, John Hughlings（1835-1911）　23, 29, 32, 36, 39, 47, 87, 98-99, 115-116, 134, 139, 162-170, 172, 176-177, 182, 185, 224, 233, 245, 248, 261, 264, 267, 270, 273-276, 279-280, 283, 287-288, 291-292, 311, 313, 322, 329, 340, 350-351
シャルコー　Charcot, Jean Martin（1825-1893）　9-10, 15-17, 20, 28-29, 52, 115, 125, 139, 145, 185-187, 239-240, 254-255, 261-262, 264, 280, 283-285, 313, 321, 346, 348-351
シュヴェーグラー　Schwegler, Albert（1819-1857）　73, 210, 345
ジュースミルヒ　Süßmilch, Johann Peter（1707-1767）　34-35, 68, 78-80, 325, 330-331
シュテンゲル　Stengel, Erwin　19, 22-23, 25, 163, 206, 322-323, 336, 346, 348
シュパーマー　Spamer, Carl　147-149
シュレーゲル　Schlegel, Friedrich（1772-1829）　35, 93-97, 204-205, 208, 217, 332-333, 345
ジョーンズ　Jones, Alfred Ernest（1879-1958）　19-22, 27-29, 99, 114-115, 138-139, 179, 186-187, 313-314, 321, 323, 326, 334-335, 337, 341-342, 347-349
ジョーンズ　Jones, William（1746-94）　333
新宮一成　217, 316
スコーエンウォルド　Schoenwald, Richard L.　19, 23, 25, 28-29
スティーヴン　Stephen, Sir Leslie（1832-1904）　324
ソルムスとセーリング　Solms, Mark & Saling, Michael　24-25, 323

【た行】
ダマシオ　Damasio, Antonio R.（1944-）　32, 146, 331, 343
テザク　Tesak, Jürgen　125-126, 325, 337
デリダ　Derrida, Jacques（1930-2004）　72, 100, 217-218, 317, 334, 345
デルブリュック　Delbrück, Berthold（1842-1922）　34-35, 85, 87, 93, 96, 98, 106-108, 204, 208, 223-230, 273, 325-326, 332-333, 345
戸田山和久　333, 342

【な行】
中井久夫　10
野上芳美　32

【は行】
パウル　Paul, Hermann（1846-1921）　35, 72, 87, 98, 104-106, 227, 333
量義治　73, 328-329
バスティアン　Bastian, Henry Charlton（1837-1915）　28-29, 36, 115, 139, 161, 163, 166, 172, 174-177, 183, 236, 249-250, 280, 284, 287-288, 311, 315, 326, 338, 340, 346-347
濱中淑彦　31, 324, 331
ビネ　Binet, Alfred（1857-1911）　286, 350
ピネル　Pinel, Philippe（1745-1826）　289-290, 318, 351
ヒューム　Hume, David（1711-1776）　39, 48, 73, 276-279, 350
弘田陽介　331, 343-344, 352
ファランワイダー　Fullinwider, S. P.　315, 335, 341-342, 352
フーコー　Foucault, Michel（1926-1984）　12, 116, 173, 202, 240, 285, 290, 302, 317-318, 333, 335, 338, 351-352
フーリエ　Fourier, Charles（1772-1837）　143-144
プリブラムとギル　Pribram, Karl Harry（1919- ）& Gill, Merton Max（1914- ）　24
ブリュッケ　Brüke, Ernst Wilhelm von（1819-1892）　92, 99, 138-139, 160, 173-174, 309, 313-314, 318, 334-335, 337, 347, 352
フレクシヒ　Flechsig, Paul Emil（1847-1929）　114, 186-187, 280, 334, 342
ブロイアー　Breuer, Josef（1842-1925）　15, 17, 24, 122, 139, 161, 192, 246, 251, 267-272, 295-296, 311, 349-350
ブローカ　Broca, Paul（1824-1880）　30-31, 36, 91, 117, 221-222, 324, 326
ベッテルハイム　Bettelheim, Bruno（1903-1990）　11
ベルクソン　Bergson, Henri（1859-1941）　47, 145, 169-170, 174, 194-195, 228-229, 236, 265, 296-297, 303, 338
ヘルダー　Herder, Johann Gottfried（1744-1803）　34-35, 40, 64, 66-68, 72, 77, 79-89, 106, 207-208, 273, 275, 291, 294, 325, 331, 333, 343
ベルナール　Bernard, Claude（1813-1878）　191
ヘンレ　Henle, Friedrich Gustav Jacob（1809-1885）　114, 150-151, 161-162, 188-189, 280

【ま行】
マークス　Marx, Otto M.　11, 19, 33-35, 93, 95-98, 326, 332-333
マイネルト　Meynert, Theodor（1833-1892）　23, 27, 29, 39, 43-44, 114-124, 127-134, 138-139, 154-157, 160-162, 166, 173-174, 178-181, 183, 185-191, 194, 201, 257-258, 265, 269-270, 280, 293, 297, 311, 314-316, 322-323, 327, 335-337, 339, 341-342, 348
マッハ　Mach, Ernst（1838-1916）　11
マホーニィ　Mahoney, Michael, S.（1939- ）　41, 52-53, 55-56, 328
ミル　Mill, John Stuart（1806-1873）　12, 299-304, 306, 351-352
モーペルテュイ　Maupertuis, Pierre Louis Moreau de（1698-1759）　9, 35, 68, 78, 111-112, 143, 200-201, 330, 334

【や行】
ヤスパース　Jaspers, Karl（1883-1969）　116, 134, 335
山本義隆　11, 67, 135, 199, 255, 268, 334

【ら行】
ライプニッツ　Leibniz, Gottfried Wilhelm（1646-1716）　40, 42, 47, 50, 52-68, 73, 78, 84, 86, 90, 112-113, 135-137, 139, 141, 143, 200, 208, 210-212, 244, 265, 301-302, 309-310, 319, 324, 328-330, 335, 341
リヒトハイム　Lichtheim, Ludwig（1845-1915）　27-29, 36, 91-92, 144-153, 170, 174-175, 185, 188, 219-223, 232-234, 238, 248, 332, 338, 341
ルソー　Rousseau, Jean-Jacques（1712-1778）　34-35, 40, 68, 72, 74-80, 106, 217, 274, 330, 334
ルーレ　Leuret, Francois（1797-1851）　117, 335
ロイド　Lloyd, Geoffrey Ernest Richard（1933-）　47-48
ロス　Ross, James（1837-1892）　29, 36, 47, 177-179, 239, 326, 341
ロック　Locke, John（1632-1704）　39-40, 44-48, 50-51, 54-56, 59, 61, 67-73, 75, 78, 81, 90, 99-100, 104, 125, 140, 156, 178, 212, 266, 276, 300-301, 324, 327-328, 330, 345

＊　コンディヤックの生年に関してはしばしば「1715年」と記されているがこれは誤りである。コンディヤック『感覚論』のドイツ語版編者によれば、コンディヤックの遠い子孫であるGustav Baguenault de Puchesseが著したコンディヤックの伝記（1910年）では、一族の所有する資料に基づいて、コンディヤックの生年を1714年としている。Kreimendahl, Lothar (Hrsg.): *Condillac: Abhandlung über die Empfindungen.* Auf der Grundlage der Übersetzung von Eduard Johnson. Hamburg 1983, xx, Anmerkung 3.

◉事項索引

【あ行】

生き残り（最適なイメージの──、最適な状態の── Survivals of the fittest states）　164, 167-168, 245, 261, 283
「意識に参入できない bewußtseinsunfähig」、──参入できる　161, 167
「因果律の否定」　279, 305
インピートゥス impetus　135, 268
「宇宙的な身体 die kosmischen Körper」　133, 316
運動中枢 das motorische Sprachzentrum, das motorische Zentrum　91, 124, 147-148, 151-153, 165, 174-175, 192, 221, 223, 241
エス Es　12, 169-170, 198, 260-261, 307-308, 312-316, 319, 340
遠隔作用 Fernwirkung　12, 191-192
音韻変化 sound-shiftings　93-94, 96, 332

【か行】

階層構造 hierarchical organization　162, 164, 166, 170, 185, 264, 267, 317
解体 Dissolution、──説、「──の原理」　41, 54, 98, 115, 142, 145, 163-166, 169, 172, 177, 233, 243, 262, 274-275, 280, 322, 339
外的言語、外語 Aussenwörter　31, 86-87, 96
概念中枢　91, 127, 141, 147-148, 150-153, 170, 188, 221-222, 250, 264
解離 Dissoziation、言語解離 Sprachdissoziation　12, 152, 240, 285, 298, 338-339
加工／仕上げ Ausarbeitung, Verarbeitung　130, 287, 294, 297, 351
感覚中枢 das sensorische Zentrum　124-125, 146-148, 151-152, 175, 195, 221, 223, 241, 250
慣性 inertia、慣性の力 Kraft der Trägheit　85, 112, 135-136, 199, 268, 310
記憶（想起）心像 Erinnerungsbild　39, 43-44, 119, 121, 123-124, 132, 155-156, 239, 256, 266, 267, 269, 284, 336
記号論　40, 50, 208-209, 212
機能修正 Modifikationen　115, 163, 166, 172-177, 183, 202, 250, 266-267, 269, 280, 311, 313-314
共感 sympatheia　58, 113, 139, 171, 200, 309
共通感覚、──の器官 sensorium commune　87, 142, 181, 331
局在、局在論 Lokalisation　27-29, 31-32, 34, 37, 42, 44, 48, 91, 103, 114, 119, 123, 126, 132, 145, 148, 151-153, 170, 175, 182-183, 192, 195, 219-220, 231, 238, 240, 250-252, 255, 258, 261, 266, 269, 292, 296-297, 324-326, 336, 349
局在徴候 Lokalanzeichen , Lokalzeichen　12, 255, 257-258, 263, 265, 287, 307-308
啓蒙主義 Aufklärung　11, 39-40, 62, 66, 72, 208, 279, 345
言語（の）起源 der Ursprung der Sprache　34, 37, 39-40, 50, 64, 66-68, 71-73, 76-80, 83, 85, 87-88, 90, 106-107, 207-208, 242, 273-275, 325, 329, 331, 334
言語残渣 Sprachreste、語残渣　47, 87, 273, 276, 350
言語自然発生、──説 der natürliche Ursprung der Sprache　79, 95

言語神授説　68, 78-80
言語装置 Sprachapparat　21, 23, 144-145, 161, 206-207, 221, 225, 238, 243, 254-255, 257-258, 264-265, 274, 287, 323, 343, 345-346
言語中枢 Sprachzentrum　31, 36, 87, 91, 114, 117, 123-124, 141, 145, 175, 184, 191, 219, 249, 251, 255, 337
言語（発話、言語機能）の生理学 die Physiologie der Sprache, the Physiology of Speech　90, 92, 97-99, 256, 334, 347
原状復帰 die [rascheste] restitutio in statum quo ante, Wiederherstellung von Früherem　267-272, 294, 310-311, 314, 317-318
言説の領域 universe of discourse　12, 18, 34, 36-37
「幻想構築 a fantasy-construction」　205
原理学　99, 104-105
語形変化、屈折 Flexion　93-94, 96, 251-254, 295, 332-333
語根 Wortwurzeln, word roots　96, 207, 244, 333
語表象 Wortvorstellung　39, 51, 73, 221, 243-244, 247-249, 262, 295, 306-307, 313, 350
固有（の）力 vis insita　135, 137, 199, 268, 310, 343

【さ行】

サーチライト仮説 The searchlight hypothesis　161
最終根拠 der letzte Grund　63, 66, 86, 200, 314
最小抵抗の原則 Prinzipe des geringsten Widerstandes　295
錯語 Paraphasie　47, 85, 106, 223-226, 230-231, 239-240, 251, 270
「サンスクリットの発見」　93, 96, 107, 109, 204
刺激保護 Reizschutz　196-197
思考のアルファベット Alphabet der menschlichen Gedanken　53-54, 85, 212
シナプス機能　178, 190
死の欲動 Todestrieb、タナトス　196, 272, 317, 352
終末器官 Endorgan　12, 120-121, 197, 281, 312, 315
受容体（神経伝達物質受容体）receptor　190, 269
上位連合 Superassoziation　49, 195
症状複合、症候複合 Symptomenkomplex, Symptomkomplex　17, 31, 36, 115, 122, 125-127, 186, 260-262, 324-325, 335, 337, 339, 342, 345
情動 Affekt, affectus、 — 的 emotional　134, 153-154, 157, 214, 240, 246, 273-274, 276, 281, 291-292, 294-295, 298, 319, 339-340, 343, 347, 351
情念引力 l'attraction passionnée　143
触発 affizieren　18, 31, 50, 68, 70, 72, 79, 266, 298, 305, 308, 319, 332, 342, 344
進化論、進化論モデル　12, 49, 90, 93-95, 109, 116, 202, 208, 285, 326, 332-333, 336, 340
神経支配感／神経支配感覚 Innervationsgefühl, innervatronal sensatrons　138, 153, 155-157, 173, 258, 280, 339
神経修飾物質 neuromodulator　177, 190, 269

神経調節 regulation　190
神経伝達物質 neurotransmitter　171, 177, 190, 269-270
身体的（な）自我　194, 198
身体表象　193, 344
心的処理 traitment moral　287, 289-291, 297, 335
心的装置 der psychische Apparat, der seelische Apparat　173, 195, 197, 206, 241, 349
推論装置 Schluss-apparat　181-182, 315, 341-342
隙間 Lücken　12, 32, 122, 186, 189-191, 287, 297, 336, 341, 351
生得的な観念 angeborenen Ideen、生得的な考え die angebornen Gedanken　69, 125, 129-130, 337
脊髄魂 Rückenmarksseele　158, 160-161, 173, 188, 202
想起（回想）Erinnern, Erinnerung, recollection, reminiscence　47, 170, 213, 216, 229, 246, 248, 254, 265-269, 284-287, 294, 296-297, 313, 338, 346-347
祖型 Urform　93-94, 108
祖語 Ursprache　94-95, 107-108
ソマティック・マーカー　194, 343

【た行】

退行 Regression, Rückbildung　232, 274, 280, 285, 310, 329
代数学 algebra、代数的　41-42, 50, 52-56, 72, 90, 302
代理表象 Repräsentation、代理 represent　25, 55, 165-166, 168, 188, 209-210, 263, 279, 281-284, 287, 294, 299-300, 304, 329, 331
多重規定 Überdeterminierung, over-determination、多重決定 mehrfach determiniert, überbestimmt, 23, 250-251, 253-254, 293-296, 348
魂と身体の結合という大いなる秘密に関する思いがけない説明 eine unerwartete Erklärung des großen Geheimnisses der Vereinigung von Seele und Körper　56-57, 66, 265, 318-319
注意 attention　58-59, 84-85, 108, 137, 141, 150, 159, 161, 168, 179, 212-213, 218, 226, 230, 287, 294, 340, 345, 352
中間項 Mittelglieder, the [hidden] intermediate links　103, 227, 229-230, 298
聴覚中枢 das akustische Sprachzentrum, das akustische Zentrum　153, 221-222, 241, 250
長期増強 long term potentiation: LTP　178
超皮質性／領域横断的 trans-kortikal　145, 147, 151-153, 195, 341
超皮質性運動失語 die transkortikale motorische Aphasie　147-148, 152, 174-175, 223, 341
適者生存 survival of the fittest　168, 248, 340
デフォールト・モード default mode、――・ネットワーク –network　272, 349
転移、中継／翻訳 Übertragung、変換／翻訳 umgesetzt　25, 182, 252, 295, 318
投射 Projektion、投射システム Projections-Systeme　42-43, 121, 135, 180-182, 186-187, 192-194, 198, 280, 282, 299, 315
道徳療法 traitment moral　→　心的処理
動物精気／霊魂的な気息 the Animal Spirits　10, 12, 46-48, 327

【な行】
「内言語」、内語、「内的言語」innere Sprache, Innenwörter　31, 85-87, 96, 220-221, 250, 273
「内的論理」　87, 227, 229
「二対二で連絡し合う経路（道）」　145, 236, 347
ニューロン neurone、―説 the neurone theory　178-179, 190, 263-264, 269-270, 284, 341, 343
ネットワーク（網状の組織）Netzwerk, networks　32, 163, 179-184, 264, 270, 272, 283, 352
脳神話／脳神話学 Gehirnmythologie, Hirn---　115-116, 128, 134, 137, 158, 187, 324

【は行】
発話装置 Sprechapparat　225-226, 346
万有引力、―の発見、―の法則　9, 67, 111-112, 137, 143
備給（充当）Besetzung, besetzt　23, 293, 323, 336
皮質中心主義 kortiko-zentrisch　39, 115, 117, 128-129, 133
ヒステリー Hysterie　15, 17-18, 28, 44, 89, 153, 161, 168, 186-187, 192, 219, 230, 240, 246-247, 251, 253, 255, 261-264, 267, 272, 281, 287-289, 293, 295, 297, 317, 319, 323, 336, 346, 348-350
表象能力 Vorstellungskräfte　66, 82-83, 312, 343-344
分散処理 distributet processing　126, 141, 180, 257, 260, 337
併行（平行）、―現象　39, 117, 134, 256, 270, 276, 279, 287-288, 308, 329, 339, 343, 350
変換　171, 182, 190, 264, 286, 327
変状／疾患 afffection　36, 61, 164, 303, 328-329, 343, 349

【ま行】
メランコリー Melancholie　136, 297-299, 307, 309-310, 352
モナド Monade　55, 60-66, 86, 113, 137, 139, 171, 200, 210, 258, 309, 328

【や行】
様態変化 Modifikationen　112-113, 172-173, 202, 205, 266-267, 294, 312-313, 352

【ら行】
力動精神医学 Dynamic Psychiatry　10, 23, 192, 318
「流出 Emanation」　204, 345
連合／連想 Assoziation、連合システム Associations-Systeme、　12, 25, 42-44, 48-51, 54-55, 71, 120-121, 155, 160, 171, 175-176, 178-179, 181-184, 193, 195, 216, 223, 227, 229-231, 236, 241, 243-244, 247, 249-254, 258, 265, 268-271, 274, 277, 280-288, 302-303, 306, 315, 341, 348
ロマン派 Romantik、ドイツ・ロマン派 Deutsche Romantik　64, 108, 136, 204-205, 208, 242, 309-311, 345

テクスト

Freud, Sigmund: Die Struktur der Elemente des Nervensystems. In: *Jahrbücher für Psychiatrie*, 1882, S.221-229.

—— (1891): *Zur Auffassung der Aphasien— Eine Kritische Studie*, Herausgegeben von Paul Vogel, bearbeitet von Ingeborg Meyer-Palmedo, Einleitung von Wolfgang Leuschner, Frankfurt am Main 1992.（本文中では TB 版と略記。）

—— (1888): Aphasie (Artikel). In: Villaret (Hrsg): *Handwörterbuch der gesamten Medicin* Bd. 1. Stuttgart 1888, S.88-90.

—— (1893a): Über den psychischen Mechanismus hysterischer Phänomene (Vortrag). In: *Gesammelte Werke*（以下 *GW* と略記）, Nachtragsband, *Texte aus den Jahren 1885-1938.* Herausgegeben von Angela Richards unter Mitwirkung von Ilse Grubrich-Simitis. Frankfurt am Main 1999, S.181-195.（邦訳「ヒステリー諸現象の心的機制について」 芝伸太郎訳、『フロイト全集第一巻』 岩波書店 2009 年、323-339 頁。）

—— (1893b): Quelques considérations pour une étude comparative des paralysies motrices organiques et hystériques. In: *GW* I, S. 39-52.（邦訳「器質性運動麻痺とヒステリー性運動麻痺の比較研究のための二、三の考察」立木康介訳、上掲『フロイト全集　第一巻』、359-376 頁。）

—— (1893c): Aphasie (Artikel). In: Anton Bum und M.T. Schnirer: *Diagnostisches Lexikon für praktische Ärzte*. Wien : Urban & Schwarzenberg, 1893-1895, 170-177.（邦訳「失語症（医学事典から）」安田一郎訳、グリンバーグ『フロイトの失語症論』 439-452 頁。）

—— (1895): Entwurf einer Psychologie (1950 [1895]). In: *GW*, Nachtragsband, S.373-486.（邦訳「心理学草案」 総田純次訳、上掲『フロイト全集第三巻』 2010 年、1-105 頁。）

—— (1895): *Studien über Hysterie*, Sechste, unveränderte Auflage 2007 [1991].（邦訳『ヒステリー研究』（上・下）金関猛訳、翻訳協力＝我田広之、筑摩書房 2004 年。）

—— (1900): *Traumdeutung*. In: *GW*, II/III, Wien S.1-642.（邦訳『夢判断』（下）高橋義孝訳、新潮文庫　1998［初版は 1969］年。）

—— (1915): Das Unbewusste. In: *GW*, X, Frankfurt am Main 1975, S.264-303.

—— (1917): Trauer und Melancholie. In: a.a.O., S. 428-446.

—— (1917): *Vorlesungen zur Einführung in die Psychoanalyse*. In: a.a.O., XI.（邦訳『精神分析入門』（上・下） 高橋義孝・下坂幸三訳、新潮文庫　1979 年。）

—— (1920): *Jenseits des Lustprinzips*. In: *GW* XIII, Wien 1999, S.1-69.（邦訳『快原理の彼岸』 須藤訓任訳、上掲『フロイト全集第十七巻』 2006 年、53-125 頁。文中には邦訳の頁のみ記した。）

—— (1923): *Das Ich und das Es*. In: a.a.O., S.235-289.（邦訳『自我とエス』道籏泰三訳、上掲『フロイト全集第十八巻』 2007 年、1-62 頁。）

—— (1933): *Neue Folge der Vorlesungen zur Einführung in die Psychoanalyse.* In: a.a.O., XV, Wien 1999.（邦訳『精神分析入門（続）』 高橋義孝・下坂幸三訳、『精神分析入門』（下）新潮文庫　197-427 頁。文中には邦訳の頁のみ記した。）

Sigmund Freud, Briefe an Wilhelm Fließ 1887-1904, Ungekürzte Ausgabe. Herausgegeben von Jeffrey Moussaieff Mason, Bearbeitung der deutschen Fassung von Michael Schröter, Transkription von Gerhard Fichtner. 2. Auflage 1999 [1985].（邦訳『フロイト、フリースへの手紙 1887-1904』河田晃訳、誠信書房、2001.［ドイツ語版（1986 年）は英語版（1985 年）をもとにしているが、ドイツ語版にしかない解説もあり、邦訳はドイツ語版をもとにしている。］）

Freud's Library. A Comprehensive Catalogue / Freuds Bibliothek. Vollständiger Katalog. Bearbeitet und herausgegeben von J. Keith Davies/ Gerhard Fichtner. London: The Freud Museum/ Tübingen 2006.

『失語論』翻訳書

『失語症の理解にむけて』中村靖子訳、兼本浩祐・中村靖子編『フロイト全集第一巻　一八八六-九四年　失語症』 岩波書店　2009 年所収、1-127 頁および編注 459-509 頁。（引用には本翻訳を用いたが、本翻訳には TB 版の頁数が示されているため、文中には TB 版の頁数を示した。）

『失語論　批判的研究』 金関猛訳、平凡社　1995 年。

『失語症の解釈について—— 批判的研究』 安田一郎訳、グリンバーグ『フロイトの失語症論—— 言語、そして精神分析の起源』 安田一郎訳、青土社　2003 年所収、323-433 頁。）

—— : *Contribution à la Conception des Aphasies, Une Étude Critique*, Préface de Roland Kuhn, traduit de l'allemand par Claude Van Reeth. 1983.

—— : *On Aphasia, A Critical Study*, authorized Translation with an Introduction by E. Stengel, London Second printing 1978 [1953].

引用文献

欧文文献

出版年のあとに括弧で初版の年を示した。邦訳のあるものについては括弧内に示した。

Agamben, Giorgio: *Stanzen: das Wort und das Phantasma in der abendländischen Kultur*. Berlin 2005 [Original: 1977].（邦訳『スタンツェ——西洋文化における言葉とイメージ』 岡田温司訳、ありな書房　1998 年。）

—— : *Die Sprache und der Tod. Ein Seminar über den Ort der Negativität.* Frankfurt am Main 2007 [Original: 1982, 3. erweiterte Auflage 1997].（邦訳『言葉と死——否定性にかんするゼミナール』 上村忠男訳、筑摩書房　2009 年。）

Bastian, Henry Charlton: On the Various Forms of Loss of Speech in Cerebral Disease. In: *The British and Foreign Medico-Chirurgical Review or Quarterly Journal of Practical Medicine and Surgery*, Bd.43 (1869), S.209-236, 470-492.

—— : *The Brain as an Organ of Mind*. London 1880. [Deutsch: *Das Gehirn als Organ des Geistes*. Theile 1. 2. Leipzig 1882. 1. *Die Thiere*. 2. *Der Mensch*. Auch in: *Internationale wissenschaftliche Bibliothek*, Bde. 52 und 53.]

—— : On different kinds of Aphasia, with special reference to their classification and ultimate pathology. In: *The British Medical Journal*, 29. Okt. und 5. Nov., 2. Halbband (1887), S.931-936, 985-990.

Bergson, Henri: *Matière et Mémoire. Essai sur la relation du corps à l'esprit*. Paris 1917 [1896].（邦訳『物質と記憶』 田島節夫訳、白水社　1965 年。合田正人訳、ちくま学芸文庫　2007 年。）

Bettelheim, Bruno: *Freud and Man's Soul*. New York 1983.（邦訳『フロイトと人間の魂』 藤瀬恭子訳、法政大学出版局　1989 年。）

Binet, Alfred: *Les Altérations de la Personnalité*. L'Harmattan, 2000 [1892].

Borst, Arno: *Der Turmbau von Babel. Geschichte der Meinungen über Ursprung und Vielfalt der Sprachen und Völker*. Band III, *Umbau* Teil 2. Stuttgart 1961.

Cabanac, Michel (1999): Emotion and phylogeny, "Japanese Journal of Physiology", 49, 1-10.

Cabanac, M., Cabanac, A. J., & Parent, A. (2009): The emergence of consciousness in phylogeny, "Behavioral Brain Research", 198, 267-272.

Cassirer, Ernst: *Die Philosophie der Aufklärung*. 2., unveränderte Auflage. Tübingen 1932.（邦訳『啓蒙主義の哲学』、中野好之訳、ちくま学芸文庫　2003 年。）

――：『言語と芸術（1）』(1942年)、D・P・ヴィリーン編『象徴・神話・文化』 神野慧一郎・薗田坦・中才敏郎・米沢穂積訳、ミネルヴァ書房 1985年、171-197頁。

Charcot, Jean Martin: *Neue Vorlesungen über die Krankheiten des Nervensystems, insbesondere über Hysterie*. Autorisirte deutsche Ausgabe von Dr. Sigm. Freud. Leipzig und Wien 1886.［フロイト全集にはフロイトによる訳者まえがきのみが収録され、その際フランス語の原題のまま記されている。］

―― : *Poliklinische Vorträge von Prof. J. M. Charcot. Schuljahr 1887-1888*, übersetzt von Dr. Sigm. Freud, I Band., Leipzig und Wien 1894.［フロイト全集には訳者まえがきと訳者によるいくつかの脚注が収録され、その際のタイトルはフランス語の原題のまま記されている。また、第二巻は別の人が独訳している。］

Chertok, L. & de Saussure, R.: *Naissance du psychanalyste—de Mesmer à Freud.* 1973.（邦訳『精神分析学の誕生』 長井真理訳、岩波書店 1987年。）

Condillac, Etienne Bonnot de: *Essai sur l'Origine des connaissances humaines*. *Precede de L'archeologie du frivole*, par Jacques Derrida. Paris 1973.（邦訳『人間認識起源論』 古茂田宏訳、岩波文庫 2003年。デリダによる序文は、ジャック・デリダ『たわいなさの考古学――コンディヤックを読む』 飯野和夫訳、人文書院 2006年。）

Craig, A. D.: How do you feel—now? The anterior insula and human awareness. In: *Nature Review Neuroscience*, 10, 2009, 59-70.

Damasio, Antonio: Aphasia (review article). In: *New England Journal of Medicine* 326, February 20, 1992, S.531-539.

Damasio, Antonio R. & Hanna: Brain and Language. In: *Scientific American* 267, September 1992, S.88-95.

Delbrück, Berthold: Amnestische Aphasie. In: *Sitzungsberichte der Jenaischen Gesellschaft für Medicin und Naturwissenschaft für das Jahr 1886. Supplement zur Zeitschrift für Naturwissenschaft, Bd. 20*, Jena 1887, S.91-98.

―― : *Einleitung in das Studium der indogermanischen Sprachen*. Nachdruck der Ausgabe Leipzig 1919, Hildesheim 1976.

Edler, Markus: *Der spektakuläre Sprachursprung. Zur hermeneutischen Archäologie der Sprache bei Vico, Condillac und Rousseau*. München 2001.

Ellenberger, Henri F.: *Die Entdeckung des Unbewußten, Geschichte und Entwicklung der dynamischen Psychiatrie von den Anfängen bis zu Janet, Freud, Adler und Jung*. Aus dem Amerikanischen von Gudrun Theusner-Stampa, Zürich 2005 [Original: 1970].（邦訳『無意識の発見――力動精神医学発達史』（上・下） 木村敏・

中井久夫監訳、弘文堂　1980 年。）

Flechsig, Paul Emil: *Plan des menschlichen Gehirns*. Auf Grund eigener Untersuchungen entworfen von Paul Flechsig. Leipzig 1883.

Fourier, Charles: *Théorie des quatre mouvements et des destinées générales.* Leipzig (Lyon) 1808.（邦訳『四運動の理論』巖谷國士訳、現代思潮社　1970 年。）

Fullinwider, S. P.: Dawin Faces Kant—A Study in Nineteenth-Century Physiology. In: *The British Journal for the History of Science*, Vol. 24, No.1 (Mar., 1991), pp.21-44.

Goldstein, Kurt: *Language and Language Disturbances, Aphasic Symptom Complexes and their Significance for Medicine and Theory of Language.* New York 1948.

Goetz, Christopher G.: *Charcot, the clinician: The Tuesday lessons*, translated with commentary by Christopher G. Goetz. Raven Press, Ltd. 1987.（邦訳『シャルコー神経学講義』 加我牧子・鈴木文晴監訳、白揚社　1999 年。）

Grashey, Hubert G.: Ueber Aphasie und ihre Beziehungen zur Wahrnehmung. In: *Archiv für Psychiatrie und Nervenkrankheiten*, Bd. 16 (1885), S.654 - 688.

Greenberg, Valerie D.: *Freud and His Aphasia Book, Language and the Sources of Psychoanalysis*. Ithaca and London 1997.（邦訳『フロイトの失語症論——言語、そして精神分析の起源』 安田一郎訳、青土社　2003 年。）

Henle, Gustav: *Handbuch der systematischer Anatomie des Menschen. Dritter Band zweite Abtheilung Nervenlehre*. 1871.

Herder, Johann Gottfried: *Über die neuere deutsche Literatur. Fragmente,* 1767-68.

—— : *Abhandlung über den Ursprung der Sprache*. In: *Frühe Schriften 1764-1772*, herausgegeben von Ulrich Gaier, Deutsche Klassiker Verlag, Frankfurt am Main 1985, S.695- 810.（邦訳『言語起源論』 木村直司訳、大修館書店　1975 年。大阪大学ドイツ近代文学研究会訳、法政大学出版局　1972 年。）

—— (1785): *Ideen zur Philosophie der Geschichte der Menschheit. Zweiter Teil, Neuntes Buch II*. In: *Ideen zur Philosophie der Geschichte der Menschheit*. herausgegeben von Martin Bollacher, Deutsche Klassiker Verlag, Frankfurt am Main 1989, S.345-355.

Humboldt, Wilhelm von: Über das vergleichende Sprachstudium in Beziehung auf die verschiedenen Epochen der Sprachentwicklung, 1820-22. In: *Gesammelte Schriften*, Bd.IV, Berlin 1905, S.1-34.

Jackson, John Hughlings (1866): Notes on the Physiology and Pathology of Language. In: *Selected Writings of John Hughlings Jackson*, ed. James Taylor, 2 vols. London 1932, S.121-128.

—— (1878-79): On affections of speech from disease of the brain. In: *Brain: A Journal*

of Neurology, Bd. 1 (1878-79), S.304-330.

—— (1879-80): On affections of speech from disease of the brain. In: *Brain: A Journal of Neurology*, Bd. 2 (1879-80), S.203-222, 323-356.

—— (1884): *On the evolution and dissolution of the nervous system*. (The Croonian Lectures for 1884 delivered at the Royal College of Physicians. *The Lancet. A Journal of British and Foreign Medicine, Physiology, Surgery, Chemistry, Public Health, Criticism, and News* (1884), 1. Halbband, S.555 bis 558, 649-652, 739-744. Auch in: *The British Medical Journal* (1884), 1. Halbband, S.591-593, 660-663, 703-707.

Jaspers, Karl: *Allgemeine Psychopathologie für Studierende, Ärzte und Psychologen*, Berlin 1913.（邦訳『精神病理学原論』 西丸四方訳、みすず書房　1971 年。）

Jones, Ernest: *The Life and Work of Sigmund Freud*, first published in three volumes by Hogarth Press 1953, this abridged version first published in the USA by Basic Books 1961.（邦訳『フロイトの生涯』 竹友安彦・藤井治彦訳、紀伊國屋書店　1964 年。）

Kant, Immanuel (1781): *Kritik der reinen Vernunft*. Nach der ersten und zweiten Original- Ausgabe neu herausgegeben von Raymund Schmidt. Hamburg 1956.（邦訳『純粋理性批判』 篠田英雄訳、岩波文庫　第 16 刷　1975［1961］年。）

Kästle, Oswald Ulrich: Einige bisher unbekanne Texte von Sigmund Freud aus den Jahren 1893/94 und ihr Stellenwert in seiner wissenschaftlichen Entwicklung. In: *Psyche*, Bd. 41, 1987, S.508-528.

Kim, *Dae Kweon: Sprachtheorie im 18. Jahrhundert. Herder, Condillac und Süssmilch*. St. Ingbert 2002.

Kussmaul, Adolf: *Die Störungen der Sprache*. Leipzig 1877.

Leibniz, Gottfried Wilhelm: *Dialog über die Verknüpfung zwischen Dingen und Worten*, August 1677. In: *Hauptschriften zur Grundlegung der Philosophie*, *Zur Logik und Mathematik*, übersetzt von A. Buchenau, durchgesehen und Mit Einleitungen und Erläuterungen herausgegeben von Ernst Cassirer, Bd.1, Hamburg 1966, S.15-21.

—— : Zur allgemeinen Charakteristik. In: a.a.O., S.30-38.

—— (1686): *Metaphysische Abhandlung*. In: *Monadologie und andere metahysische Schriften*, Herausgegeben, übersetzt, mit Einleitung, Anmerkungen und Registern versehen von Ulrich Johannes Schneider, Französisch- Deutsch. Hamburg 2002, S.1-109.

—— (1714): *Monadologie*. In: a.a.O., S.110-151.

Leuschner, Wolfgang: Einleitung. In: Freud: *Zur Auffassung der Aphasien,* Frankfurt am

Main 1992, S.7-31.

Lichtheim, Ludwig: (1885a): On Aphasia [Als leicht gekürzte Fassung von (1885b) vorher in englischer Übersetzung von A.de Watteville erschienen in:] *Brain: A Journal of Neurology*, Bd.VII —(1884-85), Jan. 1885, S.433–484.

—— (1885b): Ueber Aphasie. Aus der medicinischen Klinik in Bern. In: *Deutsches Archiv für klinische Medicin*, Bd. 36 (1885), S.204–268.

Locke, John: *An Essay concerning human understanding*. 1690. zitiert nach *The Clarendon Edition of the works of John Locke* edited with an introduction, critical apparatus and glossary by Peter H. Nidditch. Oxford University Press 1975.（邦訳『人間知性論』（一、二、三、四） 大槻春彦訳、岩波文庫 2006［1972-1977］年。）

Marx, Otto M.: Aphasia Studies and Language Theory in the 19th Century. In: *Bulletin of the History of Medicine* 40, 1966, S.328-349.

—— : Freud and Aphasia: A Historical Analysis. In: *The American Journal of Psychiatry* 124, December 1967, S.815-825.

—— : Nineteenth-Century Medical Psychology: Theoretical Problems in the Works of Griesinger, Meynert, and Wernicke. In: *Isis,* Vol.61, No.3 (Autumn, 1970), pp.355-370.

Mahoney, Michael S.: The Beginnings of algebraic thought in the seventeenth century. In: Stephen Gaukroger (Hersg.): *Descartes. Philosophy, Mathematics and Physics*. The harvester Press, New Jersey, 1980, S.141-155.（邦訳「十七世紀における代数的思考法の始原」、佐々木力訳、佐々木力編訳『歴史の中の数学』 ちくま学芸文庫 2007 年、203-238 頁。）

Maupertuis, P.L. Moreau de: *Système de la nature*, secs. LIII, LIV, 155ff. In: *Œuvres de Maupertuis*, Reprint Hildesheim 1965 [Original: Lyon 1768]

Meynert, Theodor: Die Bedeutung des Gehirnes für das Vorstellungsleben. Vortrag, gehalten am 24. März 1868. In: *Sammlung von populär-wissenschaftlichen Vorträgen über den Aufbau und die Leistung des Gehirns*. Saarbrücken 2006 [1892], S.1-16.

—— : Zur Mechanik des Gehirnbaues. Vortrag, gehalten in der Naturforscher-Versammlung zu Wiesbaden und in der Wiener anthropologischen Gesellschaft, 1872. In: a.a.O., S.17-40.

—— : *Psychiatrie. Klinik der Erkrankungen des Vorderhirns begründet auf dessen Bau, Leistungen und Ernährung*. Erste Hälfte (Bogen 1-18). Wien 1884.

—— : Gehirn und Gesittung. Vortrag in der Versammlung der Naturforscher und Ärzte in Cöln. September 1888. In: a.a.O., S.139-179.

――: Das Zusammenwirken der Gehirntheile. Vortrag, gehalten auf dem X. internat. medicinischen Congresse zu Berlin 1890, S.201-231.

Mill, John Stuart: *A System of Logic — Ratiocinative and Inductive: being a connected view of the principles of evidence and the methods of scientific investigation*. London: John W. Parker 1843.（邦訳『論理学大系――論証と帰納』 大関将一訳、春秋社　1950 年。）

Paul, Hermann: *Prinzipien der Sprachgeschichte*. 5. Auflage. Halle a. S. Niemeyer 1920.（邦訳『新装版　言語史原理』 福本喜之助訳、講談社学術文庫　1993 年。）

Pinel, Philippe: *Traité médico-philosophique sur l'aliénation mentale, ou la manie*. Richard, Gaille et Ravier 1800.（邦訳『精神病に関する医学＝哲学論』 影山任佐訳、中央洋書出版部　1990 年。）

Pribram, Karl H. & Gill, Merton M. : *Freud's Project re-assessed*. Hutchinson of London 1976.（邦訳『フロイト草稿の再評価　現代認知理論と神経心理学への序文』 安野英紀訳、金剛出版　1988 年。）

Ritter, Joachim (Hrsg.): *Historisches Wörterbuch der Philosophie*, unter Mitwirkung von mehr als 700 Fachgelehrten. Völlig neubearbeitete Ausgabe des ›Wörterbuchs der Philosophischen Begriffe‹ von Rudolf Eisler. Basel/ Stuttgart 1971.

Ross, James: *On Aphasia: being a contribution to the subject of the dissolution of speech from cerebral disease.* London 1887.

Rousseau, Jean-Jacques: *Discours sur l'origine et les fondements de l'inégalité parmi des hommes*. In: *Œuvres complètes*. Préface de Jean Fabre. introduction, presentation et notes de Michel Launay. Bd. 2, 1971, S.204-262.（邦訳『人間不平等起原論』 本田喜代治・平岡昇訳、岩波文庫　2007［1933］年。）

Schelling, F. W. J. (1809): *Philosophische Untersuchungen über das Wesen der menschlichen Freiheit und die damit zusammenhängenden Gegenstände*, hrsg. von Thomas Buchheim, Hamburg 1997.（邦訳『人間的自由の本質』 渡辺二郎訳、中央公論社　1976 年。）

―― (1810): *Stuttgarter Privatvorlesungen.* In: *Werke*, hg. von. M. Schröter Bd.4, 1927, S.309-376.

―― (1811): *Die Weltalter. Erstes Buch. Die Vergangenheit*. In: *Ausgewählte Schriften*, Bd.4, 1807-1834, stw 524, 1985, S.213-319.

Schlegel, Friedrich: *Über die Sprache und Weisheit der Indier. Ein Beitrag zur Begründung der Alterthumskunde*. Heidelberg 1808.（邦訳『インド人の言語と英知について――抄』深見茂訳、『無限への憧憬――ドイツ・ロマン派の思想と芸術』 国書刊行会　1984 年、205-226 頁。これは、第一巻「言語につい

て」の第五章「諸言語の起源について」と第三巻「歴史的諸理念」の第一章「詩歌の起源について」のみの訳である。)

Schoenwald, Richard L.: A Turning Point in Freud's Life. In: *Osiris* 7, 1953, S.119-126.

Solms, Mark. & Saling, Michael: On Psychoanalysis and Neuroscience: Freud's Attitude to the Localizationist Tradition. In: *International Journal of Psycho-Analysis* 67 1986, 397-416.

―― : *A Moment of Transition, Two Neuroscientific Articles by Sigmund Freud*, London 1990.

Spamer, Carl: Ueber Aphasie und Asymbolie, nebst Versuch einer Theorie der Sprachbildung. In: *Archiv für Psychiatrie und Nervenkrankheiten*, Bd. 6, 1876, S.496-542.

Steinthal, Heymann: *Einleitung in die Psychologie und Sprachwissenschaft*. Berlin 1871.

Stengel, Erwin: Introduction. In: Freud: *On Aphasia*. 1953, S. ix-xv.

―― : A Re-evalution of Freud's Book "On Aphasia". Its Significance for Psychoanalysis. In: *International Journal of Psycho-analysis*, Voll. XXXV Part II, 1954, S.85-89.

―― : Hughlings Jackson's Influence in Psychiatry. In: *the British Journal of Psychiatry*, May 1963, S.348-355.

Stephen, Sir Leslie: *History of English Thought in the Eighteenth Century.* 1902 [1876]. (邦訳『十八世紀イギリス思想史　上』 中野好之訳、筑摩書房　1969 年。)

Sulloway, Frank J: *Freud, Biologist of the Mind. Beyond the psychoanalytic Legend.* London 1979.

Tesak, Jürgen: *'Der aphasische Symptomencomplex' von Carl Wernicke.* mit einer biographischen Skizze eingeleitet und neu herausgegeben. Idstein 2005.

Vygotskii, Lev Semenovich: *Scientific legacy*, translated by Marie J. Hall; prologue by Dorothy Robbins; editor of the English translation, Robert W. Rieber, New York/ London 1999. (邦訳『《最後の手稿》情動の理論――心身をめぐるデカルト、スピノザとの対話』 神谷栄司他訳、三学出版　2006 年。)

Vogel, Paul: Editorische Vorbemerkung (1973). In: Freud: *Zur Auffassung der Aphasien,* Frankfurt am Main 1992, S.36-38.

Wells, George Albert: *The Origin of Language. Aspects of the Discussion from Condillac to Wundt*. Chicago and La Salle, Illinois 1987.

Wernicke, Carl: *Der aphasische Symptomencomplex. Eine psychologische Studie auf anatomischer Basis*. Breslau 1874.

―― : *Lehrbuch der Gehirnkrankheiten für Aerzte und Studirende*. 2 Bde., Kassel 1881.

―― : Die neueren Arbeiten über Aphasie, besprochen von C. Wernicke. In: *Fortschritte der Medicin*, Bd. 3 (1885), S.824-830.

―― : Die neueren Arbeiten über Aphasie, besprochen von C. Wernicke. In: *Fortschritte der Medicin*, Bd. 4 (1886), S.371-377, 463-482.

Wysman, J. W. H.: Aphasie und verwandte Zustände. In: *Deutsches Archiv für klinische Medicin*, Bd. 47, 1891, S. 27-52.

Žižek, Slavoj: *The Indivisible Remainder – An Essay on Schelling and related Matters.* London/ New York 1996, (*Der nie aufgehende Rest – ein Versuch über Schelling und die damit zusammenhängenden Gegenstände*. Hrsg. v. Peter Engelmann. Wien 1996.)（邦訳『仮想化しきれない残余』 松浦俊輔訳、青土社　1997 年。）

―― : Melancholy and the Act. In: *Critical Inquiry*, Vol.26, No.4 (Summer, 2000), pp.657-681.

日本語文献

翻訳書については、出版年のあとに［　］内に原書の出版年を記した。

麻生健 『ドイツ言語哲学の諸相』 東京大学出版会　1989 年。

オットー・イェスペルセン『文法の原理』（上、中、下） 安藤貞雄訳、岩波文庫　2006［1924］年。

石澤誠一「解題――フロイトの失語論文を“把握”するために」、『失語論　批判的研究』 平凡社　1995 年、185-309 頁。

―― 『翻訳としての人間 ―― フロイト＝ラカン精神分析の視座』 平凡社、1996 年。

畝部俊也「言語表象から見た環境生成のメカニズム ―― インド思想の視座より ――」、中村靖子編『交響するコスモス』下巻「脳科学・社会科学編 ―― ミクロコスモスから環境へ」 松籟社　2010 年、15-35 頁。

セクストス・エンペイリコス『学者たちへの論駁 1 』 金山弥平・万里子訳、京都大学学術出版会　2004 年。

大橋博司・濱中淑彦（編著）『Broca 中枢の謎――言語機能局在をめぐる失語研究の軌跡』 金剛出版　1985 年。

大平英樹「環境と意識」、上掲『交響するコスモス』下巻、3-12 頁。

―― 「感情と身体――ジェイムズ、スピノザ、ダマジオ ――」、上掲書、67-100 頁。

兼本浩祐「機械論としてのジャクソニズムとフロイディズム ―― 仮想中枢あ

るいは反中枢としての再帰性意識――」、上掲『交響するコスモス』下巻、150-167 頁。

河合良訓監修『脳単（ノウタン）～語源から覚える解剖学英単語集～』 ＮＴＳ 2005 年。

カント『プロレゴメナ』 篠田英雄訳、岩波文庫　2010［1783］年。

サンダー・Ｌ・ギルマン『病気と表象――狂気からエイズにいたる病のイメージ』 本橋哲也訳、ありな書房　1997［1988］年。

スーザン・グリーンフィールド『脳が心を生み出すとき』 新井康允訳、草思社 1999［1997］年。

佐々木力『科学革命の歴史構造』 講談社学術文庫　1995 年。

坂本百大『言語起源論の新展開』 大修館書店　1991 年。

佐藤德「身体化された自己から言語制作される自己へ――共有表象と自他弁別」、上掲『交響するコスモス』下巻、36-66 頁。

柴田正良「感情のニューラル・ネットワークにクオリアを――人工のクオリアに向けて――」、上掲『交響するコスモス』下巻、169-198 頁。

澁谷理江「「自然のメランコリー」と悪の問題――『自由論』における自然概念の新展開」、松山壽一・加國尚志編著『シェリング論集４　シェリング自然哲学への誘い』 晃洋書房　2004 年、91-116 頁。

アルベルト・シュヴェーグラー『西洋哲学史』（下） 谷川徹三・松村一人訳、岩波文庫　2010［第 1 刷は 1939、原書は 1848］年。

新宮一成「精神分析の内景――無意識の失われた対象と消え去る主体――」、『岩波講座　現代思想３　無意識の発見』 岩波書店　1993 年、65-104 頁。

戸田山和久「人文学は自然科学の「進歩」に貢献できるのか」、上掲『交響するコスモス』上巻、3-15 頁。

―― 「宇宙全体のかたちと〈左手と右手の区別〉」、上掲書、62-78 頁。

中井久夫「『精神分析学の誕生』について」、『精神分析学の誕生』 269-286 頁。

中村靖子「『失語論』を育んだ言説の宇宙――言語起源論から言語喪失論へのディスクルス」『独文学報』 第 23 号　2007 年、47-97 頁。

―― 「Freud の『失語論』（1891）――ひとつの結節点として――」、『精神医学史研究』(13-1)、日本精神医学史学会、2009 年、42-47 頁。

―― 「言葉が開く感受の次元――言語起源論争から初期フロイトまで」、上掲『交響するコスモス』上巻、80-107 頁。

―― 「「観念的」な環境から「リアル」な環境へ―― 神経学者たちの人間観」、上掲『交響するコスモス』下巻、132-149 頁。

野上芳美『脳と言語』 岩波書店　1987 年。

量義治『西洋近世哲学史』 講談社学術文庫　2005 年。

濱中淑彦監修『失語症臨床ハンドブック』 金剛出版　1999 年。

濱中淑彦「失語の神経心理学史」、前掲『失語症臨床ハンドブック』所収、131-154 頁。

ヒューム『人性論』 土岐邦夫訳、中央公論社　1968［1739-1740］年。（但しこの翻訳は抜粋である。）

弘田陽介『近代の擬態／擬態の近代――カントというテクスト・身体・人間』 東京大学出版会　2007 年。

フーコー『ミシェル・フーコー思考集成 I　一九五四-一九六三　狂気／精神分析／精神医学』 石田英敬編、筑摩書房　1998［1957］年。

――（1954）:『精神疾患と心理学』 神谷美恵子訳、みすず書房　1976［原書の初版は 1954、翻訳の底本は第 3 版 1966］年。

――（1966）:『言葉と物―― 人文科学の考古学』 渡辺一民・佐々木明訳、新潮社　1989［第 1 刷は 1974、原書は 1966］年。

――（2003）:『精神医学の権力』 筑摩書房　2006［2003］年。

エルンスト・マッハ『マッハ力学――力学の批判的発展史』 伏見譲訳、講談社　1977［第 1 刷は 1969、原書は 1883］年。

山本義隆『重力と力学的世界――古典としての古典力学』 現代数学社　1981 年。

G・E・R・ロイド『後期ギリシア科学：アリストテレス以後』 山野耕治・山口義久・金山弥平訳、法政大学出版局　2000［1973］年。

【著　者】

中村靖子（なかむら・やすこ）

大阪大学大学院文学研究科博士課程後期課程単位取得退学。博士（文学）。
現在、名古屋大学大学院文学研究科准教授。専攻はドイツ文学。

・主要業績
（編著）『交響するコスモス』（上・下）、松籟社　2010 年
（翻訳）S・フロイト「失語症の理解にむけて」、フロイト全集第 1 巻、岩波書店　2009 年
（論文）「詩が拓く場、もしくは、いま・ここに存在することと思索とのいわれなき関係」、日本独文学会研究叢書 058 巻『ハイデガーにおける「詩作と思索」――「被投性」の視点から――』、2008 年
（論文）「「妻殺し」の夢を見る夫たち―― M・フリッシュにおける非現実なもののトポロジー――」『名古屋大学研究論集　文学篇』、56、2010 年
（論文）「『情感の内的重力』としてのメランコリー――トラークルの詩『啓示と滅び』に見る悪と狂気」、日本独文学会研究叢書 071 巻『「悪」の文学史』、2010 年

フロイトという症例《しょうれい》

「我々の本質の核」もしくは
いかなる受動性にもまして受動的な内なるものをめぐる言説の系譜

2011 年 2 月 28 日　初版第 1 刷発行　　定価はカバーに表示しています

著　者　中村　靖子
発行者　相坂　一

発行所　松籟社（しょうらいしゃ）
〒 612-0801　京都市伏見区深草正覚町 1-34
電話　075-531-2878　振替　01040-3-13030
url　http://shoraisha.com/

装丁　西田　優子
印刷・製本　モリモト印刷（株）

Printed in Japan

ISBN 978-4-87984-291-6 C0098